世界贸易报告 2023

再全球化：创造安全包容可持续的未来

世 界 贸 易 组 织 著

中国世界贸易组织研究会 译

中国商务出版社

·北京·

图书在版编目（CIP）数据

世界贸易报告 . 2023：再全球化：创造安全包容可持续的未来 / 世界贸易组织著；中国世界贸易组织研究会译 . -- 北京：中国商务出版社，2024. 11. --（世界贸易报告丛书）. -- ISBN 978-7-5103-5299-7

Ⅰ . F74

中国国家版本馆 CIP 数据核字第 2024VH8595 号

免责声明

本报告是《世界贸易报告2023——再全球化：创造安全包容可持续的未来》的翻译版。本译本的质量及其与英文原文的一致性由中国世界贸易组织研究会全权负责。

版权出让方：WORLD TRADE ORGANIZATION

著作权合同登记号 图字：01-2024-5116 号

世界贸易报告 2023

再全球化：创造安全包容可持续的未来

世 界 贸 易 组 织　著

中国世界贸易组织研究会　译

出版发行：中国商务出版社有限公司

地　　址：北京市东城区安外东后巷 28 号　　邮编：100710

网　　址：http://www.cctpress.com

联系电话：010-64515150（发行部）　　　010-64212247（总编室）

010-64269744（商务事业部）　　010-64248236（印制部）

责任编辑：张高平　　编辑助理：孙柳明

排　　版：廊坊市展博印刷设计有限公司

印　　刷：北京明达祥瑞文化传媒有限责任公司

开　　本：787 毫米 × 1092 毫米　　1/16

印　　张：19.25　　　　　　　　字　　数：228 千字

版　　次：2024 年 11 月第 1 版　　　印　　次：2024 年 11 月第 1 次印刷

书　　号：ISBN 978-7-5103-5299-7

定　　价：150.00 元

序

世界贸易组织（简称世贸组织、WTO）作为管理全球贸易的重要国际组织，是全球经济治理的三大支柱之一，其166个成员占据了世界98%的贸易额。以世贸组织为核心的多边贸易体制已成为国际贸易的基石，是经济全球化的重要制度保障。

2001年中国加入世界贸易组织，是中国深度参与经济全球化的里程碑，标志着中国改革开放进入历史新阶段。加入世界贸易组织以来，中国积极践行自由贸易理念，全面履行加入承诺，大幅开放市场，实现更广互利共赢。中国坚定遵守和维护世界贸易组织规则，坚决反对单边主义和保护主义，支持开放、透明、包容、非歧视的多边贸易体制，为共同完善全球经济治理发出中国声音，是多边贸易体制的积极参与者、坚定维护者和重要贡献者。

《世界贸易报告》是世界贸易组织的年度旗舰报告，该报告每年围绕国际经贸领域的一个重要主题，进行深入的前瞻性分析，是观察和判断世界贸易未来发展的风向标，一直受到世界贸易组织成员和国际社会的高度关注。我们自2007年起，每年翻译出版《世界贸易报告》。

为增进国内政府部门、学术界和业界对国际贸易、贸易政策前沿议题和多边贸易体制趋势性问题的系统把握和理解，经世界贸易组织授权，我们组织出版了《世界贸易报告》丛书。该丛书收录了2015—2023年《世界贸易报告》的内容，主题分别为"《贸易便利化协定》的收益与挑战""为中小企业提供公平贸易平台""贸易、

1

技术和就业""数字技术如何改变全球商务""服务贸易的未来""数字时代政府政策推动创新""经济韧性与国际贸易""气候变化与国际贸易""再全球化：创造安全包容可持续的未来"。

国务院领导同志高度重视此项工作。对商务部部领导在组织翻译和出版丛书过程中的亲自指导，在此表示衷心感谢。

感谢中国常驻世贸组织代表团和商务部世贸组织司的组织和协助，傅星国公参和韩长天谈判副专员亲自译校。参与《世界贸易报告2023》的翻译人员如下（以姓名音序为序）：邓宇思、高波、高虹、高鹏宇、顾源、海琳娜、江佳、李洪辉、李少华、马连斐、任梳元、苏骁、孙恺瑞、王安琪、王建、王晶、王楷文、吴文昭、邢晓荣、徐一诺、杨天、杨骁燕、姚家威、叶凡、易炜铭、张委峰、张晓辉、张雨、周立宇、朱学韬。在此，也对中国商务出版社参与丛书编辑和出版等方面工作的同志一并表示感谢。

《世界贸易报告》的英文版为正式文本，中译文仅供参考，不具法律效力。由于时间仓促，丛书翻译难免有疏漏之处，敬请读者指正。

中国世界贸易组织研究会会长

目　录

致　谢

　　《世界贸易报告2023》（简称"报告"）编写工作是由世贸组织原副总干事安娜贝尔·冈萨雷斯（Anabel González）和经济研究与统计司司长拉尔夫·奥萨（Ralph Ossa）总负责，世贸组织总干事思戈齐·奥孔乔-伊维拉（Ngozi Okonjo-Iweala）、办公室主任布莱特·奥孔古（Bright Okogu）和总干事办公室的特里尼什·比斯瓦斯（Trineesh Biswas）提供了宝贵的建议和工作指导，亚历山大·凯克（Alexander Keck）和维克托·斯托尔森伯格（Victor Stolzenburg）负责协调。

　　报告各章编写由马克·巴凯塔（Marc Bacchetta）、艾迪·贝克尔斯（Eddy Bekkers）、约翰·汉考克（John Hancock）、罗伯塔·皮埃尔马蒂尼（Roberta Piermartini）、斯特拉·鲁比诺瓦（Stela Rubínová）和徐安恺（Ankai Xu）牵头。主要作者包括马克·巴凯塔（Marc Bacchetta）、艾迪·贝克尔斯（Eddy Bekkers）、迈克尔·布兰加-古贝（Michael Blanga-Gubbay）、艾曼纽尔·甘恩（Emmanuelle Ganne）、凯瑟琳·伦德奎斯特（Kathryn Lundquist）、约翰·汉考克（John Hancock）、亚历山大·凯克（Alexander Keck）、何塞-安东尼奥·蒙泰罗（José-Antonio Monteiro）、拉尔夫·奥萨（Ralph Ossa）、罗伯塔·皮埃尔马蒂尼（Roberta Piermartini）、伊夫·雷诺夫（Yves Renouf）、斯特拉·鲁比诺瓦（Stela Rubínová）、维克托·斯托尔森伯格（Victor Stolzenburg）和徐安恺（Ankai Xu）。此外，马克·奥宾（Marc

1

Auboin）、阿丽亚·贝尔霍加（Alya Belkhodja）、什拉达·巴蒂亚（Shradha Bhatia）、芭芭拉·德安德里亚（Barbara D'Andrea）、克里斯托弗·德甘（Christophe Degain）、弗洛里安·埃伯斯（Florian Eberth）、科尔曼·尼（Coleman Nee）、西蒙·纽穆勒（Simon Neumueller）、丹尼尔·拉莫斯（Daniel Ramos）、罗伊·桑塔纳（Roy Santana）、埃里克·程（Eric Ng Shing）和马克西姆·什梅列夫（Maxim Shmelev）也提供了意见。研究人员提供了宝贵的协助，包括马利斯·富尔内（Marius Fourné）、郭建成（Jiancheng Guo）、卡洛·古森尼（Carlo Gussoni）、斯蒂芬妮·皮兹拉（Stefanie Pizzella）、乔伊·杨娇（Joy Yang Jiao）、萨米尔·马利克（Sameer Malik）、萨普塔尔史·马姆达尔（Saptarshi Majumdar）、朴尚铉（Sang Hyun Park）和宋若一（Ruoyi Song）。

世贸组织秘书处下列部门的工作人员对报告草稿提出了宝贵意见：农业和商品司的乔安娜·赫本（Jonathan Hepburn）、塞德里克·佩内（C-édric Pene），法律事务司的豪尔赫·卡斯特罗（Jorge Castro）、苏珊·海恩斯沃斯（Susan Hainsworth）、胡安·巴勃罗·莫亚·霍伊斯（Juan Pablo Moya Hoyos），市场准入司的戈宾德·达斯瓦尼（Arti Gobind Daswani）、西蒙·纽穆勒（Simon Neumueller）、罗伊·桑塔纳（Roy Santana），服务贸易和投资司的安东尼娅·卡尔扎尼加（Antonia Carzaniga）、柴小林（Xiaolin Chai）、马库斯·杰利托（Markus Jelitto）、胡安·马尔凯蒂（Juan Marchetti）和贸易政策审议司的皮特·彼德森（Peter Pedersen）。

国际贸易中心的帕梅拉·蔻克-哈密尔顿（Pamela Coke-Hamilton），联合国非洲经济委员会的梅拉库·德斯塔（Melaku Desta），耶鲁大学的派洛皮·戈德堡（Pinelopi K. Goldberg），联合国非洲经济委员会的斯蒂芬·卡林吉（Stephen Karingi）、杰森·麦科马克（Jason McCormack），彼得森国际经济研究所的亚当·波森（Adam Posen）和辽宁大学的余淼杰（Miaojie Yu）提供了外部意见。在知识和信息管理、学术外联和世贸组织教席项目司的沃纳·兹杜克（Werner Zdouc）、安德烈亚斯·森内坎普（Andreas Sennekamp）和桑德拉·罗西耶（Sandra Rossier）的协调下，以下世贸组织教席项目的参与者也提供了意见：印度世贸组织研究中心的帕拉维·阿罗拉（Pallavi Arora）和莫妮卡（Monika）、印度贸易和投资法中心的萨特维克·谢卡尔（Satwik Shekhar）和开罗大学的查希尔·扎基（Chahir Zaki）。

以下来自世贸组织秘书处以外的团队和个人也对报告初稿提出了有益的意见：

阿姆丽塔·巴赫里（Amrita Bahri）、艾米莉·布兰查德（Emily Blanchard）、奥拉勒坎·大卫（Olalekan David）、罗伯·德林克（Rob Dellink）、特蕾莎·福特（Teresa Fort）、安托万·热尔韦（Antoine Gervais）、让-马里·格雷特（Jean-Marie Grether）、卡里·赫尔曼（Kari Heerman）、石桥裕子（Yuko Ishibashi）、雅克·德容（Jacques de Jongh）、格伦·马格曼（Glenn Magerman）、妮可·马提斯（Nicole Mathys）、菲利普·麦卡尔曼（Phillip McCalman）、布拉德·麦克唐纳（Brad McDonald）、西蒙·勒波特（Simon Lepot）、乔瓦尼·马吉（Giovanni Maggi）、迈克尔·艾伦·迈克尔森（Mikael Allan Mikaelsson）、希尔蒂格·希维克·诺达斯（Hildegunn Kyvik Nordas）、丹尼斯·诺维（Dennis Novy）、马塞洛·奥拉雷加（Marcelo Olarreaga）、吉安马科·奥塔维亚诺（Gianmarco Ottaviano）、格雷戈尔·施韦霍夫（Gregor

Schwerhoff）、罗纳德·斯廷布利克（Ronald Steenblik）、皮特·斯特莱多姆（Peet Strydom）、世界银行研究部贸易和国际一体化小组（Trade and International Integration team of the World Bank Research Department）、赫尔克·范登布什（Hylke Vandenbussche）、威尔玛·维维耶斯（Wilma Viviers）、山口俊太（Shunta Yamaguchi）、查希尔·扎基（Chahir Zaki）和毛里齐奥·扎纳尔迪（Maurizio Zanardi）。

经济研究和统计司的安妮·莱斯库尔（Anne Lescure）和戴安娜·登特（Diana Dent）负责报告的文本制作。信息和对外关系司的安东尼·马丁（Anthony Martin）和海伦·斯温（Helen Swain）负责报告的图表制作。威廉·肖（William Shaw）和海伦·斯温（Helen Swain）对报告进行了编辑。此外，还要感谢语言和文件服务司翻译人员的高质量工作。

免责声明

世贸组织秘书处对《世界贸易报告》的内容全权负责。外部撰稿人的观点及世贸组织教席专家撰写的专栏内容由相应作者全权负责。《世界贸易报告》不代表世贸组织成员的意见或观点。本书所表达的意见和所采用的论点不是为了对世贸组织协定的规定提供任何权威性或法律性的解释，绝不应被解读或理解为具有任何法律影响。就任何未决错误或遗漏，本报告作者还希望免除对《世界贸易报告》提出评论意见的人的责任。

前　言

　　1945年后的国际经济秩序建立在这样一个理念之上：通过增加贸易和经济联系，各国之间的相互依存将促进和平与共同繁荣。在过去75年的大部分时间里，这一理念指导着政策制定者，并为一个拥有前所未有的增长速度、更高的生活水平和实现减贫的时代奠定了基础。今天，这一愿景正受到威胁，开放和可预测的全球经济的未来也同样面临威胁。

　　地缘政治、公共卫生、环境和经济方面的"多重危机"让许多人认为，全球化使各国面临过高的风险。他们认为，更大程度的经济独立而不是相互依存，将更好地提升选民的福祉。

　　这些观点已经开始影响贸易政策。在世贸组织，我们观察到单边贸易措施的数量在急剧增加。如果不加以遏制，这种趋势最终可能使世界经济分崩离析。与此同时，反对碎片化的人认为，碎片化在经济方面代价极高，在安全方面的好处却令人怀疑，而且会削弱经济一体化给全球人民带来的增长和发展。更糟糕的是，影响深远的分裂将使国际社会更难以，甚至不可能应对全球公共资源的挑战。

《世界贸易报告2023——再全球化：创造安全包容可持续的未来》审视了这些争论中的证据。现在的问题是，究竟是四分五裂的世界经济，还是推动"再全球化"，即更广泛和更具包容性的一体化，才能更好地实现成员的目标。报告还探讨了目前影响贸易政策的问题中最有争议的部分，如全球化与安全的关系，全球化在多大程度上加剧了经济不平等，以及全球化如何与环境可持续相互作用。

安全因素在贸易政策中的影响力越来越大。报告发现，当前某些贸易关系的重组可能是由于紧张的地缘局势，但如果相关成员因此做得太过火，结果将适得其反。长期的证据表明，贸易对国家间的和平做出了积极的贡献。关于经济安全，最近在新冠疫情、极端天气事件和乌克兰危机方面的经验表明，国际市场的纵深和多样性有助于各国从其他来源获得供应以应对意外的短缺。一个强有力和有效的多边贸易体制，特别是能够限制不合理的贸易壁垒并提供机会和平解决争端的多边贸易体制，为进入壁垒低、多样化的有深度和富有流动性的国际市场提供了必要基础。经济一体化使所有成员都成为管理、遏制和防止双边及更大的紧张局势的利益相关方，而世贸组织等机构则为实现这些目标提供了平台。

对全球化的第二套批评涉及对不平等和不包容加剧的关切。宏观的证据是显而易见的，更紧密的经济一体化已经使得全球生活在极端贫困和匮乏中的人口比例大幅下降。自200年前的工业革命以来，富国和穷国之间以及全球人口之间的不平等状况在20世纪90年代才开始首次下降，在一些发展中经济体，特别是在非洲，一体化和收入趋同的速度要慢很多。在国家内部，不平等的情况则更加复杂。一些经济体面临着外部调整带来的挑战，例如，全球贸易流动中迅速且显著的变化，特别是中国在2001年加入世贸组织后迅速崛起为一个主要贸易大国给全球贸易带来的变化。不同的国家在贸易和技术变革方面的表现也不尽相同。在一些国家，国家之间的贸易伴随着国内不平等程度的加深得到发展；而在另一些国家，更多的贸易伴随着经济包容性的增长。事实上，贸易开放程度较高的国家往往收入不平等程度较低，特别是在将税收和转移因素考虑在内之后，这突出表明国内社会和经济政策对于缓解不利影响和扩大与贸易有关的机会至关重要。报告警告称，经济一体化的倒退将使最近取得的发展成果付诸东流，各国将更难通过经济增长摆脱贫困，而这将很大程度损害最贫困人口未来的经济前景。

　　全球贸易的碎片化也会使得应对环境挑战变得更加困难，而环境挑战是报告的最后一个重点领域。许多主要的挑战只有通过全球合作才能有效解决。气候变化没有国界，生物多样性跨越国界。开放的全球贸易对于实现温室气体零排放是不可或缺的，我们既要在世界各地传播绿色产品和服务，又要使规模和竞争能够扩大，鼓励创新，降低脱碳成本。世贸组织经济学家估计，由于国际贸易和价值链带来的规模经济，过去三十年太阳能电池板成本大幅下降40%。相比之下，碎片化则会使可再生能源相对更昂贵，抑制化石燃料被替代的速度，导致低碳转型减缓。

　　叙事在经济和政策中都很重要。目前围绕贸易的主流论调可能会逐渐侵蚀多边贸易体制和世贸组织。总的来说，本报告的分析表明，我们应当对这种结果保持警惕：这些侵蚀可能会带来一个不那么安全的世界。在这个世界里，供应更容易受到冲击，而不是更能抵御冲击；这个世界更贫穷，更多的人和地区被排除在经济发展之外；这个世界可持续性较低，更难实现有效的环境保护行动。

再全球化提供了一条更好的前进道路，将更多的国家和社区从全球经济的边缘带入主流，使市场更加兴旺、更加多样化，从而在应对冲击时更有韧性。不那么集中的贸易关系将使任何一个国家都难以将相互依存关系武器化。确保贸易收益在国家内部和国家之间更加平等地分享也十分重要。尽管由于制造业的劳动密集程度降低，传统的出口导向型工业化模式会丧失一些创造就业的能力，但令人振奋的是，本报告强调了贸易可能具有推动经济增长、增加就业和提高环境可持续性的作用。

例如，信息和通信技术的进步使服务贸易，特别是数字服务贸易更加容易，使迄今代表性不足的经济体，以及妇女和中小微企业能够参与全球贸易。自2005年以来，数字可交付服务的出口增长了两倍多，远远超过了货物和其他服务的出口。自2000年以来，环境产品贸易几乎翻了两番。本报告研究表明，一旦各国采取环境政策行动，例如对水的使用或温室气体的排放进行正确定价，贸易就会成为释放环境收益强大力量的倍增器。正如各国可以通过从事相对擅长的经济活动来获得经济收益，如果各国从事相对环保的活动，世界也可以获得环境收益。

然而，充分利用这些机会需要国际合作。世贸组织在服务贸易国内规制、投资便利化和电子商务方面正在进行的工作有望降低服务贸易成本并加强一体化。实现环境比较优势需要在环境和贸易政策上进行国际协调,以确保某一方不会成为其他方行动的受害者。

再全球化还必须解决世贸组织议程中长期存在的问题,特别是农业,因为农业在世贸组织许多成员的就业中占有很大份额。报告显示,农业的贸易成本比制造业高出50%,这使得社会中依赖农业的贫困阶层处于不利地位。世贸组织已经在这方面发挥了作用。最近的研究发现,2017年生效的《贸易便利化协定》对农产品贸易产生了很大的积极影响,最不发达国家的农产品出口因此增加了17%。

世贸组织并不,甚至远不完美。但是加强多边贸易体制的理由远比放弃它的理由更充分。世贸组织成员已经采取行动重振该组织,2022年6月第12届部长级会议的成功就证明了这一点。今天的复杂挑战需要更多而不是更少的国际合作,世贸组织成员正在积极研究如何更新和升级世贸组织规则,以使贸易能够助力形成有效的应对措施。与基于规则的一体化相对应的方案是基于权力的碎片化,以及一个充满更大不确定性、社会经济更加排斥和环境恶化加剧的世界。这份报告表明,"再全球化"是一个更具吸引力的选择。我希望读者,特别是政策制定者,会发现它对塑造有利于和平、人民和地球未来的贸易是十分有用的。

世贸组织总干事　恩戈齐·奥孔乔-伊维拉

摘　要

在世贸组织监督下的多边贸易体制是在75年前建立的，它的建立是基于这样一种愿景，即促进各经济体之间的相互依存并使其对实现和平与繁荣发挥关键作用。这一愿景是在经历了以两次世界大战、大萧条和政治极端主义为代表的30年灾难性的去全球化过程后得出的。75年来，这一愿景一直指导着政策制定者们，为我们今天所处的一体化世界奠定了基础。

然而，这一愿景目前正受到质疑。最近的危机，如新冠疫情和乌克兰危机，使人们认为全球化将导致经济面临过高风险。因此，一种贸易怀疑论甚嚣尘上，即国际贸易是建立一个更加安全、包容和可持续世界的障碍。政策制定者们开始将相互依存视为一种缺点而非优点，更加强调经济独立。

在此背景下，《世界贸易报告2023》认真研究了国际贸易在应对我们这个时代所面临的最紧迫挑战方面的作用，即维护和平与安全、减少贫困和不平等，以及实现可持续经济。

报告的主要结论是：在加强多边贸易体制的基础上，国际贸易在创造一个更加安全、包容和可持续的世界方面将发挥不可或缺的作用。结合所有研究结论，《世界贸易报告2023》认为，取代碎片化的更好办法是再全球化，即将贸易一体化扩大到更多的人、经济体和议题。

第二章表明，尽管全球贸易政策环境陷入困境，但全球贸易流动一直具有韧性。为了说明本报告的背景，第二章对全球化的现状进行了实证分析，并提出了三个主要结论：第一，不断演变的对国际贸易的质疑越来越多地表现为贸易紧张；第二，这些紧张关系开始影响贸易流动，甚至会导致碎片化；第三，尽管存在这些挑战，但国际贸易仍在许多方面继续蓬勃发展，这意味着关于去全球化的讨论整体上远未得到数据支持。

第二章首先讨论了贸易紧张局势的扩散。在全球贸易政策制定的过程中，日益增长的对国际贸易的怀疑使实现区域贸易一体化的努力受挫，甚至有些成员的贸易政策开始转向单边贸易政策。这导致了一些主要贸易国之间出现了紧张关系。为此，世贸组织成员对单边贸易措施和技术法规提出越来越多的贸易关注。

对世贸组织各委员会工作的分析表明，技术层面的贸易关注激增，特别是在技术性贸易壁垒委员会和市场准入委员会，后者更是在2015—2022年期间增加了四倍贸易关注。在货物贸易理事会，越来越多的未决问题升级到更高的政治层面。2015—2022年，该理事会的贸易关注数量增加了9倍[见图0-1(a)]。政府越来越多地使用补贴是另一个令人关注的问题，这导致世贸组织成员采取的反补贴措施数量急剧增加[见图0-1(b)]。

第二章还探讨了贸易紧张局势对国际贸易流动的影响。自2008—2009年国际金融危机以来，全球贸易占国内生产总值的比率停滞不前，这似乎并非由贸易紧张局势造成，因为贸易成本在2008—2009年之后持续下降。实际上，这一现象反映的是政策驱动因素的减少。例如，由于更多零部件可以从国内采购而无须跨国采购所带来的国际生产分工减少。

然而，不断升级的贸易紧张局势对中美贸易流动的影响开始变得明显。虽然两国贸易额在2022年达到了创纪录的高点，但贸易结

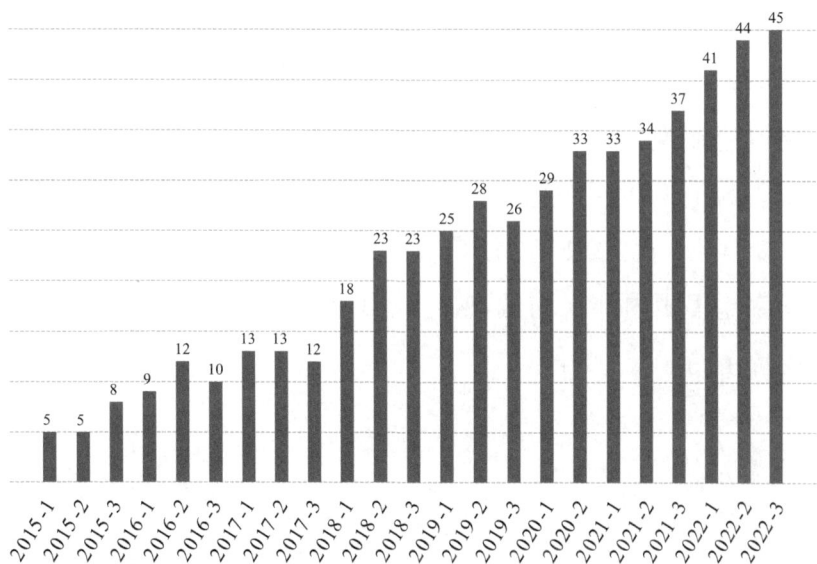

图 0-1(a)：　2015—2022 年货物贸易理事会上提出的贸易关注数量

资料来源：世贸组织。

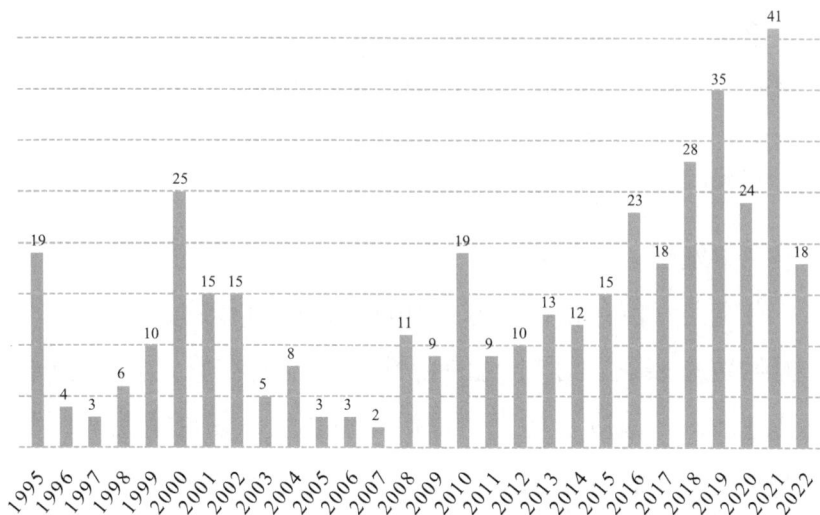

图 0-1(b)：　1995—2022 年新增反补贴措施数量

资料来源：世贸组织。

构经历了与关税措施相匹配的调整，半导体等某些产品类别的贸易额急剧下降。

更广泛地说，第二章表明，贸易正逐渐按照地缘政治的方向重新定位。为了说明这一趋势，本章基于外交政策相似性指数假设了一些"集团"。自2022年2月乌克兰危机以来，这些集团之间的贸易增长率比集团内部平均低4%～6%（见图0-2）。

指数：2022年1月为100

图0-2：2019年1月—2022年12月假设地缘政治集团内部和集团间贸易指数

资料来源：世贸组织秘书处基于贸易数据监测进行统计得到。
注：定期调整系列。

第二章发现，尽管存在上述情况，去全球化的说法仍被大幅夸大了。事实上，也存在再全球化和加强国际合作的显著迹象。

国际贸易表现出了非凡的韧性，这体现在它迅速从新冠疫情中恢复过来，并适应了乌克兰危机。事实上，在疫情期间，贸易对于扩大医疗用品和疫苗的生产并将其带到需要的地方至关重要。同样，开放和可预测的贸易体系有助于缓解乌克兰危机导致的供应短缺和价格飙升，因为各国能从其他生产者那里获得小麦等关键供应品。

　　贸易也变得更加数字化、绿色和包容。数字革命通过大幅降低服务交易成本，促进了数字可交付服务的贸易（见图0-3）。全球环境产品贸易额增长迅速，增幅超过货物贸易整体。全球价值链已经扩大到更多的经济体，例如，柬埔寨、罗马尼亚和越南融入全球价值链的速度特别快。

指数：2005年1月为100

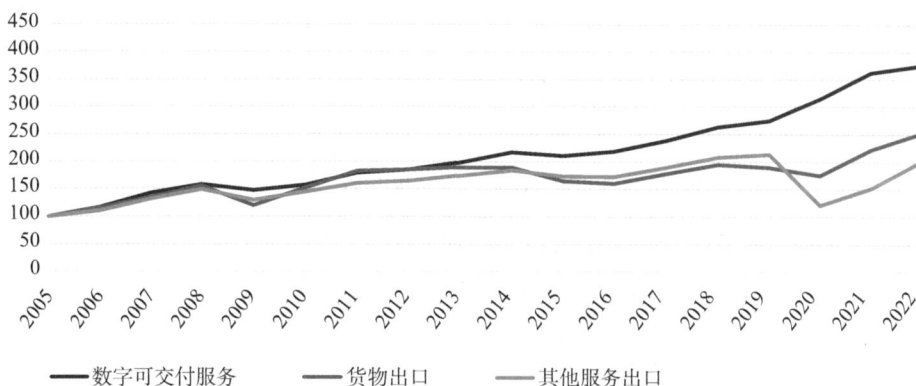

图0-3： 2005—2022年数字可交付服务出口增长情况

资料来源：WTO（2023b）。

　　注：数字可交付服务包括《服务贸易总协定》（GATS）模式一的金融、保险、电信、计算机和信息服务出口、知识产权使用收费，以及国际收支中的大多数其他商业服务和个人、文化和娱乐服务。

　　贸易政策也取得了重大进展，世贸组织在这方面发挥了重要作用。值得注意的例子包括：2017年生效的世贸组织《贸易便利化协定》、2022年6月达成的世贸组织《渔业补贴协定》，以及世贸组织成员之间关于服务贸易国内规制、投资便利化和电子商务的谈判。此外，还有一些重要的区域自由贸易区，如非洲大陆自由贸易区（AfCFTA）。

　　但还有很多工作仍需去做。发展中经济体的贸易成本仍比高收入经济体高出近30%，农产品贸易成本比制造业高出50%。尽管因为技术和政策推动了与数字可交付服务贸易有关的成本大幅下降，但服务贸易各部门之间的成本差异仍然很大，且总体成本仍然很高。

第三章表明，再全球化比碎片化更能有效促进建立一个更安全的世界。第三章着眼于国际贸易在维护和平与安全中的作用。首先，贸易政策背景下的安全概念已经拓展到经济方面，如获得关键商品和抵御冲击的能力。在此基础上，本章对安全问题进行了广泛的研究，并提出三个主要观点。

第一，贸易有助于分散风险，促进经济安全。贸易还可以减少冲突，特别是在一个具有商定规则的多边体系内。第二，碎片化的贸易关系往往会降低经济安全，增加冲突风险，这暗示着保持多样化的贸易伙伴关系可能是更安全的策略。第三，再全球化可以通过减少贸易壁垒和促进多样化增加贸易对安全的贡献，而多边贸易体制则有助于和平解决争端和减少摩擦。

安全考虑在贸易政策中发挥着越来越重要的作用。例如，近年来，对涉及国家安全措施的贸易关注数量急剧上升（见图0-4）。

第三章认为，在强有力的多边贸易体制的支持下，开放贸易将是经济安全的一个关键驱动因素，使企业和家庭在面临供应短缺时能够获得其他选择。这一结论是通过研究贸易对新冠疫情和乌克兰危机的反应，以及关于国际贸易、供应链韧性和宏观经济波动关系的诸多文献后得出的。

虽然贸易与冲突之间的关系复杂，但文献表明，贸易，特别是在以规则为基础的多边贸易体制内，能够起到减少冲突的作用（见图0-5）。其中一个原因是：在多边贸易网络中，因双边紧张局势而受到负面影响的第三方有意愿进行调解。国际组织也能通过促进国际关系的稳定来巩固和平。即使纯粹从双边层面考虑，贸易也可以通过增加冲突的机会成本来减少其发生的可能性。如今，错综复杂的供应链以复杂的方式将经济联系在一起，使贸易收益最大化的同时也使切断贸易关系的成本最大化，这一点在当今世界尤为重要。

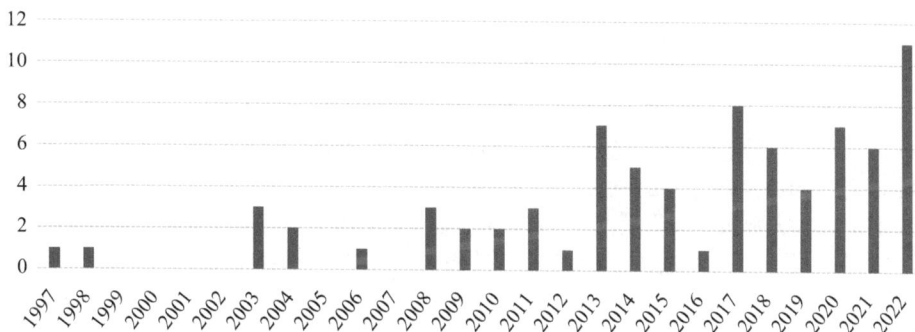

图0-4：世贸组织委员会中涉及国家安全措施的贸易关注数量上升

资料来源：世贸组织特别贸易关注数据库。

注：图0-4描述了1997—2022年间市场准入委员会、进口许可委员会、卫生与植物卫生措施（SPS）委员会和技术性贸易壁垒（TBT）委员会提出的与国家安全有关的特别贸易关注（STC）数量。在货物贸易理事会提出的贸易关注未在STC数据库中体现。

第三章还研究了碎片化对全球安全的潜在后果。虽然由于地缘政治不可避免地会出现一些脱钩，但报告指出，过度碎片化是不可取的，因为这将对安全产生不利影响。这一论点与前面的分析一致，强调了国际贸易在维护和平与安全方面的重要性。此外，随着时间的推移，地缘政治关系也会发生重大变化。联合国投票模式表明，大约40年前的地缘政治从属关系只能解释当下40%左右的从属关系。因此，如果地缘政治格局不稳定，特别是如果存在政治两极分化的趋势，那么像"友岸"这样的概念可能会面临实施风险。

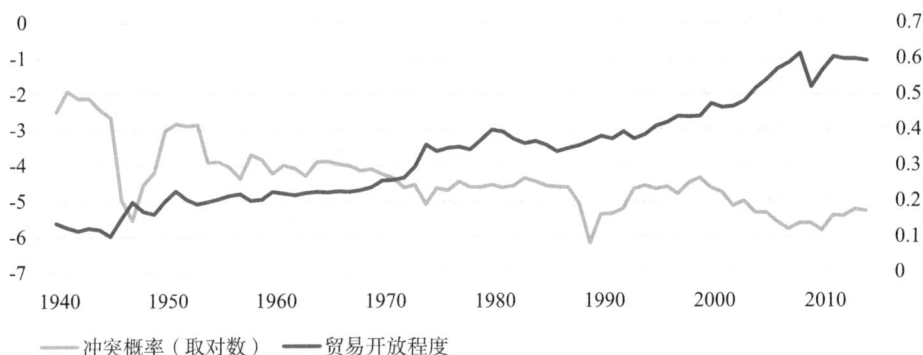

图0-5：贸易开放程度与冲突概率呈显著负相关

资料来源： 贸易开放程度来自费恩斯特拉、因克拉和蒂姆（Feenstra、Inklaar和Timmer，2015），克拉辛和米利奥尼斯（Klasing和Milionis，2014），冲突概率来自毛兹（Maoz等，2019）和战争相关指数（COW）项目。

注： 贸易开放被定义为世界进出口总额除以全球GDP。冲突概率被定义为两个敌对方之间发生军事化冲突的数量（不包括威胁使用武力和较低程度的敌意），除以当事方的数量。

第三章最后探讨了进一步增加贸易对安全贡献的策略。作为讨论重点的再全球化，将促进贸易伙伴的多样化，增强韧性，减少各经济体利用贸易政策相互对抗的风险。一个关键的机会在于进一步开放服务贸易，因为目前服务贸易仍然面临过高的贸易成本。例如，贸易开放将使各经济体能够在当地缺乏专业知识的情况下利用外国专业人员的知识和技能，更好地应对自然灾害或卫生危机。在进一步开放服务贸易方面已经取得了进展，一些世贸组织成员成功完成了服务贸易国内规制的谈判，其目的在于提高外国服务提供者许可审批程序的透明度、可预测性和效率。

此外，将更多国家纳入全球价值链，有助于进一步提高贸易对安全的贡献。而这需要消除各种贸易壁垒，例如，解决许多发展中经济体在获得贸易融资方面遇到的困难。然而，最重要的措施是加强以规则为基础的多边贸易体制，因其为供应链韧性及和平解决争端提供了必要框架。

第四章分析了贸易在减少贫穷和不平等方面的作用，强调了加强多边贸易体制给包容性增长带来的潜力。第四章深入探讨了国际贸易在减少贫困和不平等方面的作用，并强调了三个关键点。

第一，贸易已被证明是增进包容性的强大推动力，能促进各经济体之间的收入趋同，并为减贫做出了重大贡献。在缺乏适当的国内政策的情况下，贸易虽然可能会加剧国内的不平等，但也能为受到劳动力市场冲击的人们提供重要机会。此外，贸易可以支持非全职工人、妇女和中小微企业。

第二，碎片化对减少贫困和不平等的进程构成了重大风险。虽然全球价值链的重新定位可能会有一些赢家，但大多数发展中经济体将遭受损失，较贫穷的家庭可能会因贸易成本上升而受到更大影响，因为他们更加依赖可贸易的商品和服务。

第三，加强多边贸易体制可以提高包容性，因为较贫穷的经济体可以更多地参与全球价值链并从中受益。世贸组织《贸易便利化协定》等协定可以通过降低贸易成本来实现这一目标。服务业，特别是数字可交付服务主导的增长也可以得到世贸组织相关协定的支持。

第四章强调了贸易在促进全球经济趋同和减贫方面的关键作用。发展中经济体从贸易驱动型增长中获益匪浅，在融入全球价值链和贸易成本下降的推动下，与较富裕国家的收入实现趋同。

贸易增加了对熟练工人的需求，并将经济活动转移到城市中心，这加剧了一些发达经济体内部的不平等。然而，证据表明，贸易开放可以与经济包容齐头并进，这体现了互补性国内政策的重要性。此外，最新的研究也质疑了早先的发现，即进口竞争在一些发达经济体最近制造业就业率的下降中发挥了主要作用。

世贸组织在监督减少关税和非关税措施方面发挥了至关重要的作用，并促进了贸易扩张和经济增长。贸易是减少贫困的催化剂，中低收入经济体出口份额的增加和贫困率的下降就说明了这一点（见图0-6）。全面的贸易开放有效地促进了经济增长，提高了低收入和中产阶级家庭的实际收入。然而，在非洲撒哈拉以南地区等区域，由于贸易增长有限，减贫效果也不佳，这与东亚和东欧出口带动增长的成功形成对比。

图0-6：国际贸易已使极端贫困人口减少了3/4

资料来源：世贸组织秘书处根据世界银行的世界发展指数计算。

第四章还研究了碎片化对贫困和不平等的潜在影响，发现碎片化对在这些领域取得的进展构成重大风险。研究表明，碎片化可能使少数国家受益，但大多数国家将遭受损失。

模拟结果表明，在全面地缘政治竞争的最坏情况下，发展中和最不发达经济体受到的负面影响相当大。发展中经济体与发达国家的差距不但不会像过去几十年那样缩小，反而会变得更大（见图0-7）。发展中经济体国内生产总值的绝对损失会更高，与发达经济体增速差距将扩大3.5%。这是因为依赖出口部门的弱势工人将特别容易受到劳动力市场中断的影响，而将很大一部分收入用于可贸易商品和服务的低收入家庭，面对贸易壁垒导致的价格上涨，将承受更重的负担。

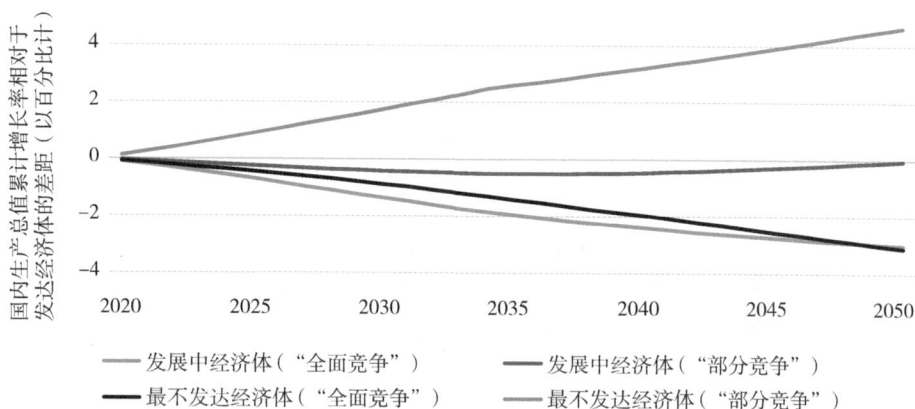

图0-7： 碎片化可能减缓或阻止经济趋同

资料来源：梅蒂维耶等（Métivier，2023）。

注：图0-7显示发达经济体与发展中经济体，以及发达经济体与最不发达经济体在"全面竞争"和"部分竞争"两种情况下国内生产总值增长率差异的百分比。

在这种情况下，由于贸易成本增加和全球市场竞争力下降，中小微企业将面临挑战。由于较高的出口成本和参与全球贸易的机会有限，妇女还可能面临额外的障碍，这将阻碍她们在经济方面的发展。此外，碎片化导致的贸易收益损失还会限制可用于解决不平等问题的财政资源。

第四章最后展示了包括通过国际组织等振兴多边主义的方式如何有助于减少贫穷和不平等（见图0-8）。世贸组织通过具有约束力的承诺和协商一致的贸易规则，促进各经济体参与全球贸易，从而促进包容性的全球化。世贸组织还能帮助成员应对非关税措施。这些措施目前约占贸易总成本的14%，阻碍了更多经济体参与全球价值链。

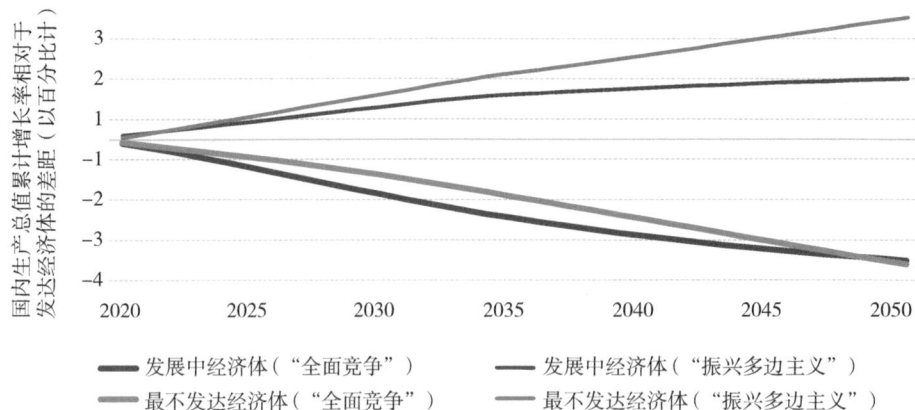

图0-8： 加强国际贸易合作将促进经济融合

资料来源： 梅蒂维耶等（Métivier，2023）。

注： 图0-8显示发达经济体与发展中经济体，以及发达经济体与最不发达经济体在"全面竞争"和"振兴多边主义"两种情况下国内生产总值增长率差异的百分比。

进一步开放农业和服务贸易，继续进行电子商务谈判，也可以扩大对国际贸易的参与，从而为增长、减贫和包容带来巨大的潜在利益。世贸组织还通过诸如"促贸援助"倡议等项目帮助支持最不发达经济体加强国际贸易能力建设。

第五章探讨了贸易与环境可持续性之间复杂的相互作用，强调了更加协调的贸易和环境治理的环境效益。第五章探讨了国际贸易在实现可持续经济中的作用。第一，贸易与环境可持续性之间的相互作用是复杂的，因为贸易促进增长，促进生产在企业和国家之间的重新分配，促进生产技术的更新。因此，贸易虽然由于生产和运输产生了排放，但可以通过增加环境商品和服务的可得性来减轻对环境的负面影响。第二，碎片化的环境可持续性方式效率低下，因为全球问题需要全球性的解决方案，包括采取协调一致的环境政策以加强气候行动，维持一体化的全球经济以促进技术传播。第三，再全球化可以通过鼓励本质上更绿色的贸易方式，例如数字可交付服务，以及通过协调贸易和环境治理来释放大量的环境效益，从而带来环境红利。

第五章分析了国际贸易与温室气体排放之间的联系。贸易通过三种效应影响排放：引起经济增长的规模效应，改变专业化模式的构成效应，通过促使企业采用更有效生产技术的技术效应。经验证明，负的规模效应通常被正的技术效应所抵消（见图0-9），而构成效应的影响有限。

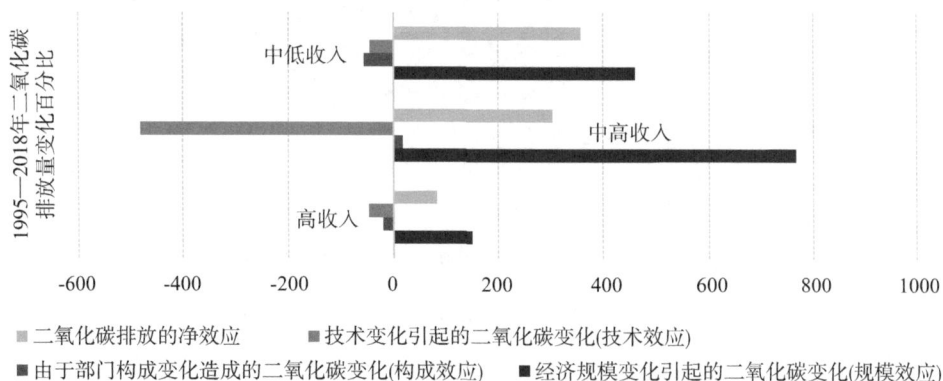

图0-9： 1995—2018年技术进步对减少二氧化碳排放产生了重大影响

资料来源： 作者基于经合组织增加值贸易（TiVA）数据库和国际贸易包含二氧化碳排放（TeCO₂）数据库计算。

注： 规模效应为1995—2018年总产出变化情况。规模＋构成效应是在假设2018年每个国家的行业排放率（每一美元增加值直接排放的二氧化碳吨数）与1995年保持不变的情况下计算的。净效应表示排放的总变化。各国的效应按世界银行收入组别汇总，并按2018年各国GDP加权。

自1995年以来，发达经济体的二氧化碳排放总量仅略有增加，因为技术效应抵消了产出增加带来的大部分额外排放。新兴经济体的总排放量增幅较大，这主要是受规模效应推动，但也受益于技术的改进。研究表明，虽然没有国际贸易，排放量会略低一些，但贸易带来的福利远远超过相关的环境成本。

第五章研究了碎片化对环境可持续性的影响，强调碎片化的环境政策会削弱气候行动并加剧贸易紧张局势。这种紧张局势的迹象已经出现，例如，世贸组织各委员会提出与环境措施有关的贸易关注日益增多（见图0-10）。

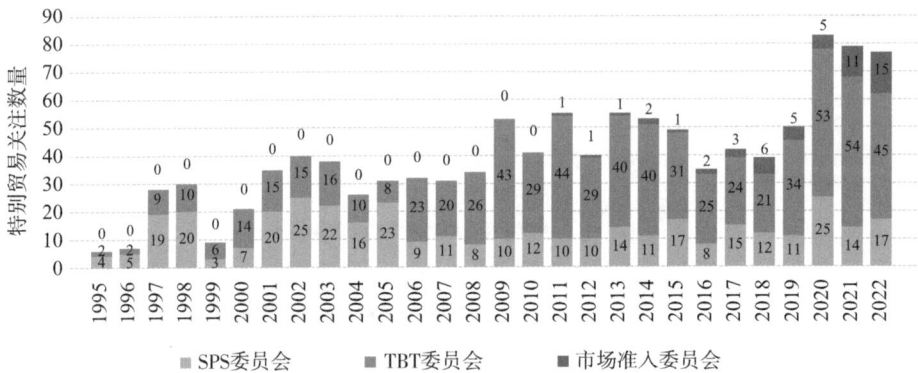

图0-10： 一些环境措施引起了世贸组织的关注

资料来源：作者根据世贸组织贸易关注数据库（https://tradeconcerns.wto.org/en）统计。

注：该数据库涵盖市场准入委员会（CMA）、卫生与植物卫生措施（SPS）委员会和技术性贸易壁垒（TBT）委员会提出的贸易关注。世贸组织讨论的其他贸易关注，如货物贸易理事会不在其中。与环境相关的关注由一系列与环境相关的关键字标识。

第五章还讨论了全球经济潜在脱钩对环境可持续性的不利影响，指出更松散的贸易关系将阻碍绿色技术的全球传播。这种技术的传播对于有效应对气候变化至关重要，因为许多经济体在这一领域仍然缺乏专业知识。

第五章最后介绍了在环境可持续性背景下进行再全球化的理由。关键在于，开放贸易可以成为国际协调气候政策的强大的倍增器。研究表明，协调一致的环境政策可以激励经济体根据其环境比较优势进行专业化，以此从贸易中获得可观的环境收益。

贸易带来的经济收益是由从事其相对擅长领域的经济体推动的，而贸易带来的环境收益是由从事其相对绿色领域的国家推动的。鉴于碳排放造成的环境破坏没有体现在市场均衡中，贸易带来的环境收益需要通过国际协调的环境政策来获得，以确保贸易能够最有效地为应对气候变化做出贡献。

第六章讨论了需要更多的贸易和更多的合作，以有效解决我们这个时代最紧迫的挑战。总的来说，报告研究结果清楚地表明，当今世界需要更多的贸易和更多的合作，而不是更少。全球政策制定者们面临的主要问题，从安全到包容再到气候变化，都超越了民族国家本身。流行病、冲突和温室气体排放也并不被限于边境内。国内选择和政策的溢出效应比过去大得多。

因此，解决办法不可能孤立于其他国家而单独被找到。如果世界要解决危机，全球化和合作必须成为答案的一部分。但是全球化本身需要不断发展，并伴随着相关领域的适当政策。技术发展可以提供新的机会，将贸易扩大到更多的人、部门和经济体，并有助于解决全球环境、社会和安全问题。

为了获得这些好处，需要加强国际合作，无论是在贸易还是在更广泛的其他问题上。这可以通过再全球化来实现，而重振和改革后的世贸组织将在这一努力中发挥核心作用。

第一章 引 言

当今全球化世界的理念，正是为了应对20世纪上半叶灾难性的去全球化世界而形成的。在目睹了封闭和分裂的世界经济如何导致经济萧条、冲突，并最终引发第二次世界大战之后，战后格局的设计师们决心建立一个开放和一体化的世界经济。其中，更自由的贸易将给各国带来共同的经济增长和发展，经济上的相互依存使各国能在彼此的成功中分得一杯羹，国际规则和制度将促进稳定、互信和合作。所以说正和的全球经济合作正是零和经济民族主义的解药。

全球化带来了前所未有的全球繁荣和进步的时代，这是战后愿景的实现。然而，全球化的巨大成功本身也带来了新的挑战，包括环境压力、日益严重的不平等、全球实力的剧烈变化。这些挑战成为助推逆全球化、解除相互依赖关系、退回到一个由区域集团组成的分裂世界的力量。

《世界贸易报告2023》提出了一个问题：碎片化能否让世界变得更加安全、平等或可持续？本书认为，答案是否定的。碎片化将降低各个经济体的繁荣、创新精神、韧性，以及减少合作应对社会、环境和安全挑战的意愿和能力。我们的结论是，解决今天的挑战实际上需要更多而不是更少的全球开放、一体化和合作，这也与国际贸易和经济体系的改革密切相关。因此我们的目标应是再全球化，而不是碎片化，并承受其带来的所有代价和危险。

承压的全球化

全球化主导了现代社会，但其主导地位却很脆弱。全球一体化推动了非凡的经济进步，包括空前的经济增长、扩大的发展范围、令人眼花缭乱的技术进步，使数亿人摆脱极端贫困。但它也带来了新的挑战，如环境溢出效应、经济混乱和错位，以及全球力量的扩散、转移、调整和再平衡。尽管经济和技术力量正在推动世界一体化，但政策分歧和地缘政治的紧张局势也有可能使世界分崩离析。

一体化的全球经济从根本上需要全球合作、相互信任和共同的目标来维持。70多年来，不断扩大和深化的全球经济融合是全球事务的驱动逻辑。但是，各经济体在努力应对全球化带来的新挑战的同时，承受关于减缓或逆转一体化进程、解除相互依赖关系以及退回到一个更加分裂和支离破碎的世界的压力也越来越大。

这不是全球化第一次面临危机。两个世纪前，世界进入了第一个全球化时代。像今天一样，轮船、铁路和电报等新技术将遥远的经济体联系在一起。同样像今天一样，在双边关税削减协议、全球向金本位转变、对移民更加开放以及英国主导的自由贸易和金融稳定等因素的刺激下，商品、资本和人员在全球范围内迅速扩散。其结果是，世界通过贸易、投资和通信技术日益紧密地联系在一起，并出现了第一个真正开放的世界经济。

那是一个经济大进步的时代，即所谓的"进步时代"，但同时是政策和地缘政治紧张局势加剧的时代。新兴经济体向工业化世界提供了大量廉价产品，特别是农产品，这有助于降低人们特别是穷人的生活成本，但也威胁到了本国人民的生计，迫使各国提高关税来保护脆弱部门。受益于技术、生产和市场的全球化，新兴经济体的崛起开始改变地缘政治格局，这使旧势力感到不安，进而引发军备竞赛，并孕育了新的防御联盟。

然而，尽管地缘政治局势日益紧张，但许多人仍然认为，全球化的第一个时代是不可阻挡和不可逆转的。诺曼·安吉尔在他1910年的畅销书《大幻觉》中认为，大国之间日益加深的经济相互依赖将大大提高战争的破坏性，以至于战争不可能发生（诺曼·安吉尔，2016）。仅仅四年后，第一次世界大战的爆发证明了他对战争破坏力的看法是正确的，但对战争不可能发生的看法却是错误的。

问题出在哪里呢？虽然引发第一次世界大战的因素有很多，但一个首要原因是国际体系未能适应技术、工业和地缘经济的迅速变化，导致大国之间的信任瓦解，地缘政治竞争加剧，国际合作中断。

灾难性的去全球化

1914年爆发的第一次世界大战标志着第一个全球化时代的结束和30年去全球化的开始。开放贸易迅速让位于边境限制、配额和管制，金本位制度崩溃，作为前世界经济中心的欧洲被摧毁和消耗殆尽。一战后，主要经济体为重建一个开放的世界经济，做出了断断续续、半心半意的努力。直到1929年，大萧条的到来彻底摧毁了他们合作的意愿，经济转向内向，贸易和货币战争升级，世界经济分裂成对立和内向的区域集团。在1929年到1932年之间，全球贸易量几乎下降了三分之一。无论对整体还是个体，这样的结果都是灾难性的（见图1-1）。

单位：百万美元

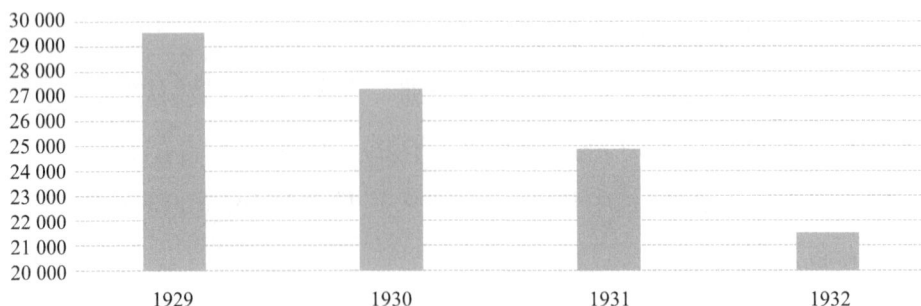

图 1-1： 1929—1932 年世界贸易量急速下降

资料来源：费德里科和特纳·君贵托（Federico 和 Tena Junguito ，2018a）。

注：根据时间序列"全样本，不变价格，当前边界（1913 年百万美元），进口，世界"。

　　查尔斯·金德尔伯格（Charles Kindleberger）在其开创性的著作《萧条中的世界》（*The World in Depression*）中指出，问题的根源在于各经济体之间无法开展合作，它们对形成集体解决方案愈加悲观，因此决定捍卫本国的产业、就业和市场，不顾对其他国家可能造成的不利影响——从而引发了保护主义、以邻为壑的货币贬值及零和经济民族主义的恶性循环。正如查尔斯·金德尔伯格所说："当每个国家都转向保护自己国家的私有利益时，世界公共利益就随之消失，所有人的私有利益也随之消失（*Charles Kindleberger*，1986）。"在一系列问题上的失败合作，以及由此导致的经济不安全、冲突和萧条为第二次世界大战的爆发铺平了道路，这是世界去全球化阶段最后也是最具毁灭性的一章。

重建全球化

在经历了第二次世界大战的破坏之后，各国开启了第二个全球化时代。但这一次，全球化建立在新的观念、价值观和制度之上，其中的关键离不开经济强国美国的领导。如果说美国的孤立主义是导致两次世界大战之间国际体系脆弱和不稳定的一个主要原因，那现在美国决心扮演相反的角色，因其通过惨痛的教训已经认识到自己的国家经济利益与全球经济利益密切相关。美国不仅拥有支持一个全球经济新体系的资源和影响力，而且还与其盟国一道，根据最近的"教训"，对所需要的体系形成了明确的想法。

首先，该体系将是开放、包容的多边体系，以便阻止贸易保护主义和内向型区域集团重新出现，此类集团在两次世界大战之间催生了怨恨，产生了不稳定因素。其次，它将建立在规则而非权力的基础上，以避免重蹈两次世界大战期间经济无政府状态、不安全和以邻为壑式对抗的覆辙。再次，它将平衡全球经济一体化和国内就业政策及社会安全网的需要，根据过往的教训，开放贸易和一体化只有在利益和成本得到更平均分配的情况下才能在国内得到支持。从次，它将得到新的国际经济组织的支持，包括国际货币基金组织、世界银行和关税及贸易总协定（简称"关贸总协定"，在建立国际贸易组织计划流产后作为主管国际贸易的国际组织），明确授权支持开放的全球贸易，强化20世纪20年代和30年代所缺乏的信心建设和合作成果。最后，这一新的国际经济秩序将以新的国际安全秩序，即联合国为基础，确保全球繁荣与和平齐头并进。

事实上，这一战后制度最显著的特点在于其推动全球经济增长、发展和进步的核心假设，即创造一个全世界都能分享繁荣的未来，这是持久和平的先决条件。正如美国前总统罗斯福在战争接近尾声时所说："除非我们建立一个经济健康的世界，否则我们不可能成功地建立一个和平的世界。"[1]尽管"全球化"这个词在1945年并不存在，但它准确地反映了战后国际秩序设计师们试图建立的开放的、相互依存的"同一个世界"经济。

事实证明，这种全球经济愿景非常成功。在过去的70年里，世界经济增长了14倍，世界贸易增长了45倍（见图1-2），这有力表明了全球一体化和全球经济增长是如何齐头并进的。发展中世界的迅速崛起是这个故事的重要组成部分，特别是在20世纪80年代大的新兴经济体日益开放和接受全球一体化之后。自那以后，发展中经济体在全球货物贸易中所占份额从不到1/3增长到近一半，在全球经济产出中所占份额则从24%增长到43%以上。

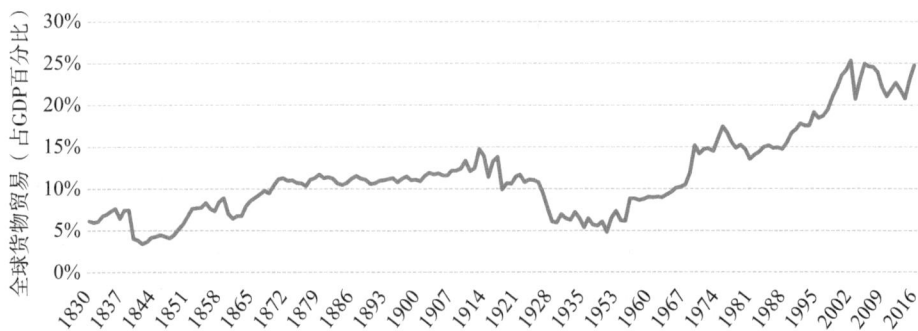

图1-2：1830—2020年全球经济一体化变化图

资料来源： 费德里科和特纳·君贵托（Federico和Tena Junguito，2018b）和世界银行世界发展指标。

注： 1959年前的数据基于"全样本，当年价格，出口/GDP，世界"时间序列，引自费德里科和特纳·君贵托（2018b）；1960年以来的数据基于"商品出口（占GDP的百分比）"时间序列，引自世界银行世界发展指标；缺少1939—1949年的数据。

中国就是最典型的例子。中国现在是世界上最大的出口国，而40年前仅排名第32位。中国占全球人口的1/5，过去40年的年均增长率为9.1%，这意味着中国经济实现了前所未有的38倍扩张，尽管最近增长的速度有所放缓。印度在全球人口中所占比例更大，其年均增长率为6.1%，是目前世界上增长最快的主要经济体。尽管这些国家和其他快速发展的新兴经济体可能在近年来吸引了最多的注意力，但发达经济体也在不断增长和进步。从1980年至今，七国集团（即加拿大、法国、德国、意大利、日本、英国和美国）的经济总量增长了2.5倍。

提升和深化全球经济增长不是发展的唯一条件，但却是一个必要条件，这就是为什么现在的全球化时代在卫生、教育、性别平等和减贫等领域也实现了前所未有的进步。自1950年以来，全球平均预期寿命从45岁提高到73岁以上，提高1/3以上，且世界各经济体都有提高。今天，世界上88%的人口识字，而1960年只有42%。生活在极端贫困中的全球人口比例已从1960年的80%降至今天的不到10%（世界银行，2021年），仅在过去30年，就有15亿人摆脱了极端贫困。考虑到全球人口在同期增长了3倍，世界贫困人口的急剧下降更加引人注目。

如果没有全球化，那么包括它所驱动的前所未有的经济增长和技术进步在内的这一切都不可能实现。

解决方案带来的新挑战

但是，全球化的成功也带来了新的挑战。

一个核心的挑战是环境。随着全球一体化不断深化，经济飞速增长为快速扩张的全球人口带来了更多的生产、消费和更高的生活水平，但经济增长和物质进步也给全球环境可持续性带来压力，导致温室气体排放水平上升，生物多样性迅速丧失，自然资源过度开采，以及空气、土地和水污染的扩散。这些环境挑战很大程度上是过去70年非凡经济进步和发展的副产品，但如今也亟须解决，尤其是为了确保全球经济进步、发展和减贫工作取得持续进展。

另一个主要的挑战是不平等。虽然全球化有助于减少经济体之间的不平等，比如许多快速增长的新兴经济体迎头赶上发达经济体，但却加剧了经济体内部的不平等。专业化、竞争、创新、提升资源生产效率、更优的产品，这些推动全球经济进步的力量同样也会产生赢家和输家。当需要新技能的新产业在新的地区蓬勃发展时，使用过时技能的老产业则在挣扎、萎缩或消失（Autor、Dorn和Hansen，2013；2016；Rodrick，2018）。

总体上，全球经济从贸易和技术驱动的变革中获益匪浅，这一进程产生的赢家多于输家，许多经济体成功地利用国内政策缓冲或减轻了经济变革带来的负面分配影响，但这并不能改变一些个体、群体甚至整个区域感到自己被全球化抛在身后或被"拒绝"的现实。

地缘政治力量的扩散和重组使应对这些全球性挑战的努力变得复杂。全球化有助于加快发展，产生有影响力的新经济体。但是，正如法里德·扎卡里亚（Fareed Zakaria）所描述的那样，"其他国家的崛起"正在破坏旧的国际秩序，改变全球力量平衡，对地缘政治和地缘经济产生剧烈冲击（Fareed Zakaria，2009）。发达经济体仍然是全球秩序的关键参与者，但不再占主导地位。亚洲、非洲和南美洲快速崛起的新兴经济体在全球体系中发挥着20年前无法想象的作用，较小的经济体也希望在这个拥有更大利益的全球体系中拥有更大的话语权。

习惯于扮演领导角色的老牌大国对不得不与新的参与者分享全球舞台感到陌生，甚至不安。正如约翰·伊肯伯里（John Ikenberry）所说，他们的"内部秩序"突然变成了"外部秩序"（John Ikenberry，2018）。相反，对于许多原先处于全球高层政治边缘的新兴大国来说，对不得不在一个拥有重大利益的体系中扮演共同领导角色，可能同样感到陌生且具有挑战性。

与此同时，全球化正在减少壁垒，缩短距离，将不同的经济、文化和政治制度更紧密地联系在一起，这反过来又会加剧系统性的紧张局势，使达成政策共识变得更加困难。像银行监管、税收或卫生政策这些曾经的国内议题，现在已经具有全球性的溢出效应。像气候变化、数据流动或人工智能这些在系统设计之初未考虑的跨境问题，现在也需要协调一致的全球解决方案。这个新的多极世界比原先的两极或单极世界更具包容性和公平性，但也更加复杂和难以协调。

同时，过去十五年的重大冲击，包括2008—2009年的国际金融危机、新冠疫情以及乌克兰危机等，引发了人们一系列的担忧，如各国在关键供应、资源、能源和技术方面如何相互依赖；远距离供应链的中断将如何在复杂和集成化的供应链中产生影响并放大；互联互通和相互依存将如何降低各国的自给自足能力，使其在受到外部冲击时变得脆弱，并过度暴露于动荡的世界经济之中。愈演愈烈的地缘政治冲突，特别是乌克兰危机和中美紧张关系，会加剧人们对过度依赖外国供应商导致自给自足能力下降的担忧（Irwin，

2020；Evenett，2022）。

"信任"这个维系当今全球化世界最关键的纽带，由于这些局势也变得紧张起来。如果说全球繁荣有赖于相互依存，那么相互依存就建立在相互信任和共同目标之上。各国因此愿意降低彼此之间的壁垒，在关键供应和技术方面相互依赖，愿意相互合作不对立，以实现双赢的经济成果。

如果说近年来全球合作变得更加困难，那很大程度上是因为东西方以及南北之间的不信任和猜疑正在侵蚀合作的基础。

回到未来？

面对这些挑战，出现了关于全球化的另一种声音（Roberts 和 Lamp，2021）。一些人声称由于全球化优先考虑效率而非韧性，使其不但没有帮助经济变得更强劲和有活力，反而使经济变得更加低迷和脆弱；同时全球化将"及时"置于"以防万一"之上，将使各国面临过度的风险和不可靠的外国供应商（Posen，2020）。一些人指责全球化侵蚀了国家的经济实力，掏空本国产业，允许其他国家复制或窃取技术，而不是创造应对贫困、不平等和气候变化等关键全球挑战所需的资源、投资和技术（Bijimakers，2013；Hinshir，2021；Shih，2022）。一些人声称，全球化不是通过经济繁荣和相互依存来促进全球和平，而是赋予了战略对手权力和加强了专制政权，使世界变得不那么安全。

按照这种思路，全球化不再是解决办法，而是问题之一，现在的目标应当是减缓或扭转全球一体化，消除相互依存关系，回到一个更加分裂和去全球化的世界。这种想法曾经在20世纪30年代的"错误"之后被抛弃，现在又重新流行起来（WTO，2020a）。人们越来越多地呼吁建立近岸或友岸供应链，甚至将世界经济划分为自给自足的区域贸易集团和经济势力范围，把合作仅限于较小的"友好"和"志同道合"国家集团内部。国家指导的产业战略、补贴、进口替代关税以及出口和投资限制也变得越来越多，这些做法都旨在提升本国经济韧性、实现自给自足、将制造业就业机会带回国内以及"降低"地缘经济关系的风险（Wise 和 Loeys，2023）。

但是，去全球化并不能解决各经济体今天面临的重大挑战，反而会使这些挑战变得更糟、更棘手。去全球化将使世界经济更加贫穷、效率更低、创新能力下降和资源受限，从而削弱各经济体推进其社会、环境或安全优先事项的能力。例如，从加强社会安全网，到向清洁技术过渡，再到投资于教育、研发和基础设施，这些都是经济竞争力、技术领先地位以及国家安全和实力的关键组成部分。全球化的许多收益是来自各经济体专注于自己最擅长的工作，如果各经济体转而专注于提高自给自足和减少对效率更高生产者的依赖，这些收益就会消失。放弃全球开放和一体化也会限制竞争、技术传播和思想交流，而这些都是创新的关键驱动力。世贸组织估计，将世界贸易体系拆分为单独贸易集团的成本，将占到全球实际收入的5% 左右，一些发展中经济体更将面临两位数的损失。

此外，这些数字还没有反映碎片化是如何限制所有经济体获取其依赖的关键资源和技术，降低而非提高其经济韧性和安全。在发达行业尤其如此，即使是最大的经济体也不具备自给自足所需的所有基本组件、尖端材料和技术诀窍的能力。例如，刚果民主共和国钴产量占世界73%；南非铂产量占世界70%；中国生产世界80%以上的太阳能电池板、60%的风力涡轮机和电动汽车电池。这些资源和技术是所有经济体转向清洁能源和实现其温室气体排放目标所必需的（White，2023）。在当今高度复杂、高度相互依存的全球经济中，提升国家经济韧性和实力的答案是扩大贸易并使之多样化，而不是限制或回流贸易。

一个更大的危险是，试图逆全球化和重建经济壁垒可能会陷入以牙还牙的报复、以邻为壑的保护主义、不断升级的经济冲突和基于规则的贸易体系瓦解的恶性循环。这不仅将使全球在经济问题上缺少合作，还将导致在情况紧迫的环境、社会和安全问题上更难达成合作。与20世纪30年代的情况一样，全球信任的下降和不安全感的加剧可能迫使各经济体维护自己的国家利益，甚至以牺牲其集体利益为代价，结果是每个人的处境都变得更糟。如果说全球化的根本是建立在"正和"经济合作的基础上，那么去全球化则反映并加强了"零和"经济民族主义和竞争。

矛盾的是，解决全球化带来的挑战的答案是更进一步的全球化，而不是减少全球化，即建立更开放、更一体化和多样化的全球经济；更深层次的政府合作，改善政策和问题之间的协调；更强大、更包容、更有效和更现代的国际贸易和经济体系。人们迫切需要再全球化，而不是去全球化。

再全球化

《世界贸易报告2023》着眼于当前围绕全球化和支撑全球化的世界贸易体系的辩论，关注当今全球经济秩序面临的三大挑战——

安全与韧性、贫困与包容以及环境可持续，并探讨究竟是全球一体化还是碎片化能够提供更好的前进方向。报告还分析了解决当今挑战的办法，即改革、改进和更新当前国际贸易和经济体系，是否能实现再全球化。

第二章探讨对开放贸易、经济相互依赖和全球化的益处日益增长的质疑声，是如何塑造贸易政策格局的。尽管政策环境越来越具有挑战，但迄今为止，贸易和多边贸易体制已被证明具有韧性。例如，尽管增速不如2008年之前，但全球货物贸易仍持续增长，其中服务贸易，尤其是数字贸易的增长速度远远快于货物贸易。然而，本章还指出，全球贸易合作面临着越来越大的阻力，特别是与20世纪90年代的主要贸易开放倡议相比，如今贸易自由化程度提高和一体化程度加深的长期趋势似乎已经放缓或停滞不前。本章还研究了世界贸易体系出现破裂迹象的证据，强调了贸易摩擦、冲突和保护主义带来的风险正日益增加。

第三章探讨全球化与经济韧性和安全之间的关系。一体化的全球经济能够增强国家的经济韧性和安全，因其带来了可替代的供应来源，鼓励了适应性，减少了对单一市场的依赖。然而，"回岸"和"友岸"供应链可能会产生相反的效果，通过切断全球选择，使供应链更加脆弱。本章还认为，多边贸易体制本身就是全球安全的来源，因为它能促进对话，增进理解，并鼓励各经济体依靠规则而不是实力来解决冲突。虽然本章承认全球贸易不能终结冲突，但如果没有全球贸易，世界将变得更加难以驾驭。事实上，本章认为，增强韧性和安全依赖于多样化，而不是限制全球贸易关系；依赖于增加，而不是减少全球经济合作。

第四章探讨了全球化对贫困和不平等的影响。在以规则为基础的多边贸易体制的支持下，更开放的贸易和更深入的一体化有助于减少贫困，推动各经济体内部收入水平趋近，从而形成更包容的全球经济。虽然贸易可能扩大经济体之间的不平等，因为人们和企业从经济专业化和变革中受益的程度或许有多有少，但贸易对于推动整体增长也至关重要。如果没有贸易带来的增长，政府就无法提供培训、调整援助或收入再分配。由此可见，补充性国内政策在确保各经济体广泛分享贸易利益和不让任何人掉队方面发挥着关键作用。相反，经济分裂将削弱作为推动生活水平提高、贫困减少和全球经济趋同引擎的贸易，并将使所有经济体中较贫穷的公民处于不利地位。

第五章着眼于全球化与解决环境可持续性问题之间的关系，认为扩大贸易和一体化有助于推动经济向环境可持续经济转变，并增加全球获得关键绿色商品、服务和技术的机会，以此摆脱污染性活动。通过比较优势的逻辑，扩大贸易和一体化也可以实现全球生产和贸易的绿色分配，但前提是制定正确的环境政策。通过扩大清洁能源、原材料和绿色产品的贸易，各国可以促进绿色增长和发展机会。相反，特别是对发展中经济体而言，经济碎片化将阻碍经济向环境可持续经济的过渡，破坏绿色比较优势的运行，阻碍有利于环境可持续性的增长机会。本章认为，通过加强合作、贸易开放和贸易多样化，再全球化是解决当前环境危机的关键。

本报告一再提到两个关键词：再全球化和碎片化。这两个术语描述了未来全球化的两种可选情景。

碎片化描述了从当前多边贸易体制的合作方式转向本土化和基于集团的贸易和单边政策。其特点是增加贸易限制和违背对国际协议的承诺。这方面的例子包括对某些经济体采取的贸易限制或单边政策，这些限制和政策没有考虑到对其他经济体的溢出效应和外部性。

相比之下，再全球化描述了一种将贸易一体化扩展到更多人、更多经济体和更多问题的方法。这是一种以国际合作为核心的方法，并认识到全球问题需要全球解决方案。然而，再全球化不仅是更多的全球化。相反，它呼吁改革多边贸易体制，以确保安全、包容和可持续贸易的原则得到尊重。再全球化包括减少对那些仍处于贸易体系边缘经济体的贸易壁垒，这其中包括从最不发达国家到发达经济体工业腹地的工人。因此，再全球化通过多样化提高韧性，通过发展提高包容性，通过知识传播提高可持续性。这也包括加强与其他多边组织和跨议题的合作协调。通过这些进步，再全球化可以进一步释放贸易潜力，推动形成新的解决方案，来应对当今的关键挑战。

注释：

[1] 就1945年3月26日《贸易协定法》致国会的信函，检索自 https://www.presidency.ucsb.edu/documents/Message-Congress-the-Trade-Agreements-Act.

第二章　重塑全球贸易

本章表明，尽管全球贸易政策环境面临困难，但全球贸易一直保持韧性，并继续朝着更加可持续和包容的方向发展。在过去十年里，关于全球化好处的说法日益受到质疑。随着全球化体系首次出现政策驱动的破裂，这些质疑在全球贸易中也开始有所体现。尽管如此，数字革命仍然通过推动贸易，特别是服务贸易，来持续促进经济一体化。贸易仍有巨大的潜力进一步促进世界经济增长，并通过扩大全球价值链为发展中经济体带来更多好处。但想要成功发掘这些新贸易流的潜力，各成员必须保持外向型政策。

主要事实与结论

过去十年，地缘政治紧张局势和一系列危机导致围绕贸易和经济相互依存的说法发生改变。对贸易的质疑使全球贸易政策环境更具挑战性。成员向世贸组织通报更多贸易关注和贸易救济措施就是例证之一。

贸易政策的变化已经开始影响贸易流动。美国和中国之间提高关税导致世界最大的两个经济体之间的贸易增长放缓。此外，自乌克兰危机爆发以来，数据已显示出贸易流向沿地缘政治线重新定位的初步迹象。

然而，负面新闻掩盖了更为乐观的实情。全球贸易流动在冲击中一直保持韧性。数字技术促进国际贸易，各经济体继续签署一体化协议，从而使贸易成本不断下降。

在多边和诸边层面，世贸组织《贸易便利化协定》《渔业补贴协定》以及服务贸易国内规制、促进发展的投资便利化和电子商务等联合声明倡议贸易正在解决国际贸易面临的关键问题。

第一节　贸易政策环境更加碎片化和不可预测

人们对国际贸易和多边合作好处的看法一直在变化。过去15年发生了一系列冲击。首先是2008—2009年国际金融危机，然后是新冠疫情，现在是乌克兰危机。这些冲击让人产生这样的感觉：全球化并没有让各国经济变得更强大，反而让他们暴露在更多的风险中。再加上地缘政治紧张局势日益加剧，这些看法助长了那些鼓动供应链本地化和基于地缘政治关切的贸易政策战略的主张。在公开辩论中，"离岸"和"外包"等术语已被"回岸""近岸""友岸"和"脱钩"所取代。

这种对全球化和多边贸易体制的怀疑与政策制定者当前面临的三大挑战有关：地缘政治格局变化对安全的影响、贫困和不平等以及不断加剧的气候危机。贸易越来越被视为问题的一部分，而不是解决这些挑战的一部分。这种观念正影响着多边合作和全球贸易。

一、贸易政策合作的逆风

20世纪90年代和21世纪初，多边和区域经济一体化以及贸易合作成为这一时期的标志。世贸组织扩员创造了可预测的全球贸易环境。区域贸易协定（RTAs）以多边贸易体制为基础，深化了政策一体化，进一步推动了成员之间以及与其他贸易伙伴之间的贸易增长（Lee等，2023）。到2015年，超95%的全球货物贸易由世贸组织规则管辖，超过50%的全球货物贸易在RTA伙伴之间流动[1]。

　　然而，自21世纪10年代中期以来，对国际贸易的质疑态度在全球贸易政策制定中开始变得明显。例如，未能通过《服务贸易协定》（TISA）和《跨大西洋贸易与投资伙伴关系协定》（TTIP）推进多边和区域贸易一体化，以及欧盟和英国之间经济一体化的逆转。大型经济体在多边和区域的合作非但没有取得进一步发展，反而开始诉诸单边贸易政策。2018年开始的全球最大贸易伙伴之间的贸易紧张局势导致彼此间针锋相对地提高进口关税，最终美国对来自中国的进口产品征收平均19.3%的进口关税，中国对从美国进口的产品征收平均21.1%的进口关税（Bown，2023）。

　　数量限制（例如进口禁令或出口限制）和技术规制等单边贸易措施使世贸组织成员在世贸组织机构中提出越来越多的贸易关注。从世贸组织委员会的活动来看，世贸组织成员提出的贸易关注数量明显增加（见图2-1），而且这些关注的性质似乎正在发生变化。

　　在卫生与植物卫生措施（SPS）委员会提出的贸易关注数量自2020年以来急剧增加，在技术性贸易壁垒（TBT）委员会提出的贸易关注数量自2019年以来也有所增加。市场准入方面的贸易关注呈指数级增长：市场准入委员会提出的贸易关注，在2020—2022年增加了1倍以上，在2015—2022年增长了4倍。

Index 2014=100

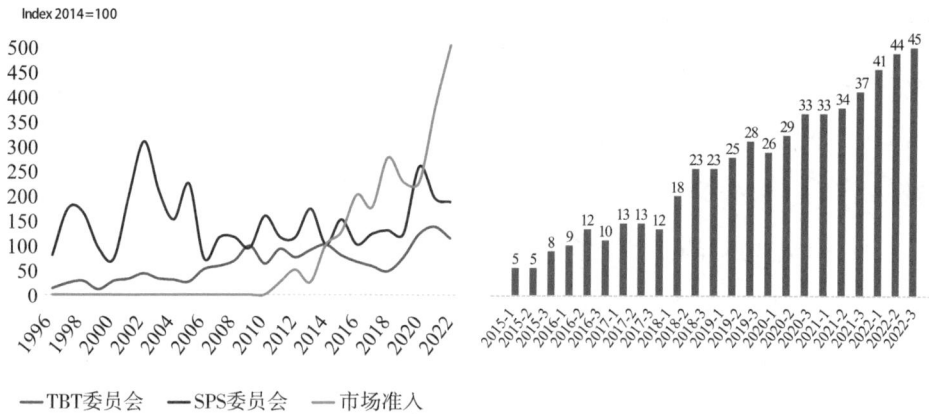

—— TBT委员会　——— SPS委员会　—— 市场准入

图2-1：　1996—2022年市场准入、SPS和TBT委员会提出的贸易关注（左）
2015—2022年货物贸易理事会会议上提出的贸易关注（右）

资料来源：世贸组织。
注：该图包括新提出的和重复提出的贸易关注。

　　新冠疫情、乌克兰危机和粮食安全危机加剧了经济不确定性，一些贸易关注与这期间采取的措施有关。自新冠疫情暴发以来，世贸组织成员和观察员已采取443项与新冠疫情相关的措施，其中约44%是贸易限制措施（WTO，2022h）。截至2022年10月中旬，79%与新冠疫情相关的贸易限制措施已经终止。尽管如此，与新冠疫情限制措施有关的贸易额仍然达到1346亿美元。在乌克兰危机和粮食安全危机的背景下，世贸组织成员实施更多新的贸易限制措施。自2022年2月下旬乌克兰危机爆发以来，各成员共实施96项食品、饲料和化肥出口限制措施。截至2023年2月底，其中68项仍在实施，涵盖贸易额约为850亿美元（WTO，2023b）。

　　与技术委员会的情况一致，2015—2022年，货物贸易理事会收到的贸易关注数量增长了九倍。其中一些贸易关注未在特定（技术）委员会中得到解决，因此被提交到这个政治性更强的机构。近期的贸易关注中，一些与单边环境措施有关，如印尼的原材料出口限制、中国的镓和锗出口限制、欧盟的碳边界调节机制（CBAM）和其他欧盟绿色新政（Green Deal）措施，再如美国的《通胀削减法》（IRA）。其他贸易关注与加剧的政治紧张局势有关，包括据称被用于经济胁迫的单边贸易措施。

最后，政府为应对2008—2009年国际金融危机后的经济崩溃和推动新的产业战略兴起而使用更多补贴（WTO，2020a）。补贴提高国内生产商相对于国外对手的竞争力，从而扭曲国际贸易。这些扭曲可能表现为损害国内市场准入承诺，或者增加出口，取代国外市场上的其他生产商。

世贸组织允许并规范使用反补贴措施，通常是边境税，以保护市场免受"被补贴"进口产品的影响。在缺乏全面的补贴统计数据的情况下，世贸组织成员在过去十年中实施的反补贴措施数量不断增加，证明补贴的增加可能产生贸易扭曲效应（见图2-2）。

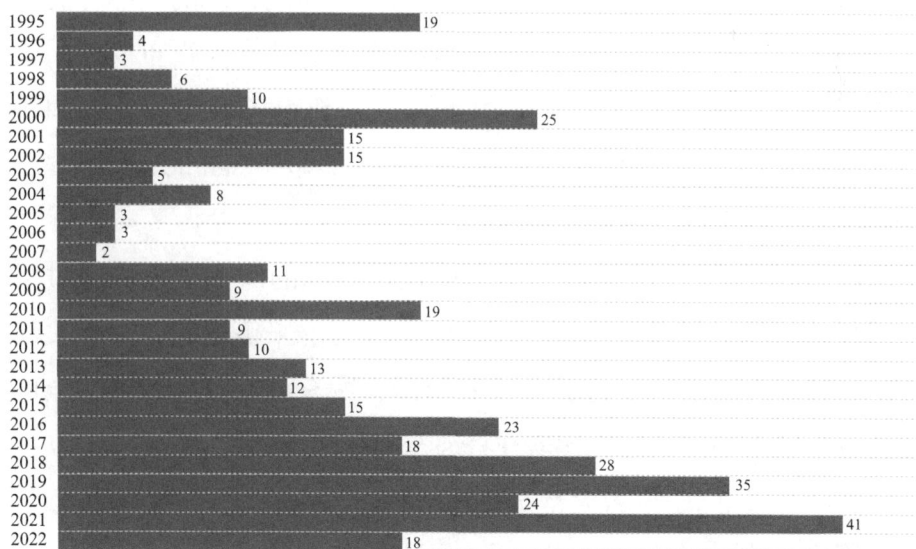

图2-2：1995—2022年新实施的反补贴措施数量

资料来源：世贸组织。

使用单边贸易政策恐将导致以牙还牙的恶性循环，并形成一个由区域贸易集团主导的、更加分裂的世界（见第一章）。这种情况可能很难逆转：贸易政策一旦发生变化，就会改变进口竞争型利益集团和出口导向型利益集团之间的政治经济平衡，因此很难逆转。例如，美国在2018年和2019年对自中国进口的商品征收的关税，以及中国对美国商品征收的报复性关税仍然存在，尽管一些经济研究表明它们对社会福利产生了不利影响（例如，Amiti等，2020；Fajgelbaum，2020；Cavallo，2021）。

二、贸易环境更不可预测

除了更多限制性贸易政策，当前的政策环境还具有高度的不确定性。实现可持续经济、维护和平与安全以及减少贫困和不平等的紧迫性，促使许多政府利用一切可用的公共政策工具来应对这些全球挑战。这些工具对以规则为基础的贸易体制带来的影响有时是不明确的，因此带来了贸易政策的不确定性。这一点很重要，因为贸易政策的不确定性会降低人们承担进入新市场成本和为采用进口中间品而投资的积极性，从而成为贸易壁垒（Handley和Limão，2022）。

图2-3显示了大公司对政策不确定性感知的演变，这是通过他们与投资者和分析师的季度财报电话会议情况来衡量的，重点关注全球贸易政策的不确定性，并将其与涵盖所有公共政策领域的全球公共政策的不确定性进行比较（Hassan等，2019）。

2003年至2021年的大部分时间里，贸易政策不确定性与公共政策不确定性同步演变，但这两个指数在2018年出现明显分化。贸易政策不确定性在2018年和2019年大幅攀升，而公共政策不确定性仅在2020年（即新冠疫情暴发之年）达到顶峰。2021年，贸易政策和公共政策的不确定性均有所减弱，但仍高于2017年水平。

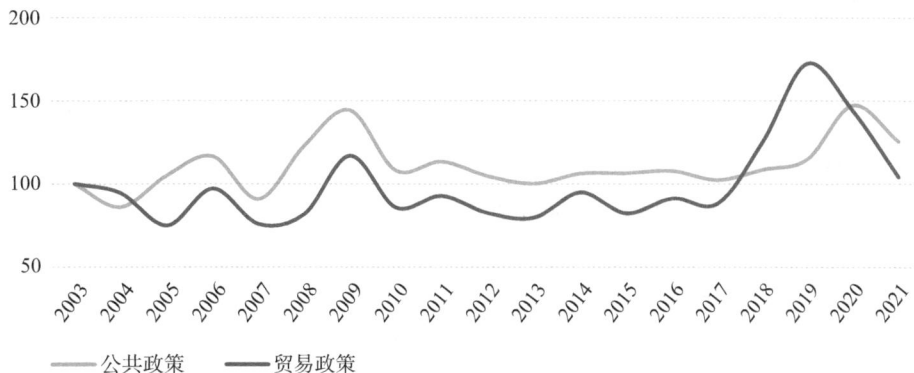

图2-3：2003—2021年贸易政策不确定性指数

资料来源：世贸组织基于哈桑等（Hassan 等，2019）的计算。

注：哈桑等（Hassan 等，2019）从总部位于 43 个经济体的上市公司的季度收益电话会议中得出不确定性指数。使用计算语言学工具，他们量化了每次收益电话会议中用于讨论一般风险、与政治相关的风险以及与特定政治主题（如医疗保健和贸易政策）相关的风险的份额。

第二节　贸易政策逆风和不确定性开始影响贸易流动

自国际金融危机以来，对进一步全球化的怀疑一直是公众讨论的内容。关于国际贸易在全球经济中所起作用的停滞甚至下降的讨论指向了新产业战略的兴起、全球供应链扩张的限制以及地缘政治紧张局势的加剧。贸易政策合作面临的阻力以及近期冲击带来的贸易政策不确定性增加可能会进一步重塑全球贸易。制造业生产回流的贸易策略将导致贸易在全球经济中的重要性全面下降。其他战略，例如使生产更接近大型市场"近岸"或加强与志同道合国家的生产网络"友岸"将导致全球经济沿区域和地缘政治线分裂。

一、全球经济构成的变化降低了全球贸易在GDP中的重要性

支持去全球化（或"慢全球化"）说法的关键证据之一，是全球贸易占GDP比重的趋势，特别是其在2008—2009年国际金融危机后的演变（见图2-4）。全球贸易占GDP的比重是广泛用来衡量贸易开放度的指标。它衡量全球贸易（以进口与出口价值之和衡量）相对于整体经济（以GDP衡量）的重要性。

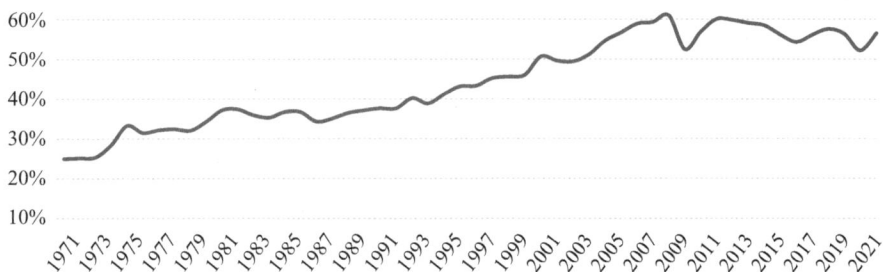

图2-4：1970—2021年全球贸易占GDP的比重

资料来源：世界银行。

图2-4显示，全球贸易的相对重要性从1970年的25%上升到2007年61%的峰值。国际金融危机中断了这种稳定的增长，导致2009年下降了近9个百分点。虽然2010年出现了显著复苏，但该比重在危机过后仍以下降为特征。2019年，即新冠疫情暴发前夕，这一比重低于2003年的水平。

进一步看世界最大经济体（中国、欧盟、日本和美国）贸易在GDP中所占份额的变化，可以发现国际金融危机并不是全球贸易的分水岭（见图2-5）。中国贸易占GDP的比重在2009年以前出现峰值然后急剧下降，美国贸易占GDP的比重在2011年达到峰值，日本的峰值出现在2014年，而欧盟尚未达到峰值[2]。

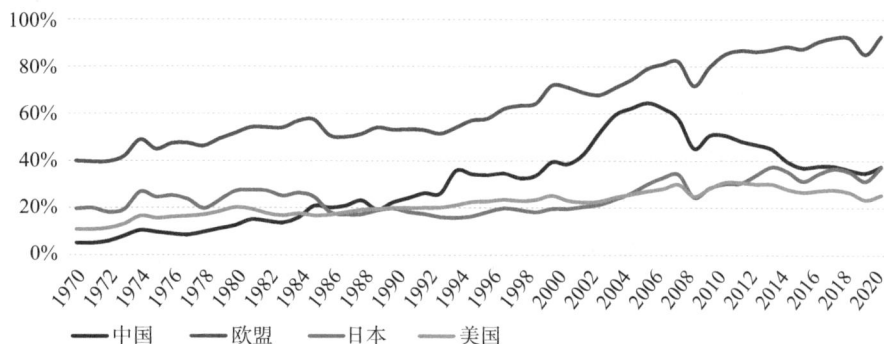

图2-5：1970—2021年四大经济体贸易占GDP的比重

资料来源：世界银行。

全球贸易占GDP比重的峰值与国际金融危机同时出现，与其说是数据的真实特征，不如说是巧合（Baldwin，2022）。这场危机显然是全球经济的一个转折点，但它并不是贸易在全球GDP中重要性下降的唯一罪魁祸首。

相关文献显示，许多不同的因素导致了全球贸易占GDP比重的停滞不前。多个机构和多项研究都强调了这些因素（IMF，2016；Cabrillac等，2016；Lewis和Monarch，2016；Constantinescu等，2020）。普遍的共识是，贸易增长放缓有可能代表一种"新常态"，而非暂时现象（Hoekman，2015）。影响因素包括：服务业成为主要收入来源、全球价值链（GVCs）扩张受限（见专栏2-1）、中国国内供应商基础的发展、贸易自由化放缓、技术突破对降低成本的作用减弱、对外国直接投资和贸易信贷产生影响的金融条件收紧以及政府对国内产业的支持。

这些因素可分为三大类。第一类包括改变各部门和经济体开放程度的因素，如技术进步或贸易自由化导致的贸易成本下降。它还包括经济体在全球价值链中的地位。例如，处于全球价值链装配阶段的经济体显示出非常高的开放度，因为它们生产最终出口产品所需的大部分中间投入品都依赖进口。随着经济的增长，它们可以实现多样化，发展自己的供应商基础，占据供应链活动的更大份额。这可以减少对进口中间投入品的依赖，从而降低开放程度。

第二类反映了全球价值链的兴起。它包括生产组织的变化，这些变化强化了开放度变化对全球贸易占 GDP 比重的影响。具体来说，它反映了生产在多大程度上可以被拆分成多个阶段和多项任务，由可能分散在不同地理位置的供应商来完成。松绑的全球经济可以更好地根据比较优势进行专业化分工，从而为国内和国际贸易提供更大的空间。这就造成了与中间投入品来回贸易有关的重复计算（见专栏 2-1）以及价值链上贸易成本的累积（Yi，2003）。因此，贸易成本的变化对全球贸易占 GDP 比重的影响更大。

第三类是全球经济构成的变化：全球经济活动在具有不同开放程度的各个部门之间和地区之间转移。全球经济活动从制造业向服务业转移就是其中之一。由于服务业的开放程度相对低于制造业（见第二章第一节第二部分），这种构成变化导致全球贸易占 GDP 的比重下降。不同开放程度的经济体之间经济活动转移也属于这一类。例如，一个经济体融入全球贸易体系会促使其开放度相对提高以及其在全球经济中的重要性增加，后者就是一种构成变化，也会导致全球贸易占 GDP 比重的增加。

专栏 2-1：全球价值链扩张与国际贸易测算

从 20 世纪 80 年代起，技术进步开始大幅降低运输和通信成本，这促进了生产拆分，即有可能将某些生产阶段外包，也有可能将不同的生产阶段按地理位置分割开来。结合雄心勃勃的贸易自由化政策和当时东西方集团的全球经济融合，技术进步催生了跨境价值链的复杂结构，价值链中任何经济体基于比较优势的专业化均使其受益（WB，2020）。因此，全球贸易，尤其是中间投入品贸易蓬勃发展。

全球价值链的扩张导致了增加值的重复计算，中间投入品在到达最终消费者之前要经过多次跨境。因此，贸易总额统计数据与GDP等增加值指标的可比性越来越低。

国际投入产出表在计算增加值贸易时，使用与常用的生产和偏好增加值相一致的方法测算国际交易，这样它就与GDP具有明确的可比性（Johnson和Noguera，2017）。将出口增加值与出口总额相比较为全球价值链演变提供了测算方法——随着全球价值链扩张，中间投入品跨境更为频繁，增加值贸易在贸易总额中的比率下降。

图2-6显示了全球价值链在20世纪90年代和21世纪初的扩张，以及该进程在21世纪10年代的停滞。

世贸组织秘书处的估算表明，全球经济构成变化，而非贸易自由化终止，是全球贸易占GDP比重增长放缓的主要因素。图2-7显示了两个时期的比重变化及构成。在国际金融危机爆发的前几年（2000—2008年），全球贸易占GDP的比重迅速增长了15个百分点。而在危机后的几年（2010—2018年），该比重则停滞不前。

危机爆发前，开放程度的提高和经济活动向高开放经济体的转移推动了贸易份额的增长。全球价值链的扩大反映出生产的迅速松绑，进一步放大了这些变化。在这一时期，贸易份额下降的唯一因素是生产和消费向服务业转移。

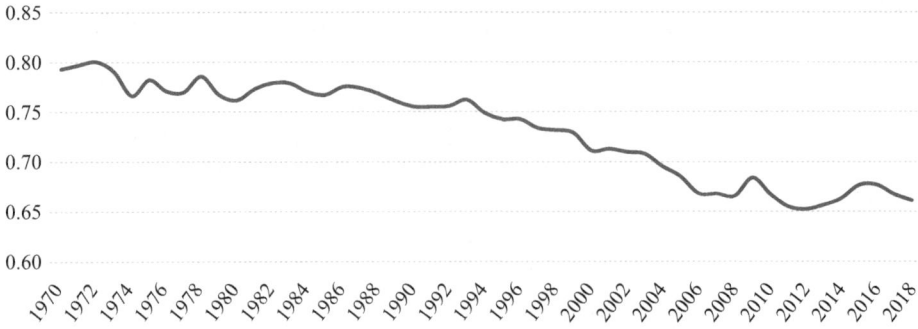

图 2-6：1970—2018 年增加值出口占总出口的比率

资料来源：世贸组织基于沃尔杰等（Woltjer 等，2021）和经济合作与发展组织（OECD，2021）国家间投入产出表的计算。

注：增加值出口是出口并在国外被吸收的国内增加值的总和，1970—2000 年的数据来自世界投入产出数据库（WIOD），1995—2018 年的数据来自经合组织。总出口是货物和服务的出口总额，基于 25 个经济体的数据。

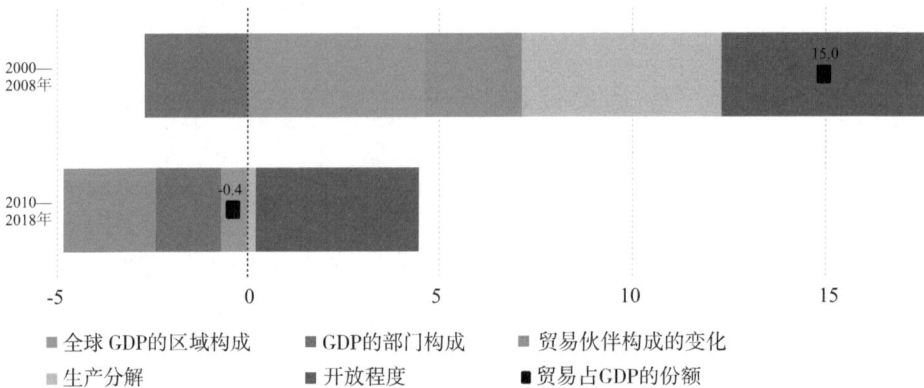

- 全球 GDP 的区域构成
- GDP 的部门构成
- 贸易伙伴构成的变化
- 生产分解
- 开放程度
- 贸易占 GDP 的份额

图 2-7：2000—2008 年和 2010—2018 年全球贸易占 GDP 的比重增长构成

资料来源：世贸组织秘书处基于经济合作与发展组织（OECD，2021）国家间投入产出表的计算。

　　危机后的全球经济构成发生了巨大变化。虽然开放程度的提高继续推动贸易份额上升，但经济活动向开放程度较低的经济体和部门的转移却起到了相反的作用。此外，国际分工也失去了动力。因此，全球贸易占GDP的比重停滞不前。

上述分析说明，21世纪初全球贸易成本下降（见第二章第三节第二部分）是如何被生产拆分和高度开放经济体快速的GDP增长所推动的。虽然后两种力量在国际金融危机后减弱，但贸易成本的降低继续支持贸易增长。

二、地缘政治紧张局势已导致全球贸易分裂迹象初现

中国和美国，这两个世界上最大经济体之间的贸易紧张局势已经改变其原有贸易模式。加征进口关税使美国将采购从中国转向其他合作伙伴，特别体现在先进技术产品方面（见专栏2-2）。2016年1月至2022年12月月度货物贸易流量数据实证分析证实，两国之间贸易放缓。分析显示，尽管双边贸易最近达到历史新高，但自2018年7月以来，中美货物贸易平均增长速度远低于中美分别与其他伙伴的贸易增长速度（Blanga-Gubbay 和 Rubínová，2023）。

专栏2-2：中美贸易紧张局势的影响

2018年，中美贸易呈现紧张局势，双方针锋相对地升级进口关税，最终美国对来自中国进口商品征收平均19.3%的关税，中国对从美国进口的商品征收平均21.1%的关税。这些额外关税覆盖了超过66%的中国对美出口和58%的美国对华出口（Bown，2023）。多数措施作为贸易关注在世贸组织货物贸易理事会被提出。尽管存在紧张局势，中美双边贸易流量在2022年达到了创纪录的6906亿美元。中国对美国的出口几乎恢复到2018年水平，而美国对华出口也达到了历史最高水平。

按产品分类的美国进口数据，以及从中国进口与从世界其他地区进口的比较数据则提供了一幅更为微妙的图景。美国从中国

进口的不受关税影响的产品蓬勃发展，但受最高关税（25%）打击的进口却落后于从世界其他地区的进口（见图2-8）。贸易放缓在活性药物成分、绿色能源生产机械和设备、半导体和电信设备等产品类别中更为明显（Freund等，2023）。

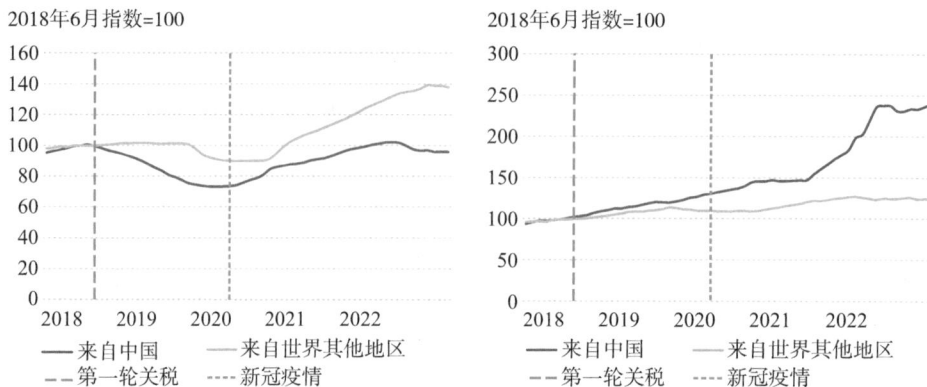

图 2-8：美国进口受25%进口关税影响的产品（左）及未受关税影响的产品（右）

资料来源：世贸组织秘书处基于贸易数据监测和鲍恩（Bown，2022）所进行的计算。

从更广的范围看，贸易出现了沿地缘政治线重新布局的初步迹象，即正在向"友岸"进行转变。实证分析表明，自乌克兰危机以来，国际贸易对地缘政治距离（依据联合国大会投票差异性定义）愈发敏感。其结果是，假想的地缘政治"集团"[3]间的商品贸易流量增速比集团内部增速慢4%~6%（Blanga-Gubbay 和Rubínová，2023）。图2-9说明了这一发现，显示了自2022年初以来的两项增速之间的差距。

对外国直接投资的分析也得出了类似结论。流入和流出新兴经济体和发展中经济体的外国直接投资，在地缘政治距离更遥远的伙伴中要低得多（IMF，2023）。此外，这种对地缘政治距离的敏感性在2018—2021年比在2009—2018年有所增加，在战略部门更为明显。外国直接投资、全球供应链和国际贸易流动紧密相连。因此，外国直接投资沿地缘政治线分裂意味着未来全球贸易流动也可能出现类似的情况。

2022年1月指数=100

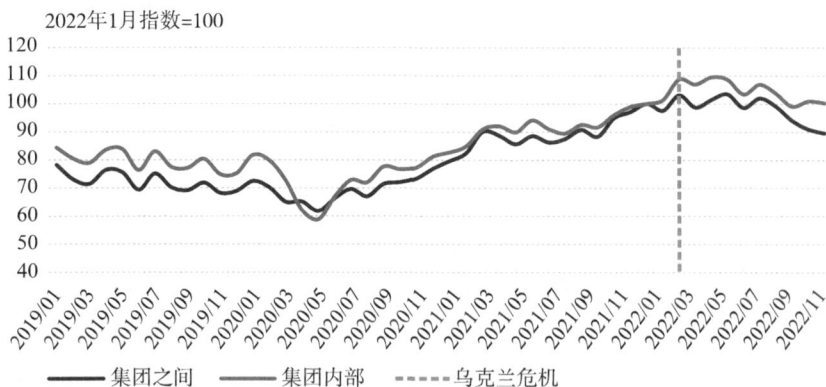

图2-9：2019—2022年假想地缘政治集团内部和集团之间的贸易流量

资料来源：世贸组织秘书处基于贸易数据监测的计算。
注：经季节性调整排序。

三、全球贸易集中

根据赞成"近岸"和"友岸"人士的论点，某些商品的全球生产已经过于集中。一方面，在那些具有规模经济的部门进行生产整合降低了总体生产成本和消费价格。另一方面，如果某些产品只有少数供应商，那么在必要时就很难转向其他供应商，这就增加了全球经济在一些领域的脆弱性，这些领域的产品在进入市场和扩大生产方面需要时间。

世贸组织经济学家估算，2000—2021年[4]，平均只有四个经济体出口的产品，即"卡脖子"产品的数量在所有商品中所占的比例从14%增加到了20%。与此同时，这些产品在贸易中的份额从9%

增加到19%，增加了一倍多（见图2-10）。到目前为止，中国是潜在"卡脖子"产品的最大来源地，占比超过36%，尽管这一数字比2017年接近40%的峰值有所下降，但第二大"卡脖子"产品供应国美国仅占6%。

从行业来看，电气设备在潜在"卡脖子"产品出口额中占比最高。2000—2021年，其份额从20%增加至47%，增长了1倍多。这一增长主要是由手机和半导体驱动的。第二大产品类别是燃料，占10%。

实证分析证实，危机对潜在"卡脖子"产品的影响大于对非此类产品的影响。例如，2008—2009年国际金融危机期间，"卡脖子"产品的贸易比其他产品的贸易下降得更为严重。这与近期的研究发现一致：自乌克兰危机爆发以来，贸易量减少最多的是替代品很少的商品（WTO，2023a）。重要的是，然而在美国商务部提出的关键供应链产品清单中，目前只有少数潜在"卡脖子"产品。因此，虽然冲击会严重影响这类商品的供应，但根据这个相对广泛的清单，只有少数被认为是必要的产品被涉及（Majune 和 Stolzenburg，2023）。

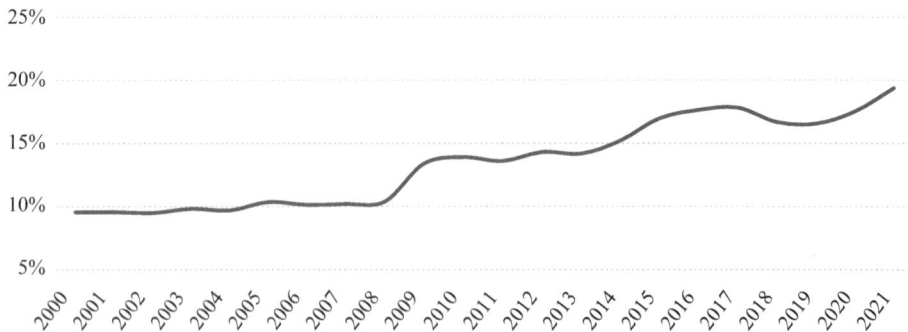

图2-10：2000—2021年潜在"卡脖子"产品在全球出口中的份额

资料来源：世贸组织秘书处基于联合国商品贸易统计数据库数据的计算。

第三节　贸易和贸易政策在其他领域取得进展

贸易根据全球经济的需求不断地增长和演变，成为韧性的来源，并朝着更加可持续和包容的方向发展。虽然上述各节凸显了多边贸易体制受到的严重侵蚀，但本节强调的是，各方面都出现了积极的进展，尽管这些进展不那么突出。

新冠疫情期间，向最需要的地方运送医疗物资和疫苗；乌克兰危机开始后，向粮食进口国运送粮食；贸易在这些方面发挥了至关重要的作用。贸易一体化并没有停止，只不过在区域层面更加凸显。数字革命促进了数字可交付服务和中间服务贸易，增强了服务业在全球价值链中的作用。尽管全球价值链增长放缓，但许多发展中经济体仍能够在贸易方面取得进展。其中一些发展中经济体通过数字革命成为远程服务的供应商，但大多数全球价值链新加入者都遵循了作为制成品组装者进入全球生产网络的传统途径。

一、在过去的冲击中，贸易一直保持韧性

过去几年一直是对世界贸易体系的持续压力测试，该体系一次又一次地显示出韧性。从2018年开始，中美之间的贸易紧张局势导致两个最大经济体之间的贸易成本急剧上升。尽管金融体系受到了冲击，但贸易仍在继续增长。商品贸易增长3.0%，高于2008年以来2.6%的平均增速。第二章第二节部分概述了关税对中美双边贸易的负面影响，但这并未导致整体贸易下降。相反，随着新的贸易关系的出现以及其他经济体填补了供需缺口，贸易体系被证明是灵活的（Fajgelbaum等，2023）。

新冠疫情引发的卫生和经济危机给世界贸易体系带来了又一次

冲击，给全球供应链造成了前所未有的中断，并加剧了各国之间的贸易紧张局势。然而，贸易体系再次证明自己比许多人预期的更有韧性，在第一波封锁后不到一年的时间里，贸易流量反弹至疫情前的水平。

即使在2020年国际贸易流量严重萎缩期间，国际供应链对于增加包括疫苗在内的医疗用品的生产和分销仍至关重要。2020年，医疗用品贸易增长16%，个人防护装备贸易增长近50%，口罩贸易增长80%（WTO，2022）。生产新冠疫苗的专业投入品沿着紧密的供应链往复交易，这些供应链往往跨越12个或更多的国际边界。在WTO创造的稳定性和可预测性的支持下，贸易帮助把这些产品送到需要的地方。

面对乌克兰危机，全球贸易也表现良好。在危机开始一年后进行的分析表明，由于多边贸易体制的开放性和各成员政府在WTO承诺的合作，最坏的预测——食品价格急剧上涨和供应短缺并没有出现（WTO，2023a）。尽管遭受了破坏，但受危机严重影响的产品贸易和受影响最严重的成员的贸易都具有显著的韧性。贸易伙伴找到了替代来源，以填补受冲突影响的大多数产品的缺口，如小麦、玉米、向日葵产品、肥料、燃料和钯。WTO成员在实施出口限制方面的相对克制，可能在抑制价格上涨方面发挥了关键作用。WTO秘书处工作人员的模拟结果表明，在对粮食实行连锁出口限制的情况下，一些低收入地区的小麦价格预计上涨高达85%，而实际涨幅为17%。

二、全球贸易成本的长期降低继续支持贸易增长

根据WTO贸易成本指数[5]，图2-11显示，1996—2018年，全

球贸易成本下降了12%。运输、通信和交易成本的下降，以及贸易政策壁垒的减少，推动了全球贸易的快速扩张，一直持续到20世纪末。2012年之后，贸易成本下降的速度放缓，尤其是中低收入经济体。

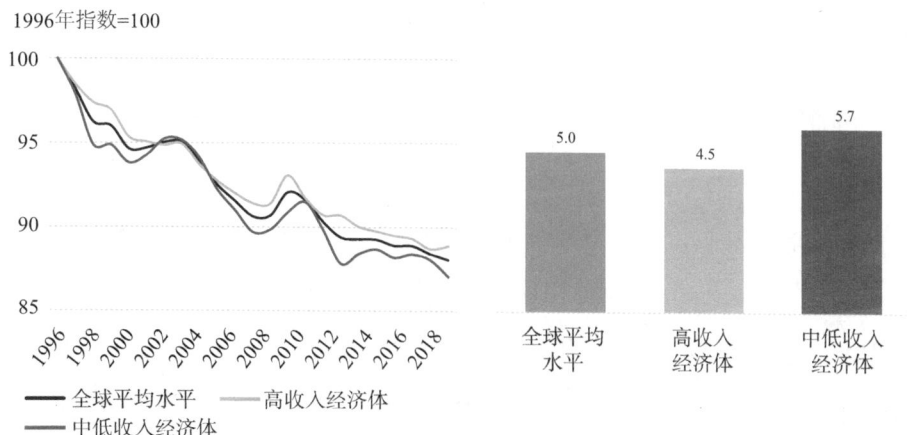

1996年指数=100

全球平均水平　高收入经济体
中低收入经济体

图2-11： 按收入群体分类的**1996—2018年**贸易成本变化（左）和**2018年**贸易成本（右）

资料来源： 基于经合组织2021年版国家间投入产出表的WTO贸易成本指数。

注： 贸易成本指数显示了国际贸易成本相对于国内贸易成本高出的倍数。它也可以解释为从价税等值：2018年的全球贸易成本（5.0）相当于从价税等值的400%。采用相同的理论权重计算经济体在双边特定部门的贸易成本。采用简单平均值计算在全球水平上的贸易成本。收入群体分类是采用世界银行2018年的分类。

1996—2018年，东南亚和东欧的贸易成本下降尤为明显。其中，柬埔寨、保加利亚、印度、缅甸、波兰、罗马尼亚和越南的贸易成本下降了25%。然而，尽管发展中经济体的贸易成本与高收入经济体的差距在缩小，但仍比高收入经济体高出近30%。

1996—2018年，工业制成品贸易成本下降幅度最大，下降了15%（见图2-12）。农产品贸易成本在2012年之前呈现类似趋势，但近十年成本未能进一步下降。因此，农产品贸易成本居高不下。2018年，农产品贸易成本比工业制成品高出近50%。

服务贸易成本也居高不下。然而，在其成本平均值下，各部门之间差异巨大。其中，运输和分销服务的贸易成本相对较低，与制造业类似。数字可交付服务的贸易成本较高，但仍低于农业。虽然数字可交付服务避免了与交付货物相关的运输成本，但仍存在许多其他成本，包括寻找外国供应商、在不同机构间建立信任、面对面交流，以及监管障碍等。最后，大型的国内服务部门，例如，教育、健康和酒店服务等，其跨境贸易活动仍然相对较少。

如第二章第一节所述，2018年以后的贸易成本变化受到地缘政治紧张局势加剧以及新冠疫情的影响。增加的成本主要来自于临时的贸易壁垒、更高的运输和旅行成本以及不确定性的增加（WTO，2020b）。然而，新冠疫情也促进了数字技术的应用，为进一步降低贸易成本铺平了道路。此外，经济一体化和贸易政策合作也取得了重大进展，为降低贸易成本提供了支持。

近年来，区域经济一体化在非洲和亚太地区不断扩大，多个大型区域贸易协定的达成巩固和优化了现有的区域贸易协定网络，特别是在原产地规则方面。两个主要的区域协定包括2018年12月生效的《全面与进步跨太平洋伙伴关系协定》（CPTPP）和2019年5月生效的《非洲大陆自由贸易区协定》（AfCFTA协定）。与此同时，欧盟也在努力扩大其贸易协定网络。欧盟与澳大利亚、加拿大、肯尼亚、南方共同市场和新西兰等开展了谈判，一些谈判已成功结束。

在多边和诸边层面，世贸组织成员在世贸规则现代化、支持包容性、韧性和可持续贸易等方面取得了成果。例如，2017年2月生效的《贸易便利化协定》（TFA），旨在简化和精简海关手续和边境管控措施，这对实现包容性贸易非常关键（见第四章）。

1996年指数=100

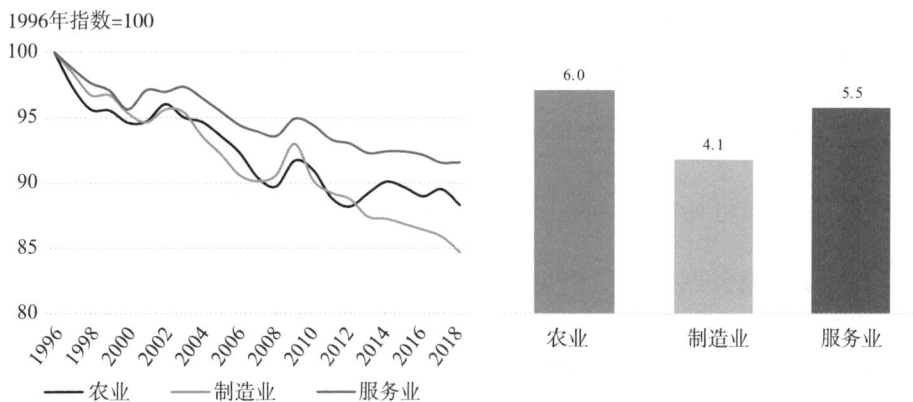

图2-12：按部门分类的1996—2018年贸易成本变化（左）和2018年贸易成本（右）

资料来源：基于经合组织2021年版国家间投入产出表的WTO贸易成本指数。

注：贸易成本指数显示了国际贸易成本相对于国内贸易成本高出的倍数。服务不包括建筑和公共服务。采用相同的理论权重计算在部门分类下双边特定部门的贸易成本。采用简单平均值计算在全球水平上的贸易成本。

此外，在日内瓦举行的第12届部长级会议（MC12）取得了一揽子贸易成果，包括《渔业补贴协定》、《关于世贸组织新冠肺炎疫情应对和未来疫情应对准备的部长宣言》（简称"应对新冠疫情宣言"）、新冠疫苗知识产权义务豁免的部长决定、电子传输暂免关税以及两项贸易和粮食安全成果。世贸组织诸边联合声明倡议重点关注电子商务、投资便利化、中小微企业以及服务贸易国内规制等。这些成果彰显了世贸组织在推动全球贸易自由化、支持可持续发展方面的积极作用。其中，《渔业补贴协定》将促进可持续发展；应对新冠疫情宣言、粮食安全成果有利于提高安全和韧性；投资便利化倡议和中小微企业倡议将为包容性做出贡献。

最后，在不确定性日益增加的时代，世贸组织各委员会的日常工作为成员提供了沟通平台，增加了政策透明度。世贸组织的监测工作表明，即使世贸组织成员在危机时期，如新冠疫情和乌克兰危机期间，采取了一些贸易限制措施，但通常最终会使这些措施符合世贸规则，包括向世贸组织作出通报。这凸显了世贸组织在促进成员对话、避免贸易限制措施升级等方面的关键系统性作用。

三、更加可持续和包容的贸易

（一）贸易为环境可持续做出越来越多贡献

贸易有助于解决环境可持续方面的挑战（见第五章），例如，通过货物贸易可获得产品中的环境技术，也可通过中间品来提升能源效率。

那些能够促进环境保护、减少污染和提升经济可持续性的货物贸易正在不断增长。图2-13显示，环境产品的全球贸易额在过去二十年迅速增长，增速超过了全球货物贸易总额的增长[6]。

2000年指数=100

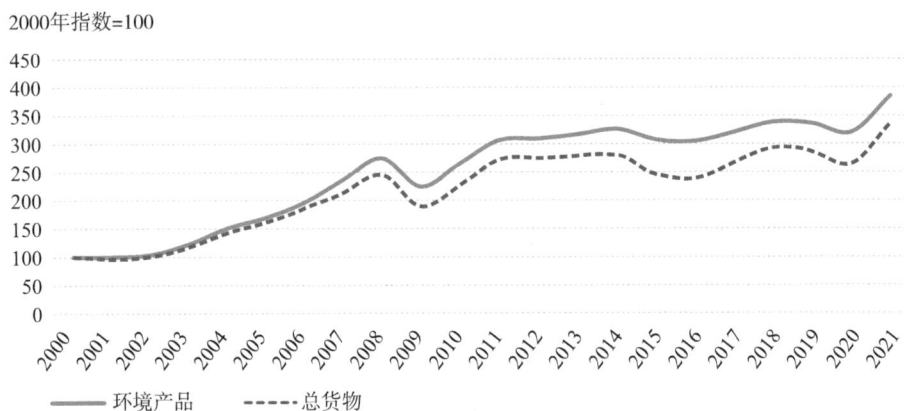

图 2-13： 2000—2021 年全球环境产品进口增长情况

资料来源：世贸组织基于联合国商品贸易统计数据库数据计算。

注：环境产品的定义基于经合组织（OECD）在索瓦吉（Sauvage，2014）编制的环境产品综合清单。

在开放的贸易环境支持下，科学的进步、更高效的生产能力和不断增长的全球需求使得相关产品价格急剧下降，可再生能源生产的效能不断提升。这让可再生能源替代化石燃料变得越来越可行，也更有吸引力，从而加速了向绿色经济的转型（WTO，2022g）

为了有效地应对全球可持续发展的挑战和气候危机，我们必须让环境技术深入到世界的各个角落。包含在商品和服务中的环境技术贸易让创新技术得到广泛传播和应用，即使没有复杂生产能力的经济体也能从环境产品和服务贸易中获益。

（二）正在进行的数字革命推动数字可交付服务贸易

数字革命对我们生产和消费服务的方式产生了深远的影响。它创造了新的市场和产品，并推动跨境数字可交付服务贸易成本快速下降（WTO，2018）。娱乐、金融、计算机、行政和其他商业服务的跨境贸易成本在1996—2018年下降了14%，远高于服务业整体贸易成本的下降幅度（见图2-14）。

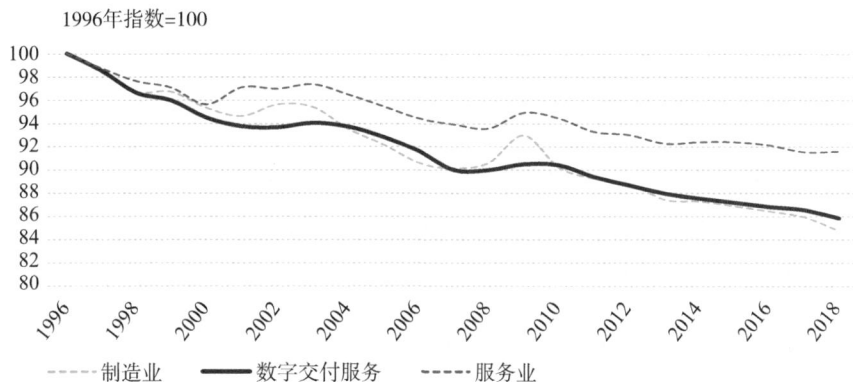

图2-14：　1996—2018年数字可交付服务的贸易成本

资料来源：基于经合组织2021年版国家间投入产出表的WTO贸易成本指数。

注：双边特定部门贸易成本使用理论一致的权重汇总到整个经济部门层面。简单平均数用于将贸易成本汇总到全球水平。数字可交付服务包括金融服务、信息、行政和专业服务等商业活动，以及视听和娱乐服务等其他服务。它们被定义为国际标准工业分类（ISIC）3.1版的65-67、71-74和90-93部门。

因此，自2005年以来，数字可交付服务的全球出口增长了两倍多[7]。2005—2019年，平均每年增长7.5%，超过了商品和其他服务出口的增长。与其他部门类似，数字可交付服务贸易更能抵御全球经济衰退的冲击。事实上，新冠疫情暴发催生的与远程工作、学习和家庭娱乐相关的服务，带动了其爆发式增长。新冠疫情期间实施的封控、旅行限制和保持社交距离等措施，对旅游业等需要实物交付或者面对面交流的服务业产生了严重冲击，但数字可交付服务的出口却更加繁荣，在全球服务贸易中的占比从2019年的37%上升至2022年的54%（见图2-15）。

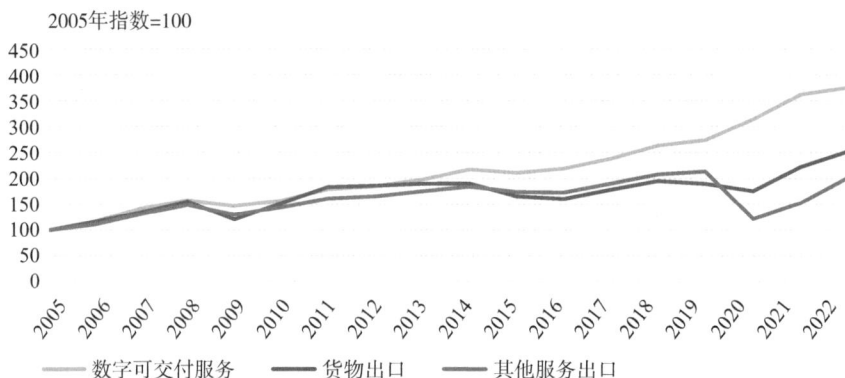

图 2-15：2005—2022年数字可交付服务出口情况

资料来源：世贸组织（WTO，2023b）。

注：数字可交付服务包括《服务贸易总协定》模式一出口的金融、保险、电信、计算机和信息服务、使用知识产权的费用，以及国际收支中的大多数其他商业服务和个人、文化和娱乐服务。

数字可交付服务中有很大一部分是企业对企业的服务。这些中间服务的贸易反映了正在发展的生产国际化[8]。根据世贸组织的估计，在新冠疫情之前，中间服务占全球服务贸易的最大份额超过58%。虽然中间产品贸易可能已经达到顶峰，但中间服务贸易仍在继续增长，这支持了服务离岸外包是全球化新前沿的观点（ADB

等，2021）。正如帕梅拉·科克-汉密尔顿（Pamela Coke-Hamilton）在评论文章中所说，中间服务是竞争力和更包容的全球贸易的关键。

评论文章

互联服务：发展之路[9]

帕梅拉·科克-汉密尔顿　国际贸易中心执行主任

互联服务可以加速经济转型。但要做到这一点，就必须让所有公司都能参与。

服务业很难把握。我们开车、穿衣、睡觉时都在使用工业产品，我们食用农产品。但服务有时似乎是看不见的，尽管它们无处不在。这是因为它们是无形的——你碰不到它们，通常你甚至不拥有它们。此外，它们也越来越多地融入到其他事物中。

本出版物就是一个很好的例子。它的价值不是来自于它的物理性质。它源自于创作它的专业服务：研究、编辑、翻译、设计和印刷。提供这些服务的几十个人通常不会亲自见面，但技术允许他们无缝衔接地一起工作。

因此，这份报告体现了重塑服务业的两种趋势。首先，它们在所有产品的价值中所占的份额越来越大。其次，它们越来越多地利用数字技术提供。

但并非所有的服务都是一样的。被国际贸易中心（ITC）称为"互联服务"的一组四项活动处于这些趋势的前沿。金融服务、信息和通信技术（ICT）、运输和物流以及商业和专业服务连接着供应链的各个部分，并引领着数字创新。

这些互联服务本身就很有价值。上述四个服务行业创造的就业正在迅速增长，特别是在低收入经济体。在全球范围内，这些行业的出口也在增加，吸引了更多的海外投资，并将其收入的更大份额再投资于创新。

然而，正是它们对整体竞争力的贡献使得互联服务至关重要。ITC的研究表明，所有行业的公司在获得高质量的互联服务时都更具竞争力。他们提供了所有公司繁荣发展所需的关键要素：高效的支付解决方案和创新的融资方案，可靠的数字和物理连接，以及尖端的业务专业知识。

互联服务也使我们的社会更加平等。通过它们，小企业可以融入价值链，采用数字技术更高效地生产并与买家和供应商互动。通过这种方式，贸易变得更包容，收益得到更广泛的分配。

不幸的是，发展中经济体的许多小企业无法轻松获得互联服务。政府在缩小这一差距方面可以发挥作用，特别是在监管方面。根据ITC对少数几个国家进行的非关税措施商业调查，相关服务公司经常将技术要求、税收、个人到国外提供服务的临时流动以及质量控制措施列为最严格的贸易壁垒。

随着数字技术改变服务行业，新的监管挑战出现了。如果公司要经营和发展，数据流动、隐私、竞争、数字税收和知识产权保护等问题将需要有力的监管。

我们必须采取必要措施，使互联服务蓬勃发展，惠及所有企业，促进经济更加繁荣，建设更包容的社会。

免责声明

评论文章的作者是其唯一责任方。文章不一定反映世贸组织成员或世贸组织秘书处的意见或观点。

（三）全球价值链已扩展至更多经济体

全球价值链促进了许多参与其中的发展中经济体的出口驱动型经济增长，吸引工人由从事自给自足的农业活动转向生产力更高的工业活动。在过去二十年中，低收入经济体在全球商品出口中的份额增加了50%，中低收入经济体的份额几乎翻了一番（见图2-16）。

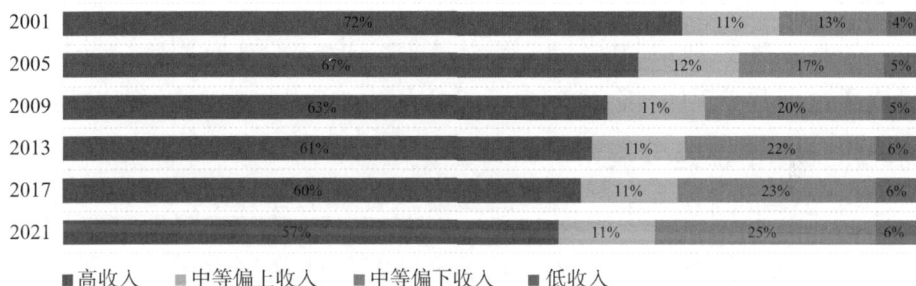

2001	72%	11%	13%	4%
2005	67%	12%	17%	5%
2009	63%	11%	20%	5%
2013	61%	11%	22%	6%
2017	60%	11%	23%	6%
2021	57%	11%	25%	6%

■高收入　■中等偏上收入　■中等偏下收入　■低收入

图2-16：　2001—2021年按不同收入组别统计的全球货物出口额份额

资料来源：世贸组织统计数据。

注：收入组别分类参考2001年世界银行的界定。

全球价值链的扩张为发展中经济体和发达经济体带来了更高的生产率和更低的消费价格。国际贸易促进资源向效率更高的部门和企业重新配置，从而提高总体和部门的生产率。此外，全球价值链通过增加以更低价格获得中间投入品的机会，来提高企业层面的生产率（例如，Kasahara和Rodrigue，2008；Halpern等，2015；De Loecker等，2016；Brandt等，2017）。生产率的提高和以更低价格获得进口最终消费产品的机会将使消费者受益（例如，Feenstra和Weinstein，2017；Caliendo等，2019；Amiti等，2020）。

此外，参与全球价值链有助于以提供知识和技术的更佳获取途径来提高生产力和创新力，上述知识和技术体现在进口的中间投入品中（例如，Keller，2002；Nishioka和Ripoll，2012；Piermartini

和Rubínová，2021），并直接在面对面的互动中传递转让（例如，Branstetter等，2014；Hovhannisyan和Keller，2015；Kerr和Kerr，2018；Miguelez，2018）。来自中国的经验表明，尽管低收入经济体通常从全球价值链的最低附加值阶段开始，例如最终产品的组装，但他们从参与全球价值链中学习，随着时间的推移，经济活动将推动这些经济体的企业参与更多的生产阶段（Chor等，2021）。

尽管全球贸易占GDP的比重在下降，但许多发展中经济体仍然继续通过贸易实现增长。2010—2021年出口和进口年均增长率最高的经济体几乎都是发展中经济体（见图2-17）。虽然上述增长大部分建立在较低的基数上，但越南、柬埔寨、土耳其等较大经济体的贸易也出现了强劲增长。这凸显了全球贸易体系仍有进一步多元化的空间。

相应地，新的发展中经济体持续进入全球价值链。2010—2020年，越南、柬埔寨和罗马尼亚的全球价值链参与度增长尤为迅速（见图2-18）。其中，越南吸引了大型外国科技企业在越设立工厂，并体现为越南在全球价值链参与度中的年均两位数的增长（13.3%）。作为跨国生产网络的新成员，越南专门参与价值链中的产品组装阶段，这体现在其对进口中间投入品的高度依赖，仅2020年越南出口增加值的一半原产自国外。

柬埔寨的全球价值链参与度也呈现显著增长，2010—2020年平均年增长11.1%。该经济体已成为纺织、服装和农产品等行业的制造中心。

由于参与法国、德国和意大利汽车制造商的汽车零部件生产以及参与食品供应链，2010—2020年，罗马尼亚的全球价值链参与度增长了6.1%。此外，服务离岸外包也推动罗马尼亚成功加入跨国价值链，跨国公司建立了共享服务中心，从而得以利用罗马尼亚高技能且相对低成本的劳动力。

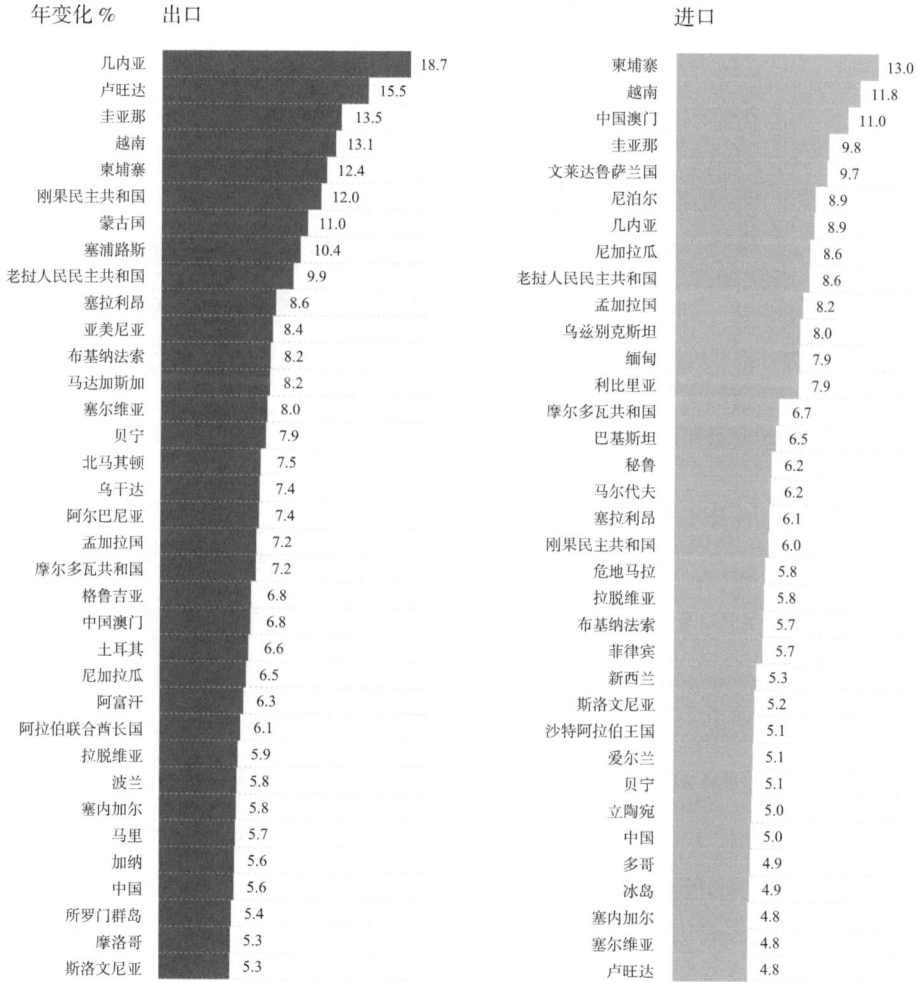

年变化 %　出口

几内亚	18.7
卢旺达	15.5
圭亚那	13.5
越南	13.1
柬埔寨	12.4
刚果民主共和国	12.0
蒙古国	11.0
塞浦路斯	10.4
老挝人民民主共和国	9.9
塞拉利昂	8.6
亚美尼亚	8.4
布基纳法索	8.2
马达加斯加	8.2
塞尔维亚	8.0
贝宁	7.9
北马其顿	7.5
乌干达	7.4
阿尔巴尼亚	7.4
孟加拉国	7.2
摩尔多瓦共和国	7.2
格鲁吉亚	6.8
中国澳门	6.8
土耳其	6.6
尼加拉瓜	6.5
阿富汗	6.3
阿拉伯联合酋长国	6.1
拉脱维亚	5.9
波兰	5.8
塞内加尔	5.8
马里	5.7
加纳	5.6
中国	5.6
所罗门群岛	5.4
摩洛哥	5.3
斯洛文尼亚	5.3

进口

柬埔寨	13.0
越南	11.8
中国澳门	11.0
圭亚那	9.8
文莱达鲁萨兰国	9.7
尼泊尔	8.9
几内亚	8.9
尼加拉瓜	8.6
老挝人民民主共和国	8.6
孟加拉国	8.2
乌兹别克斯坦	8.0
缅甸	7.9
利比里亚	7.9
摩尔多瓦共和国	6.7
巴基斯坦	6.5
秘鲁	6.2
马尔代夫	6.2
塞拉利昂	6.1
刚果民主共和国	6.0
危地马拉	5.8
拉脱维亚	5.8
布基纳法索	5.7
菲律宾	5.7
新西兰	5.3
斯洛文尼亚	5.2
沙特阿拉伯王国	5.1
爱尔兰	5.1
贝宁	5.1
立陶宛	5.0
中国	5.0
多哥	4.9
冰岛	4.9
塞内加尔	4.8
塞尔维亚	4.8
卢旺达	4.8

图2-17：2010—2021年选定经济体商品贸易额的年均增长率

资料来源：世贸组织贸易统计。

注：2001—2021年，全球商品贸易额年均增长3.7%。

　*刚果民主共和国。　**老挝人民民主共和国。

年变化%

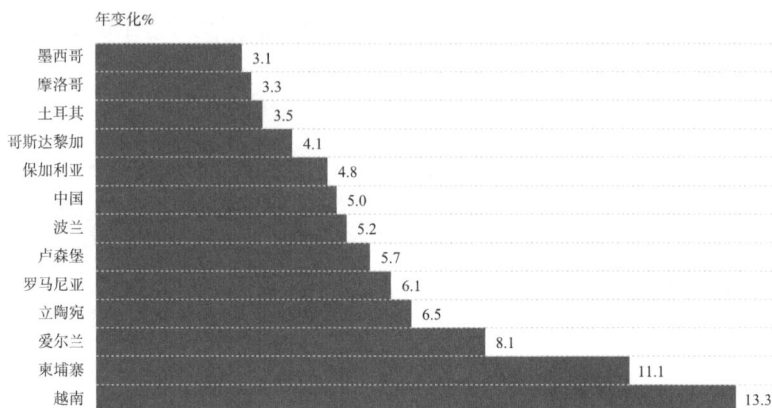

图 2-18：　2010—2020 年部分经济体参与全球价值链的年均增长率

资料来源：世贸组织基于经合组织的贸易增加值数据库的计算。

注：全球价值链参与度的衡量标准是对外出口增加值以及其他经济体出口中本国增加值之和。2020年为初步数据。

　　其他发展中经济体利用不断增长的数字经济来提供数字服务。2022年，中高收入和中低收入经济体在全球数字可交付服务出口中所占份额分别为9.2%和8.1%（见图2-19）。自2015年以来，中等收入经济体的份额总计增加了3个百分点。

　　另外，低收入经济体的份额仍保持在0.1%的较低水平，最不发达国家的数字可交付服务出口落后，特别是在新冠疫情期间（见图2-20）。但由于2022年最不发达国家的出口增长速度快于其他经济体，世贸组织近期的预测表明上述趋势可能会出现逆转。此外，孟加拉国在最不发达国家中脱颖而出，其数字可交付服务出口增长迅速，在2016年至2021年期间，专业服务出口价值几乎增加了两倍（具体情况请参见专栏2-3）。

　　发展中经济体参与中间服务出口的增长是由中高收入和低收入经济体共同推动形成的（见图2-22）。值得注意的是，尽管仍保持在0.2%的较低水平，低收入经济体的份额在2015年至2021年间翻了一番。

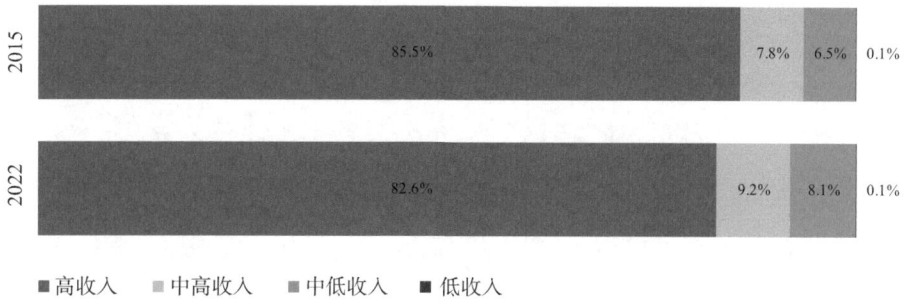

图 2-19：按收入水平划分的数字可交付服务出口情况

资料来源：世贸组织估算。

注：收入水平分组基于世界银行的 2022 年分类。

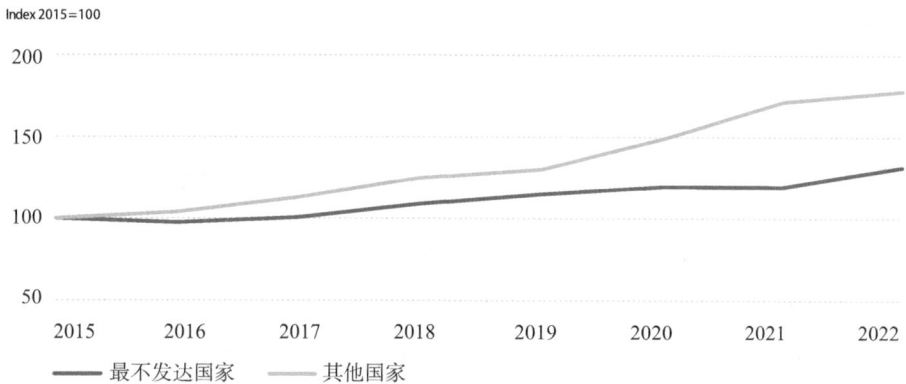

图 2-20：最不发达国家数字可交付服务出口增长情况

资料来源：世贸组织（WTO，2023b）

注：数字可交付服务包括《服务贸易总协定》模式一项下的金融、保险、电信、计算机及信息服务出口、知识产权使用费以及国际收支中大多数其他商业服务及个人、文化和娱乐服务。

专栏 2-3：孟加拉国新兴的数字服务业

根据 WTO 的估计，自 2005 年以来，孟加拉国数字可交付服务出口总额每年增长 15%，而货物出口总额每年增长 11%。

孟加拉国将数字化作为其发展核心。全球约有 14% 的在线自由职业者来自并居住在孟加拉国，使其成为创意和多媒体服务在线劳动力的最大供应国[10]。

"企业对客户"（B2C）模式的电子商务预计将以每年18%的速度增长[11]。到2021年，大约1100万用户已经可以使用高速互联网[12]，8280个数字中心的建立使信息和通信技术服务能够到达最偏远和最脆弱的经济部门[13]。

根据孟加拉国软件和信息服务协会（BASIS）的数据，2020—2021财年（2020年7月至2021年6月），约有400家公司通过数字方式向80个经济体出口了价值13亿美元的服务。2021—2022财年，出口增加到137个目的地，价值14亿美元。国内公司对信息和通信技术（ICT）出口的贡献率从75%上升到90%，这意味着信息和通信技术行业目前对孟加拉国GDP的贡献率为1.28%，并直接创造了30万个就业岗位。预计到2025年，这一数字将上升到50万个[14]。

孟加拉国中央银行的数据显示，计算机服务（包括数据处理和托管服务、软件服务，以及安装、维护和咨询服务）金额从2017—2018财年的1.82亿美元增至2020—2021财年的3.037亿美元（见图2-21）。2020—2021财年，数据处理和托管服务占计算机服务出口的70%以上，并且在2017—2018财年和2020—2021财年之间每年增长19%。作为国家发展议程的一部分，"数字孟加拉国倡议"加强了数字基础设施建设，建立了9个促进知识密集型业务的高科技园区和19个数据中心[15]。

孟加拉国的大部分其他商业服务出口都是通过数字方式提供的。2016—2017财年至2020—2021财年，法律、会计、管理咨询和公共关系服务等专业服务出口平均每年增长30%，从6000万

美元增至1.71亿美元。其他行业也出现了快速扩张。2020—2021
财年其他服务贸易出口增长了62%。在新冠疫情期间，孟加拉国
对中国的广告和市场研究服务出口增加了两倍多，建筑和技术
服务出口几乎增加了1倍。尽管金额不大，分别为800万美元和
1300万美元，但其增长潜力巨大。

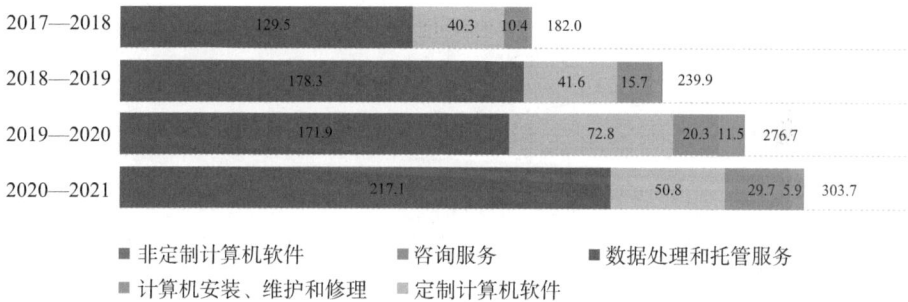

**图2-21：　2017—2018至2020—2021财年孟加拉国计算机服务细分部门的出口情况
（单位：百万美元）**

资料来源：孟加拉国中央银行。

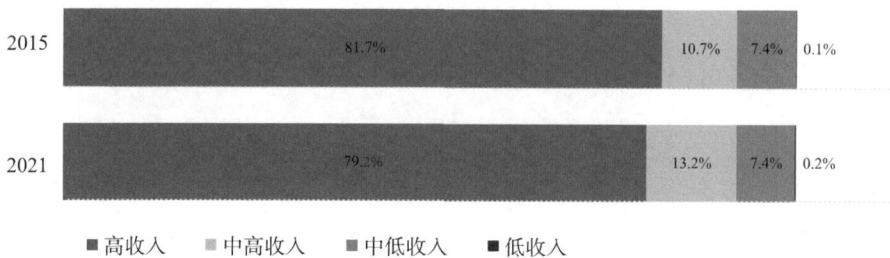

图2-22：　2015年和2021年按收入水平划分的中间服务出口情况

资料来源：世贸组织估算。

注：收入水平分组基于世界银行的2022年分类。

第四节　本章小结

近期的头条新闻认为贸易体系已陷入危机，其中一些判断是以数据为支撑的。自2008—2009年国际金融危机以来，国际贸易已失去很大一部分动力。近期全球经济遭受的冲击助长了强调本地化和碎片化好处的说法，而不是强调进一步全球化和经济一体化好处的说法，前者已经渗透到贸易政策制定中。一些领域的单边贸易限制措施日益增加，这反过来又影响了贸易流。这些单边贸易限制措施通常出于环境、国家安全和地缘政治的考虑而采取。从数据中可以看出"友岸"的初步趋势以及集中度的增加。

尽管如此，国际贸易仍在持续增长，贸易自由化也在不断发展。虽然供应链中断确曾发生，但贸易体系在过去的危机中总体保持稳定，并且能够灵活适应。这使得货物和服务能够到达最需要的目的地，并在动荡时期迅速增加供应。尽管存在政策阻力，2008—2009年国际金融危机之后，全球贸易成本仍在持续下降，尽管下降速度趋缓。全球贸易占GDP的比重是评价全球贸易开放度最常用的指标，其停滞可以用全球经济的构成变化和推动21世纪初经济扩张的结构性力量放缓来解释，而不是因为贸易自由化的逆转。

国际贸易不仅在增长，而且在朝着更加有韧性、包容和可持续的方向发展。在数字连接和技术进步推动下，数字可交付服务的贸易正在迅速扩大。低收入和中低收入经济体占全球出口的份额从2001年的17%增加到2021年的31%。全球价值链也在扩大，无论是在产品方面，还是在所涉及的经济体方面。数字革命正在推动商业服务活动和服务离岸外包的进一步专业化。孟加拉国、柬埔寨、罗马尼亚和越南等以前专注于纺织服装等低附加值供应链的国家已进入国际高科技生产网络。

持续的贸易政策一体化对于推动进一步发展、解放生产力以及加速创新和技术传播十分必要。粮食安全尤其是发展中经济体的粮食安全可以从深度融入国际市场中受益。但在过去二十年中，农业贸易成本几乎没有变化，仍然比制造业高出近50%，而且许多最不发达国家在参与全球贸易体系方面仍然存在困难。

随着技术推动新服务和新产品的跨国生产和分销，只要保持正确的政策和环境，推动进一步的贸易一体化和再全球化，国际贸易必将继续成为实现繁荣和脱贫的动力。当然，再全球化也面临挑战，如果要对抗内向型说法，需要实现全球收入增长，并推动形成一个更加有韧性、包容和可持续的全球经济。

注释：

[1] 世贸组织秘书处人员根据康特等（Conte等，2022）的数据计算得出。

[2] 如果排除欧盟内部贸易，欧盟的占比会低得多。

[3] 有关假设的地缘政治集团的详细定义，参见格斯和贝克尔斯（Goes和Bekkers，2022）。

[4] 对产品集中度的认定取决于相关性和市场集中度。相关性要求这些产品的贸易超过随时间变化的最低阈值。市场集中度要求赫希曼－赫芬达尔指数（Hirschman-Herfindahl index）超过0.25，这是只有四家同等规模供应商的市场所代表的值。0.25的界限遵循美国司法部对集中产业的定义。

[5] 世贸组织贸易成本指数是国际贸易成本的广泛衡量标准（见

http://tradecosts.wto.org）。它涵盖了导致国际贸易比国内贸易成本更高或难度更大的所有因素，包括运输成本、贸易政策壁垒、遵守外国法规成本、通信成本、交易成本、信息获取成本等。

[6] 索瓦吉（Sauvage，2014）定义的环境产品清单包含248个六位海关商品编码（Harmonized System lines）。需要承认的是，某些环境产品可能被用于非环境目的，这可能导致其贸易额和在全球贸易中的占比被高估。

[7] 世贸组织《服务贸易总协定》（GATS）规定了四种服务提供模式：跨境交付（模式一）、境外消费（模式二）、商业存在（模式三）和自然人流动（模式四）。数字可交付服务包括模式一项下各类服务的出口，从商业和专业服务到计算机服务、金融服务、保险服务及其他服务。数字可交付服务，无论是否可以数字化订购，其定义涵盖远程交付的服务，即通过计算机网络、互联网（包括移动设备）、私人网络（如外联网）或电子邮件交付的服务，也包括通过电话交付的服务，因为电话和传真已经日益数字化（IMF等，2023）。

[8] 关于中间服务的定义，参考以下分类之间的关联表，即国际收支服务扩展分类（https://www.oecd-ilibrary.org/trade/data/oecd-statistics-on-international-trade-in-services/trade-in-services-ebops-2010-Edition-2020_ca7a6d85-en）和联合专利分类（CPC）（https://www.epo.org/searching-for-patents/helpful-resources/first-time-here/classification/cpc.html）以及按大类经济类别分类（BECrev.5）（https://unstats.un.org/unsd/trade/classifications/Manual%20of%20the%20Fifth%20Revision%20of%20the%20BEC%20（Unedited）.pdf），即按照商品和服务主要用途的国际

统计分类。

[9] 基于国际贸易中心（ITC，2022）。

[10] https://a2i.gov.bd/a2i-missions/future-of-digital-economy/.

[11] https://www.tbsnews.net/economy/bangladesh-ecommerce-sales-more-double-2026-research-497134.

[12] https://datahub.itu.int/data/?e=BGD&c=701&i=11624

[13] https://basis.org.bd/public/files/content_file/18c2eca51e9ffaf59d5e21607935e003-22112022112429.pdf.

[14] https://basis.org.bd/public/files/publication/60cab48d1e235d2d0b3d48b8d1b2a496-01012022012405.pdf 和 https://basis.org.bd/public/files/publication/17606b0eda135ac8bb551bf99a71a81f-05032023032309.pdf.

[15] https://basis.org.bd/public/files/content_file/18c2eca51e9ffaf59d5e21607935e003-22112022112429.pdf 和 https://www.datacenterjournal.com/data-centers/bangladesh/.

第三章　安全问题对贸易的影响

近年来发生的一系列危机改变了人们对贸易和相互依存的看法。曾被视为对经济进步和安全至关重要的因素，目前时常被看作是需要进行限制的风险来源。此外，安全问题不再表现为仅与冲突相关，而是包含了更为广泛的经济安全概念，导致安全问题广泛渗透到贸易政策当中。本章指出，尽管全球供应链受损，贸易仍然是安全源泉，特别是当其纳入以规则为基础的多边贸易体制中时。本章认为，分裂会削弱安全，并增加冲突发生的可能性，而再全球化是更有希望促进未来安全的路径。

主要事实与结论

多边贸易体制日益受到不断增多的安全问题的影响。短时间内发生的几次危机，使人们认识到与地缘政治、卫生和气候变化相关的风险正在不断增加。因此，目前的安全概念远比传统认知中仅局限于冲突的概念更为宽泛，这对多边贸易体制造成重要影响，与安全相关的贸易关注数量上升便是明证。

贸易之所以对经济安全至关重要，是因为它能够带来多元化。贸易在应对新冠疫情需求侧所产生的急剧波动，以及在粮食进口国应对乌克兰危机方面发挥了关键作用。虽然在上述情形中也出现了供应链中断，但证据显示，开放水平越低，受影响程度越深。虽然贸易与冲突的关系越发复杂，但经验表明，贸易能够减少冲突，以规则为基础的多边贸易体制对于推动贸易发挥这一积极作用至关重要。

碎片化将降低安全性并增加冲突的可能性。旨在实现碎片化的政策难以实施，也很难达成其目标。结盟可能会不稳定，地缘政治危机也很难预估，即便减少贸易伙伴数量能够降低暴露于地缘政治的风险，但也会增加遭受自然灾害等其他风险。面对未知的未来冲击，最安全的策略是在全球范围内保持大量潜在供应者。

再全球化能够帮助贸易进一步促进安全，推动解决农业和服务业等领域存在的较高的贸易壁垒，并通过帮助全球价值链外的经济体进入价值链，显著提升多元化。世贸组织提供了一个和平交流和解决争端的平台，能够通过提高透明度等方式，推动消除各经济体之间产生合作障碍的根源。正在进行的改革倡议将极大地增强该体系维护全球安全的能力。

第一节　本章概要

本章探讨了安全与国际贸易以及与合作之间的关系。本章首先旨在强调，在不对成员就这些问题表达的任何观点采取立场的情况下，随着各成员政府根据一系列冲击调整其风险认知，安全问题如何日益影响贸易政策。之后，本章评估了贸易对经济安全和冲突起作用的证据。

本章接下来指出，碎片化将会削弱安全，并增加发生冲突的可能性。本章最后阐释了为何再全球化是更有希望提升未来安全的路径。受较高的贸易壁垒困扰，许多行业和经济体至今仍然无法参与多边贸易体制，而解决该问题应促进多元化。调整和扩充世贸组织规则还可以协助应对危机期间的贸易限制措施，并限制日益增多的贸易政策与安全问题间的重叠。

本章频繁使用四个术语：安全、冲突、经济安全和韧性。安全被用作涵盖经济安全和冲突的总体术语。经济安全涉及关键原材料或其他生产投入的获取和生产能力等问题。该报告较为正式地借用了世贸组织（WTO，2021a）对于韧性的定义，将经济安全定义为家庭、企业和政府等系统性预防、准备、应对和从冲击中恢复的能力。本报告中的韧性将更狭义地指向于应对危机，而经济安全的适用范围更为广泛，指应对和预防危机。当涉及更传统意义上的军事争端时，将使用冲突。

第二节　变化中的贸易与安全的关系

本节指出，由于成员日益关注安全，多边贸易体制摩擦加剧。然后，本节审视了贸易与安全关系的证据。

一、贸易政策如何反映更为宽泛和不断增加的安全考虑

贸易通过实现多元化减少风险和波动的作用早已获得认可。例如，作为乌拉圭回合一部分的1993年《关于有利于最不发达国家措施的决定》明确提到贸易是帮助生产和出口多样化的一种手段[1]。最近的一项研究表明，降低需求波动风险是国际贸易模式形成的重要决定性因素，并会增加贸易带来的福利（Esposito，2022）。

安全和地缘政治问题也一直是多边贸易体制的重要问题。世贸组织前身——关税与贸易总协定（GATT）的成立，部分原因就是对两次世界大战及首个去全球化时代灾难性后果的回应，在那个时代，集团贸易逐渐主导了多边合作。作为二战后建立的国际体系支柱之一，关税与贸易总协定的目标是促进合作，并与联合国、世界银行和国际货币基金组织（IMF）共同消除战争发生的根源（Mavroidis，2008）。最近，几个脆弱和受冲突影响的国家加入世贸组织，至少有部分原因是期待贸易能够促进和平与安全（WTO，2017）。

然而，对外国供应商过度依赖所产生的担忧，日益掩盖了贸易对安全的积极作用，这对贸易政策产生了明显影响。与第二章中提供的证据一致，根据《1994年关税与贸易总协定》第21条通报的实施中的数量限制措施（见图3-1）、安全例外措施以及与国家安全有关的贸易措施关注数量，近年来大幅上升（见图3-2）。这表明贸易政策愈发受到安全问题的影响[2]。

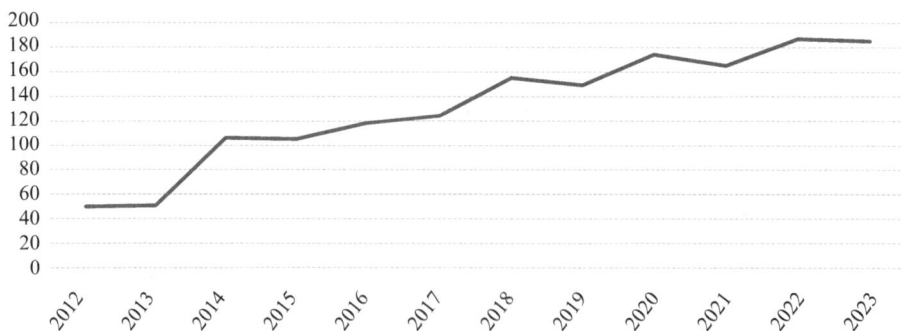

图3-1：依据《1994年关税与贸易总协定》第21条通报的现行数量限制措施

资料来源：世贸组织数量限制（QR）数据库。

注：图3-1显示了2012—2023年世贸组织成员根据《1994年关税与贸易总协定》第21条实施的数量限制措施变化情况。

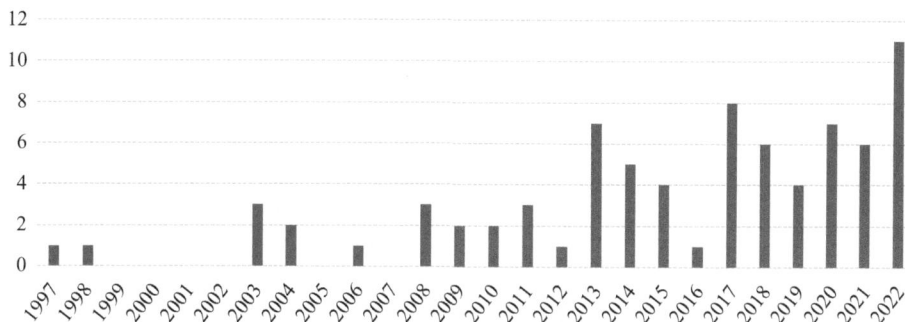

图3-2：世贸组织委员会提出的与国家安全相关的贸易关注

资料来源：世贸组织STC数据库。

注：图3-2提供了1997—2022年市场准入和进口许可委员会、卫生和植物卫生措施（SPS）委员会、技术性贸易壁垒（TBT）委员会在货物贸易理事会（CTG）会上提出的与国家安全相关的特别贸易关注（STC）数量。

  与安全有关的贸易政策措施可以采取异常多样的形式，这反映出安全概念的范围变得愈发宽泛。世贸组织贸易监测数据显示，例如，乌克兰危机爆发后，出口限制措施增加（WTO，2023c），而在新冠疫情流行期间也观察到同样趋势。近10年，对关键原材料的出口限制措施增加了五倍以上（WTO，2023d）。世贸组织委员会中提出的贸易关注显示，《1994年关税与贸易总协定》的安全例外条款被越来越多用作实施进口限制的理由。同时，技术标准成为国家安全问题不断增加的另一个主要领域，围绕部署5G移动通信服务的争论便是一个实例。同样，制裁和出口管制措施也有所增加，特别是在先进技术领域（Bown，2023），全球制裁数据库中的数据也证实了这一点。图3-3显示，受制裁影响的贸易份额近年来急剧增加。

  近期趋势还导致了新的制度化机制发展。例如，欧盟即将实施一项法规，旨在应对第三国试图通过向其或其成员国施压或威胁进行施压，要求其或其成员国采取影响其自身贸易或投资的措施。该规定既定目标是通过对话，降低上述诱导性贸易措施风险级别并引导措施终止，该规定还将采取反制措施"作为最后手段"（EU，2021b）。

在区域贸易政策中也可以观察到政策的转变，新型合作形式不一定以约束性贸易协议的形式出现。例如，欧盟和美国成立的美欧贸易与技术委员会（TTC）。TTC旨在促进跨大西洋间对半导体和关键矿产供应链、人工智能、虚假信息、威胁安全和人权的技术滥用、出口管制和投资审查等方面的协调（USA，2022）。印太经济框架（IPEF）参加方占全球GDP的40%，除税收和反腐败外，IPEF还涵盖贸易和数字经济、供应链和韧性、清洁能源和减碳。作为建设战略性联盟的一部分，欧盟已通过不具约束力的协议就印太地区的数字伙伴关系开展谈判（EU，2021a）。

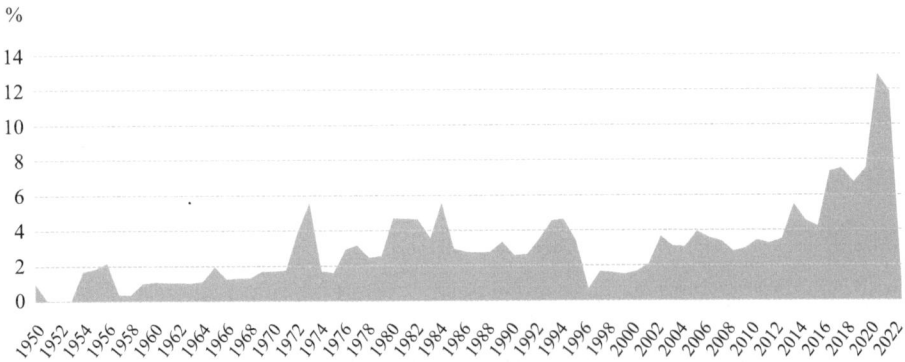

图3-3：　受贸易制裁影响的贸易份额占比

资料来源：全球制裁数据库和国际货币基金组织贸易方向统计。

注：图3-3显示了受制裁影响的贸易份额占比，全球制裁数据库包含一个经济体对另一个经济体贸易制裁的年度数据。关于进口或出口是否受到影响以及受制裁的产品范围只有部分信息。如果缺少部门覆盖范围信息，则假定包括一年中两个经济体间的全部贸易，并将此作为上限。由于该图表目的是从安全角度反映制裁数量变化趋势，所有被标记为"其他"的制裁都将被排除在外。

有数个相互关联的原因可能导致了政府改变其政策立场。首先，风险增加。从国际金融危机到新冠疫情等一系列冲击反映出，全球风险和不确定性正在增加。因此，大约从2008年以来，衡量经济政策不确定性的指标一直在上升（见图3-4）。气候变化导致的自然灾害风险上升以及地缘政治危机凸显（最突出的是乌克兰危机）也加剧了此种情形（见图3-5）。

全球经济政策不确定性指数

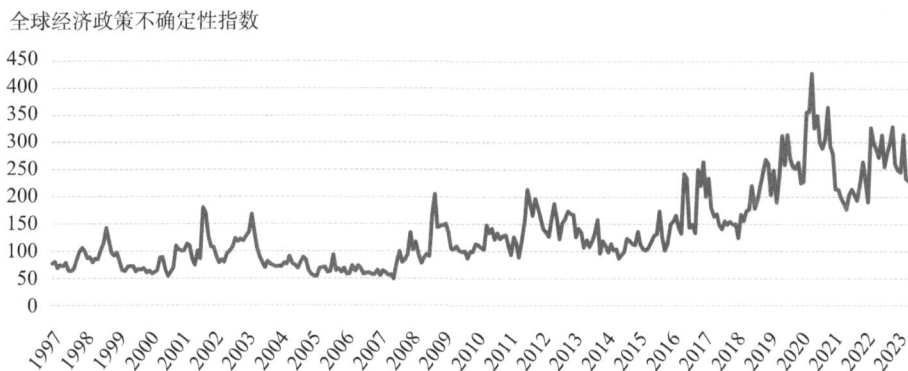

图3-4：　经济政策的不确定性

资料来源： 贝克、布鲁姆和戴维斯（Baker、Bloom 和 Davis，2016）。https://www.policyuncertainty.com/index.html.

注： 经济政策不确定性（EPU）指数是根据美国、加拿大、巴西、智利、英国、德国、意大利、西班牙、法国、荷兰、俄罗斯、印度、中国、韩国、日本、爱尔兰、瑞典和澳大利亚的月度EPU指数值的GDP加权平均值计算得出，使用了来自国际货币基金组织世界经济展望数据库的GDP数据。计算全球EPU指数前，各国的国家EPU指数1997年至2015年间均重新统一化为100。

其次，正如第二章中所指出的那样，关于贸易和国际合作的说法已经发生变化。虽然这一趋势并不独立于日益增加的风险，但它早于最近多数危机的发生。至少从21世纪10年代中期以来，全球化遭遇逆流，部分原因是发达经济体劳动力市场遭受负面影响以及其制造业在产出中所占份额的下降（WTO，2017）。此外，21世纪初以来，多边贸易谈判进展缓慢（除了一些值得注意的例外），这导致一些观察人士认为，多边主义无法应对新的挑战，在世贸组织中诉讼已经取代谈判（Elsig、Hoekman 和 Pauwelyn，2017；Wolff，2022）。

最后，全球权力结构发生了转变，对贸易政策制定产生了影响（Mattoo 和 Staiger，2019）。由于一些新兴经济体的经济增长和欧洲一体化进程，世界变得更加多极化，而不是单极化或双极化。根据国际关系理论，权力分配的重大变化可能导致一段时期内的不稳定和冲突，从而减少合作的可能性（Houweling 和 Siccama，1988；Organski，1959，1980）。这也对贸易和产业政策制定产生了影响，各经济体更加热衷于巩固工业基础，以便能够生产国内所必需的商品。

世界和平指数（倒置）

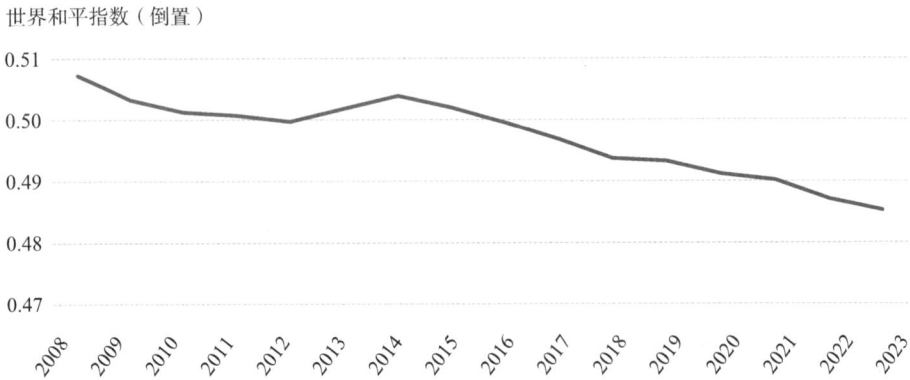

图3-5：世界变得越发不和平

资料来源：经济与和平研究所（The Institute for Economics and Peace，2023）。https://www.visionofhumanity.org/public-release%20-data/.

注：全球和平指数（GPI）根据163个独立国家和领土的和平程度排名。该指数增加表明和平程度下降。为了提高可读性，指数被倒置。该指数通过23个衡量指标，确定是否存在暴力或对暴力的恐惧，并按1至5的等级进行标准化分类（倒置前）。

广义上讲，安全导向的贸易政策可被理解为不利冲击发生时旨在最大限度保障福利的政策。从技术上讲，旨在增加安全性的贸易政策可以用具有较大风险规避参数的效用函数来表征。然而，无论政策转变背后的原因是什么（风险的增加，未被察觉的风险，还是风险的规避），当前许多针对安全的措施都可能导致效率下降和成本增加。第3章第3节、第4节讨论哪种方法（单边或合作）更适合在不产生重大效率成本的情况下提高安全性。

二、有关贸易和安全的证据

（一）贸易对经济安全非常重要

从理论上讲，贸易和经济安全之间的关系是模糊的。一方面，贸易会使经济体面临来自外国的风险，从而加剧冲击的蔓延。正如一艘大型集装箱船堵塞苏伊士运河所表现的那样，贸易甚至可能成为冲击的来源。事实上，据估计，上述情形可导致贸易增长损失0.2至0.4个百分点（Allianz Research，2021）。另一方面，贸易有助于经济更好地应对冲击、从中恢复，从而提高经济安全。通过提高收入，贸易扩大了可用于安全投资的资源。它促进了气象服务、保险、电信、物流和卫生服务等关键服务的有效供应。贸易通过在国内短缺时提供替代供应来源和在国内需求下降时提供替代市场，使经济体更容易应对冲击（WTO，2021a）。除了危机之外，贸易的多样化效应减少了不对称依赖，并降低了占主导地位的供应商将贸易武器化的可能性。

事实上，贸易一直是经济安全的来源。如第二章所示，贸易往往会在冲击后迅速反弹。实证研究一致表明，贸易对韧性的有利影响超过了有害影响。在过去50年中，贸易开放程度的提高降低了大多数国家的宏观经济波动性（Caselli等，2020）。研究发现，全球价值链的参与降低了全球90%以上经济体和部门的需求波动性，因为市场差异缓解了特殊的国内冲击（Mancini、Taglioni和Borin，2022）。另有研究发现，考虑到其对风险应对的积极影响，多样化将贸易的福利收益放大了17%（Esposito，2022）。

观点文章

全球贸易的未来

皮内洛皮·K.戈德堡（Pinelopi·K. Goldberg）
耶鲁大学经济增长中心经济学教授和前世界银行首席经济学家

2008年至2009年国际金融危机后，贸易增长放缓，自此人们一直在讨论贸易的未来。迄今为止，贸易和资本流动数据并不支持"去全球化"理论。然而，过去三年政策环境的深刻变化预示着一个新时代的开始。

认为这些变化无关紧要是不可取的，这就等于说政策无关紧要。但政策确实很重要——如果不是眼下，那么从长远来看肯定是如此。如果没有20世纪90年代和21世纪初席卷全球的贸易自由化浪潮和多边主义的支持，贸易的爆炸式增长是不可能的。随着世界一些最大的经济体转向国内，远离多边主义，贸易的未来正变得不确定。

当然，这不是历史上第一次出现保护主义。保护主义通常是国内游说努力的结果，旨在以普通消费者为代价，保护某些群体的利益（例如受到来自低收入国家或特定公司/行业的进口竞争威胁的低技能工人）。然而，这一次要求保护的不是私人部门。相反，这种变化是自上而下发生的，因为政府决定将国家安全置于经济福利之上。

　　未来几年，经济史学家可能会就近期政治格局变化的真正原因展开辩论。在一些发达经济体，政府政策和公众对全球化的情绪在2015年前后开始发生变化，人们越来越担心来自低收入国家的进口和移民对劳动力市场的影响。但这些情绪变化不足以扭转几十年来的全球化趋势。新冠疫情引发了对全球供应链脆弱性的质疑，并引发了将生产"回流"国内的需求。

　　然而，尽管也有相反的说法，但贸易增强了新冠疫情下经济体的韧性。在2020年短暂下降之后，贸易额快速增加。所谓的"中国冲击（China shock）"或新冠疫情都没有阻止全球贸易的增长。直到2022年2月乌克兰危机爆发，暴露了欧洲在能源方面对俄罗斯的依赖，以国家安全为名的产业回流和友岸外包导致了政策的剧烈变化，其中最突出的是2022年10月美国出台对中国半导体出口的全面限制。

　　对地缘政治风险"韧性"的需求是最近事态发展的真正原因吗？还是说，考虑到中国（或许还有未来某些新兴经济体）给当前繁荣经济体带来的挑战？或者是乌克兰危机爆发触发了不可避免的政策变化？

　　无论答案是什么，世界已经进入了一个新阶段，这对世界经济意味着什么，我们将在未来几年逐步了解。

免责声明

　　观点文章由其作者全权负责。它们不代表世贸组织成员或世贸组织秘书处的意见或观点。

　　最近的危机，尤其是新冠疫情和乌克兰危机，证明了贸易对经济韧性的积极影响。虽然在这两次事件中确实出现了贸易中断，而且在新冠疫情开始时疫苗的分配也出现了断档，但如果没有贸易，断档情况会严重得多。有证据表明，全球价值链提供了外来帮助，缓解了因新冠疫情封锁带来的冲击。如果经济体在疫情期间只依靠自己，收入损失会更大（Bonadio等，2021）。贸易对于应对疫苗、医疗用品和电子产品需求的大幅增长也至关重要。2019年至2021年，医疗产品贸易的年增长率为14.4%。2020年，世界仅个人防护产品的出口就增长了44.6%（WTO，2022）。新冠疫苗出口量从2020年的零增长到2021年44亿支（世界银行和WTO，2022）。

自乌克兰危机爆发以来，贸易一直是粮食净进口国经济调整的重要组成部分。分析显示，乌克兰对几个非洲经济体谷物出口的大幅下降被其他主要谷物供应国的出口增加所弥补，包括阿根廷、法国和美国。此外，由于贸易促进了供应商和产品之间的替代，使得价格上涨低于预期。例如，大米进口取代了小麦进口，菜籽油进口取代了葵花籽油，直到市场调整完毕（见图3-6和WTO，2023a）。

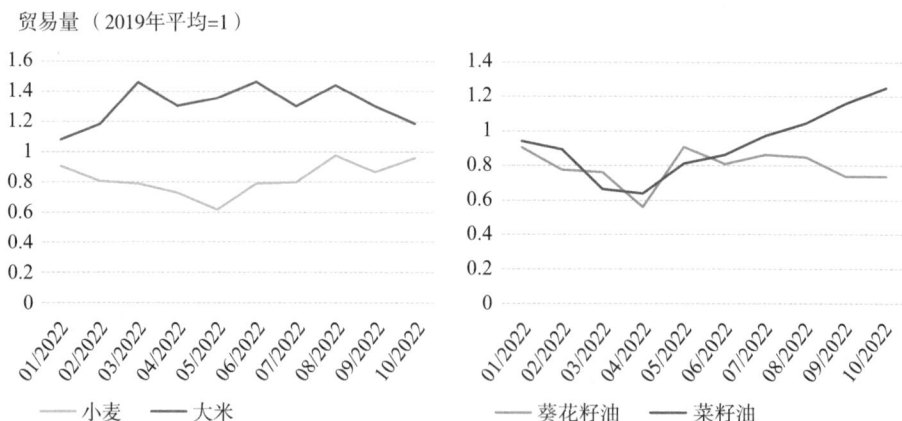

贸易量（2019年平均=1）

小麦　　大米

葵花籽油　　菜籽油

图3-6：产品之间的贸易替代缓解了出口短缺

资料来源： 世贸组织（WTO，2023a）

注： 贸易量是根据贸易数据监测系统汇编的国家海关统计数据估算的，剔除了物价变动因素。

　　贸易也是应对美国婴儿配方奶粉短缺等其它危机方案的重要组成部分。美国婴儿配方奶粉的一个主要生产厂家暂时关闭，导致占市场99%的国内市场供应急剧下降。作为应对，美国紧急放宽了婴儿配方奶粉的严格进口限制（Congressional Research Service，2022）。与2019年短缺前相比，2022年进口增长了17倍，占国内市场需求的17%，而2019年为1%（见图3-7）。这大大缓解了供应短缺。

　　为了保持国际贸易的韧性，以世贸组织为核心的多边贸易体制至关重要。多边贸易体制有利于经济体在透明和可比较的环境下从世界各地采购。乌克兰危机凸显出这点，当意外冲击发生时，贸易流可以迅速调整。与此相一致的是，新冠疫情期间来自法国企业的证据表明，即使进口来源的事后多元化，也可让外国限制的影响相对温和（Lafrogne-Joussier、Martin和Mejean，2022）。此外，当用于生产的中间品更加多元化时，新冠疫情对出口的影响更小（Bas、Fernandes和Paunov，2023）。

单位：百万美元

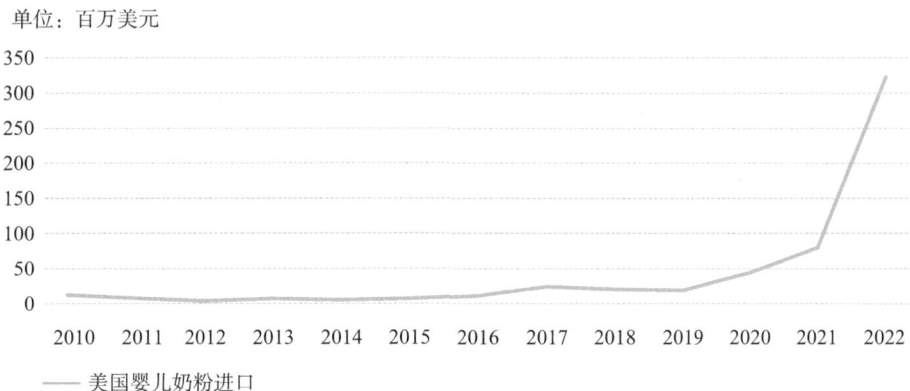

——美国婴儿奶粉进口

图3-7：进口对于缓解美国婴儿奶粉短缺非常重要

资料来源：世贸组织基于美国的调查数据。

注：进口婴儿奶粉的数据是HS编码190110"供婴幼儿食用的零售包装食品"。

（二）贸易更倾向于降低冲突的可能性。

从理论上讲，贸易可增加或减少冲突的可能性。文献指出了贸易增加冲突可能性的三种主要机制。首先，贸易产生经济依赖（Carr，1939；Hirschman，1945）。这种依赖可能会限制政策制定者的行动范围，并使经济受到其他政府规则或政策变化的影响。其次，贸易关系可能是冲突的根源，第二次英荷战争和拿破仑的欧洲大陆封锁就突显了这一点，这两次战争分别是为了控制全球海上贸易航线和欧洲市场。最后，贸易增加了经济产出，从而增加了可用于冲突的资源（Aron，1962；Morgenthau，1948）。

至少有四种机制可以抵消贸易引发冲突的影响，通过这些机制，贸易降低了冲突的可能性。

第一，贸易提高了冲突的机会成本（Oneal和Russett，1997）。如果两个有着重要贸易关系的经济体爆发战争，双方都会在经济上遭受损失。在全球价值链的兴起导致经济体之间产生难以解开的、错综复杂的依赖关系之后，这一机制变得尤为重要。一项关于手机的研究表明，投入的极端模块化如何导致了严重的交叉依赖，切断这种依赖的代价极其高昂（Thun，2023）。量化贸易收益的开创性工作强调了反映全球价值链的投入产出联系的核算如何显著增加贸易的福利收益（Costinot和Rodriguez-Clare，2014）。反过来，与贸易主要涉及最终产品或原材料的情况相比，参与全球价值链的经济体发生冲突的机会成本大大增加。

第二，贸易促进了开放态度和相互理解。贸易有助于加强不同经济体公共和私营部门之间的沟通和联系（Dorussen和Ward，2010）[3]。

第三，贸易将经济体内部的资源转移到对和平稳定感兴趣的利益集团手中（Bentham，1781；Cobden，1867）。

第四，贸易在危机期间提供了非暴力工具。实施进口壁垒、出口限制和最终切断贸易等措施可能会有效填补信息不对称的空白。换句话说，政府可以使用代价高昂的信号来告知对方他们的决心，而无须诉诸武力。

实证研究为贸易的安抚作用找到了支持，尽管贸易肯定不能完全防止冲突。关于贸易在冲突中的作用，有很多争论。例如，一方面，高度的相互联系并没有阻止第一次世界大战（Barbieri，1996；Mearsheimer，2001）[4]；另一方面，20世纪30年代的保护主义的实施和贸易相互依赖的下降恰好发生在第二次世界大战之前。然而，大多数实证研究得出的结论是，贸易减少冲突的效果往往更强。图3-8提供了这方面的提示性证据，表明自第二次世界大战以来，贸易开放和冲突的可能性之间存在着反比关系。

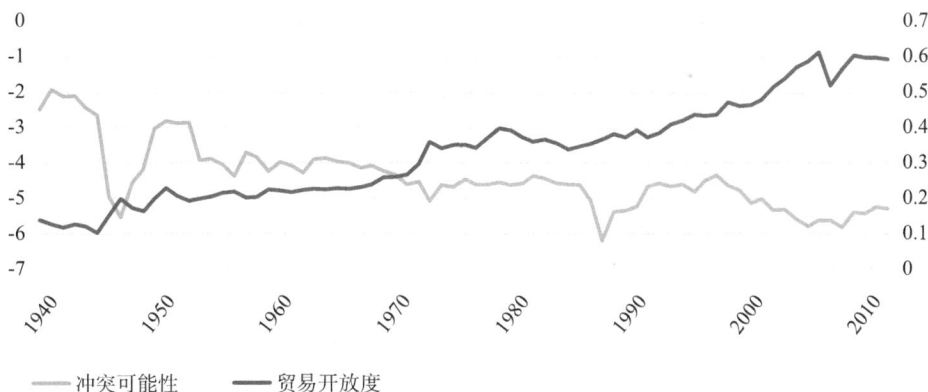

──冲突可能性　──贸易开放度

图3-8：贸易开放度与低冲突概率之间存在强相关性

资料来源：芬斯特拉、因卡拉和蒂默（Feenstra、Inklaar和Timmer，2015）与克拉斯和弥尔顿（Klasing和Milionis，2014）提及的贸易开放度，以及毛兹（Maoz等，2019）、战争相关指数（COW）项目（2017）提及的冲突可能性。

注：贸易开放度定义为世界进出口总额占世界国内生产总值的比重。冲突概率定义为二元军事化国家间争端（剔除威胁使用武力和较低程度的敌意）的发生数量占国家数量的比重。

　　早期研究侧重于双边贸易，得出的结论认为，两个经济体之间的贸易翻一番，冲突的可能性平均下降20%（Polachek，1980），这一发现得到了许多研究的支持（Hegre，2000；Oneal等，1996；Oneal和Russett，1997）。通过促进国家层面的贸易开放，多边相互依存减少了冲突的可能性（Barbieri和Peters，2003；Gartzke和Li，2003a，2003b；Oneal，2003）。最近的工作发现，双边和多边层面的相互依存都能发挥促进和平的作用。更加独立的双边贸易有利于安抚毗邻的经济体，但全球贸易开放则促进相距较远的经济体之间的和平（Lee和Pyun，2016；Yakovlev和Spleen，2022）[5]。

　　虽然有些研究对这些结论提出了质疑（如，Barbieri和Levy，1999；Beck、Katz和Tucker，1998；Kim和Rousseau，2005；Martin、Mayer和Thoenig，2008），但在随后的文献中，这些观点大多被反驳或否定。例如，有些研究没有将距离和国家大小作为控制变量，一旦纳入这些变量，双边贸易就会对冲突发生的概率产生显著的负面影响（Hegre、Oneal和Russett，2010；Martin、Mayer和Thoenig，2008）；其他结果是基于衡量相互依存性的特定方法，这种方法只能间接表明一国对另一国的依赖程度（Gartzke和Li，2003；2005）。

　　重要的是，多边贸易和相关机构能有效放大抑制贸易冲突的效果。有证据表明，特别是多边贸易和参与贸易网络降低了冲突的可能性（Maoz，2006，2009）。例如，更多元化的贸易减少了国家间敌对和暴力争端的风险（Kleinberg等，2012），因为多边贸易削弱了经济体之间可利用的依赖关系。此外，主流理论认为贸易不对称会引发冲突，而多边贸易会大大减少不对称造成冲突的可能性。参与贸易网络的经济体较少受到不对称依赖引发冲突的影响，因为和单个经济体的关系不太重要，外部胁迫的余地较小。

此外，多边贸易激励第三方在冲突各方之间进行调解。冲突损害了与第三方的贸易联系，并对与冲突双方有相关经济联系的贸易伙伴造成了负外部性（Lupu 和 Traag，2013）。相互依存也为第三方提供了加强可信的"信号联系"的手段，如威胁或制裁（Kinne，2014）。由于第二次世界大战结束以来贸易体系的结构性变化，间接联系的作用可能正在下降，全面参与全球贸易网络，似乎比与第三方的单一贸易联系对促进和平更有意义。

国际组织和协定有助于巩固和平。一项研究发现，区域贸易协定可能会增加战争的机会成本，从而促进和平（Martin、Mayer 和 Thoenig，2012）。通过确保贸易的可预测性和透明度，国际机构，无论是区域还是多边机构，如世贸组织，都可以稳固国际关系。当前的体系在过去 70 年里帮助避免了大国之间的战争，并为政府提供了一个重要的合作平台。虽然机构往往缺乏执行机制，但通过各种渠道的共同参与提升了系统的稳定性。例如，通过在冲突各方之间进行调解，传递信息、产生相互认同的看法以减少不确定性，以及形成规范等。

经验证据表明，国际组织的共同成员通过这些渠道减少了政府在双边层面上发生暴力冲突的倾向（Bakaki，2018；Russett、Oneal 和 Davis，1998），特别是那些在系统层面上拥有更多联合成员资格的经济体（Böhmelt，2009；Dorussen 和 Ward，2008；Oneal、Russett 和 Berbaum，2003）。其他研究工作没有为贸易促进和平的论点提供支持，但发现了在 20 世纪下半叶，贸易对冲突持续时间的消减作用（Shannon、Morey 和 Boehmke，2010）。

第三节 碎片化不太可能提高安全性

碎片化对全球经济来说代价高昂，会导致低收入经济体的地位恶化，实际上会损害安全。这种负面影响主要由四个渠道驱动。

第一，碎片化将带来巨大成本，减损可用于安全投资的资源。随着地缘政治和气候变化相关风险的增加，对减少灾害风险的投资需求也在增加。

据估计，灾害造成的直接经济损失从20世纪90年代的平均每年约700亿美元增加到21世纪10年代的1700亿美元（国际科学理事会，2023）。然而，用于减少灾害风险的资金是有限的。2011年至2022年，出于灾害相关目的向发展中经济体提供的官方发展援助中，只有5%用于备灾和减灾，其余用于灾后救济和重建（Benson，2023）。

碎片化会导致贸易下降，从而减少全球收入。碎片化限制了专业分工，从而限制了来自比较优势的贸易收益、不同种类商品可得性的增加、各经济体之间固定成本的分摊以及思想和技术的传播。第四章讨论全球经济的贸易碎片化将如何减少全球产出，特别是发展中经济体的产出。由于与就业有关的移民和投资流动减少，碎片化也会对福利产生不利影响。在一个程式化的情景中，东西方集团（包括一系列不结盟地区）之间的外国直接投资（FDI）流量下降50%，将导致全球产出下降约2%（IMF，2023）。此外，这种碎片化会增大贸易政策的不确定性，从而进一步增加福利成本（Caldara等，2020；Osnago、Piermartini和Rocha，2015）。

将碎片化限制在一组选定的战略物品上不一定会减少福利损失。贸易中90%的福利收益来自10%最关键商品的贸易能力，即那些难以找到替代或替代供应来源的商品（Ossa，2015）。此外，这些计算没有考虑全球价值链无序瓦解的成本，在产品层面高度集中、沉没成本高、关系特异性最有可能盛行的战略部门，这种成本会特别高。例如，智能手机的生产涉及多个阶段，而且每个生产阶段的垂直专业化程度和集中度都很高（Thun 等，2022）。更普遍地说，来自美国的证据强调，价值链是集中的，只有一小部分公司从多个来源地进口相同的产品（Antras 等，2023）。拆解这样的价值链成本高昂，而且会降低效率，因为在任何其他系统中，固定成本都必须多次发生，而形成价值链的沉没成本很大。

第二，相对而言，碎片化会使低收入经济体的状况恶化，尽管它们受灾害和安全问题的影响最大。正如第四章所讨论的那样，碎片化将使低收入地区承受最大损失，因为这些地区将因碎片化错过技术溢出带来的好处（Goes 和 Bekkers，2022），而且他们从外国直接投资流入中获益最多的事实也会大打折扣（IMF，2023）。此外，低收入地区的市场准入将不再得到一个运作良好的多边贸易体制的保障，该体制对所有区域都有基于规则的承诺，长此以往，低收入地区的情况将会进一步恶化。在碎片化的情况下，大型进口商可以利用他们的市场力量，以出口商的利益为代价，获得更好的贸易条件（Bagwell 和 Staiger，1999）。这些影响可能会降低全球安全，因为它们将限制资源对最有效韧性的投资。

第三，碎片化会减少潜在供应商的数量，从而限制企业在危机期间的灵活性。在来源不确定的冲击不断增加的环境中，这是一种代价特别高昂的影响。这使得进出口事前和事后的多样化更加困难，从而加剧了宏观经济的波动性。虽然如果价值链不再以国际化的方式进行组织，对外国冲击的脆弱性会下降（Eppinger 等，

2021），但对国内冲击的脆弱性会上升，后者的影响将占主导地位（Bonadio 等，2021）。因为大多数经济体的贸易成本过高，国内采购的中间产品所占比例已经太高，无法最佳地分散风险。因此，"回流"将通过进一步增加国内采购的份额来增加经济波动性，特别是在不相互关联的经济体之间发生经济冲击的情况下（IMF，2022）。

第四，碎片化削弱了贸易降低冲突可能性的机制。正如第 3 章第 1 节所述，碎片化削弱了经济体之间的相互依赖和对基于规则的国际合作的依赖，而这是贸易支持安全的关键。上述所有渠道都将受到碎片化的影响。冲突的机会成本将下降，影响力和资源将从支持和平关系的利益集团转移，促进经济体之间相互理解的定期交流将减少。此外，防止共同关心的问题升级的工具和平台的数量和相关性将会下降。最后，碎片化在过去是军事冲突的前奏。例如，在第二次世界大战之前，英国的贸易政策可以解释英国向帝国主义倾斜的大部分因素，这些因素导致了地缘政治紧张局势（de Bromhead 等，2019；Jacks 和 Novy，2020）。

除了这些影响之外，某些形式的碎片化可能无法提供其支持者所期望的安全程度。例如，基于贸易伙伴地缘政治结盟的"友岸支持"就是这种情况。原因在于，各国政府的地缘政治结盟有时是不稳定的。一项基于联合国投票模式的简单分析，以及 2006—2015 年相对于 1972—1981 年的演变情况，在这方面具有启发意义，因为它发现随着时间的推移，地缘政治结盟发生了巨大变化，早期的地缘政治从属关系只能解释后期从属关系的 40%。随着政治两极分化的推进（Boxell、Gentzkow 和 Shapiro，2020），增加了从一个选举周期到下一个选举周期地缘政治联盟的潜在差异，这种趋势甚至对一些政府来说可能是加速演进的。

总而言之，通过碎片化解决安全问题将产生巨大的经济成本，对最脆弱的低收入地区来说，这一成本尤其高。更重要的是，它不太可能应对全球面临的安全挑战。经济韧性将会下降，而一个分裂的世界会增加冲突的可能性。与之相反的是，下一节将讨论的再全球化可能是更合适的解决方案。

第四节　再全球化有助于构建更具韧性和更加安全的世界

在可预见的未来，安全问题仍将存在。但是，通过再全球化促进安全的国际合作仍有很大空间。首先，将多边贸易体制扩大到新的参与者和新的领域，可以促进多样化和提高该体制在危机期间提供的"安全灵活性"。其次，在危机期间加强贸易限制方面的合作，可以限制其负面影响。最后，在世贸组织内部开展合作，而不是采取单边政策，有助于减少安全和贸易的相互影响。这可能需要使多边贸易体制适应新的贸易环境。世贸组织对新出现的安全问题作出反应的能力，可以在其实质性规范和职能两方面得以改进。

一、贸易多样化和扩大多边贸易体制有助于经济安全

多边贸易体制对经济安全至关重要。支撑多边贸易体制的法律原则，如最惠国待遇或国民待遇，限制了出口商之间以及出口商与国内生产商之间产生歧视的风险。它们促进以比较优势为基础的可行和持久的贸易多样化，这是避免过分依赖个别供应商的有效工具。此外，禁止数量限制措施降低了歧视性地征收出口税或强加配额的风险，但也允许这些措施回应国内短缺或环境保护等合理关注。

解决仍然很高的贸易壁垒可以增强贸易对经济安全的促进作用。第二章强调了在这方面的两个重要发现。首先，某些产品的贸易流动日益集中，限制了贸易对安全的促进作用。其次，低收入经济体面临的贸易成本远高于发达经济体，包括那些能够提供贸易集中产品的国家。消除这些经济体的贸易壁垒，将生产转移到具有比较优势的地区，贸易集中度将以最优方式自然下降。

虽然低收入经济体面临的关税已经很低，但在解决非关税措施，以及扩大这些经济体的贸易能力和改善贸易基础设施方面，仍有改善空间。《贸易便利化协定》（TFA）是这方面的典范。该协定促进了货物的出口、过境和进口，包括在危机时期的必需品。最近的证据表明，该协定的好处主要流向了最不发达国家。受益于该协定，最不发达国家的出口相对于全球平均水平增加了两倍以上（Beverelli等，2023）。

《促进发展的投资便利化协定》（IFD）同样是建立更多样化贸易制度进程的重要一步。TFA的评估对IFD来说是个好兆头，因为该协定同样旨在通过减少繁文缛节和提高监管透明度来促进贸易，但其重点是投资措施。由于发展中经济体的规章往往更具限制性，IFD可以进一步促进发展中经济体特别是最不发达国家参与多边贸易体制，正如TFA所做的那样。在这方面，谈判人员于2023年7月6日宣布结束了IFD的文本谈判，使该协定的前景更加光明。

一般来说，正在进行的旨在改进世贸组织委员会和理事会运行和职能的改革努力，可以成为使多边贸易体制多样化的一个重要途径。尽管不像谈判或争端那样引人注目，但委员会和理事会的工作对于推动多边贸易体制的运转至关重要。这项工作增加了透明度，打通了成员在影响贸易的措施方面的信息壁垒。在这方面，委员会和理事会有效地降低了与非关税措施（NTMs）相关的贸易成本。反过来，这对于增强贸易的可及性、多样化和韧性至关重要。例如，来自印度尼西亚的证据表明，NTMs会减缓企业对冲击的反应，并导致危机期间出口量的急剧减少（Cali等，2023；Ghose 和 Montfaucon，2023）。

与此相关，世贸组织协定中的具体规定可以帮助发展中成员特别是最不发达国家克服贸易壁垒。与其他国际组织和做贡献的成员共同推出的联合方案，如由世贸组织主导的促贸援助倡议、增强一体化框架（EIF）、标准和贸易发展基金（STDF），使发展中成员特别是最不发达国家能够适应现代贸易的某些紧急情况，如技术标准或卫生要求，从而为他们创造机会，增加其在全球贸易中的份额。

扩大多边框架有助于经济安全的另一个领域——电子商务。数字贸易可以使经济体的生产和出口模式多样化，特别是对于面临高实体贸易壁垒的偏远或内陆经济体（WTO，2018）。在世贸组织联合声明倡议（JSI）框架内，占全球电子商务90%以上的成员正在进行促进数字贸易的谈判。与所有联合声明倡议一样，电子商务谈判对所有世贸组织成员开放。综合谈判文本已于2022年12月产生。数字贸易亦受益于世贸组织暂停对电子传输征收关税的规定。该规定自1998年起生效，并在世贸组织第12届部长级会议上进一步延期。虽然电子商务也可能引发新的安全问题，例如增加网络犯罪的风险，但统一的框架可以通过规模经济促进防御网络犯罪技术的发展（Chen，2022）。

发展服务贸易，特别是放宽实质性和程序性监管要求，以促进包括医疗或工程服务在内的专业服务贸易，将允许外国专业人员向有关领域提供服务，从而加强经济安全，抵御自然冲击或卫生危机。在这方面，旨在针对外国服务提供者提高授权程序的透明度、可预见性和效率的联合声明倡议谈判已于2021年成功结束，这将有助于促进专业服务贸易的增长（WTO，2021）。

二、约束贸易限制措施有助于确保必需品的供应

国际组织作为中立行为体，在粮食供应方面发挥着重要作用，世贸组织与其他国际组织密切合作，确保贸易有助于改善粮食安全。特别是，世贸组织参与了全球粮食、能源和金融危机应对小组。该小组由联合国秘书长于2022年3月成立，旨在帮助政策制定者找到全球性和系统性的解决方案，以解决因乌克兰危机与先前存在的危机叠加而引发的史无前例的粮食、能源和金融三重危机。作为贸易对话倡议的一部分，世贸组织还定期组织粮食贸易对话，汇集来自政府、非政府组织、企业、学术界、智库和基金会的专家，以促进关于贸易在粮食安全中作用的讨论。

当前经济和地缘政治紧张局势日益加剧，加强贸易限制措施的约束十分必要。这些约束包括实施出口限制的承诺，例如世贸组织第十二届部长级会议（MC12）《关于紧急应对粮食安全问题的部长宣言》（WTO，2022），其中成员决心确保为解决粮食安全问题而采取的任何紧急措施都必须尽可能最大限度地减少贸易扭曲，必须是暂时的、有针对性的、透明的，并且必须按照规则进行通报和实施。此外，实施此类措施的世贸组织成员可能需要考虑其潜在影响，特别是对最不发达成员和粮食净进口发展中成员的影响。

更先进的规则可以采取承诺的形式，承诺不对一些必需品施加任何出口限制或关税。这可以基于MC12决定不对世界粮食计划署出于非商业人道主义目的购买的粮食实行禁止或限制出口的模式，

但这并不妨碍任何世贸组织成员根据世贸组织协定的有关规定采取措施，以确保其国内粮食安全。此类承诺可以扩展到非自动许可证和出口税。也就是说，尽管该清单中有明显的候选商品（例如粮食、能源、药品、绿色技术），但就所涵盖的确切货物和服务达成一致可能很难。或者，成员可以制定自己的商品清单，并单方面承诺不对其实施贸易限制。

在通过世贸组织透明度机制收集和共享的更详尽信息的基础上，成员可以单独承诺控制库存水平。成员还可以承诺根据TFA的规定，制定促进危机期间粮食运输的程序，也可以商定其他安排，以避免冲突期间粮食运输中断（WTO，2022e）。

三、改进世贸组织职能，降低安全与贸易政策重叠风险

（一）加强世贸组织关于安全问题的议事进程

围绕世贸组织安全例外解释的辩论，包括是否以及在何种情况下可以通过诉诸世贸组织争端解决机制来质疑成员援引该条款，已引发提出加强世贸组织审议程序并将其扩展到安全问题的提案（Hoekman，2022；WTO，2022a）。加强世贸组织议事程序的提案主要基于世贸组织技术性贸易壁垒委员会、卫生与植物卫生措施委员会和市场准入委员会现有的"特别贸易关注"（STC）程序。这些提案所提建议主要是：在这些委员会中，对据称影响某些成员利益的贸易措施进行技术层面的讨论，并通过对话和信息共享解决问题。

上述委员会并不是进行政策对话的唯一平台。货物贸易理事会（CTG）在这一领域发挥着越来越重要的作用。2022年，在CTG之前提出的贸易关注数量激增至前所未有的水平，部分原因是一些成

员在乌克兰危机背景下实施的制裁（见第三章第二节）。《1994年关税与贸易总协定》（GATT 1994）第21条和国家安全问题经常作为贸易限制的理由被提出，而CTG之前讨论的贸易问题中很大一部分源于地缘政治紧张局势。

（二）加强透明度以限制经济冲击的影响

为了更有效地讨论安全例外，上述审议过程和世贸组织的总体运作将大大受益于世贸组织协定下透明度工具的改进。在这方面，世贸组织贸易监测活动、相关通报要求以及成员审议（例如贸易政策审议机制）可以在世界经济日益受到不同类型冲击的情况下发挥更大的作用。然而，在通报要求的执行率方面还需要取得进展。例如，乌克兰危机开始后，已启动的出口限制总数中，只有14%向世贸组织进行了通报（WTO，2023）。

农业方面的情况很好地说明了透明度在应对经济安全问题和限制贸易干扰方面的重要性。农业领域透明度的提高将为贸易伙伴提供必要的额外信息，以更好地了解现有库存，确保更多的生产盈余可以出口到需要它们的经济体。这将在危机时期维持贸易并加强粮食安全，同时减少出口限制或过度库存。关于基本农产品，世贸组织参与了农业市场信息系统（AMIS）。AMIS是二十国集团（G20）农业部长在2007—2008年和2010年全球粮食价格上涨后，为提高基本作物市场透明度并促进政策对话而建立的机制。其范围正在扩大到涵盖更多基本农产品。

（三）有多种方法可以将国家安全从贸易政策中分离出来

为了缓和安全与国际贸易合作之间的紧张关系，有人建议引入某种形式的"再平衡"。在这一机制下，各成员政府可以在另一成员政府采取与安全相关的贸易措施后，通过谈判同等减让来恢复权利和义务的平衡（Lester和Lew，2022）。如果各方无法就适当的补偿达成一致，受影响的成员政府可以单方面暂停同等减让。这一建议的支持者认为，它可以在不诉诸争端解决机制或在争端正在审查的情况下完成。他们认为，这将更快恢复有关成员之间权利和义务的平衡，而通过争端解决机制予以处理可能需要数年时间。已提出的另一个选择是，成员根据《马拉喀什建立世界贸易组织协定》（世贸组织协定）第9条第2款，就安全例外的使用采取商定的解释。然而，这种方法可能首先需要成员就安全例外的性质和正当性达成共识。

另一种建议是扩大世贸组织安全例外的覆盖范围，例如覆盖网络安全或关键基础设施（Lester和Lew，2022），或扩大一般例外条款的覆盖范围，使其包括成员可以采取的各种类型的贸易措施，否则，在安全例外需求较低的条件下，无法证明或试图证明其合理性。成员可以就可接受的特定贸易政策来实现非贸易目标的情况达成一致，例如在特定部门的协议。对《关税与贸易总协定》和《服务贸易总协定》（GATS）中世贸组织一般例外条款的修正可以扩大当前可接受的非贸易目标清单以及援引这些目标的条件，从而保持贸易与安全之间的平衡（Hoekman，2022）。

还有一个可能的选择是成员同意将安全例外完全排除在争端解决范围之外，替代方案是，将援引安全例外的情况纳入不具约束力的磋商机制（Hoekman，2022）。这一机制可以援引安全理由，通过暂停对有关成员实质上同等的义务来"重新平衡"权利和义务（Benton-Heath，2020）。

通过重振世贸组织争端解决机制，将国家安全与贸易政策脱钩，可以促进经济安全。近25年来，《关于争端解决规则与程序的谅解》（DSU）和平解决了数百起贸易争端。在安全问题和强权外交日益占据主导地位的时代，为了维护所有成员的权利，争端解决机制比以往任何时候都更有必要。在这方面，成员在世贸组织第12届部长级会议上承诺进行讨论，以期到2024年建立一个可供所有成员使用的"全面且运转良好的争端解决机制"（WTO，2022b）。

第五节　本章小结

许多迹象表明，安全，特别是更广泛意义上的经济安全，在经济体、区域和多边层面的贸易政策中发挥着越来越重要的作用。将安全纳入贸易政策可能会导致更高的贸易壁垒，而且随着经济体诉诸"回岸"和"友岸"，这可能会导致全球经济碎片化。然而，碎片化将减少全球福利，因为各经济体将放弃基于比较优势、产品种类增加、固定成本分担以及思想和技术传播的贸易收益。

更重要的是，就本章的目的而言，碎片化也无法提高安全性。相互依存的贸易关系、开放的贸易政策以及经济体之间通过国际组织进行的合作可以减少冲突的可能性并提高经济安全。因此，碎片化并不能有效应对世界面临的安全挑战。相反，再全球化以及由此带来的地域多元化、贸易向新领域的扩展以及持续和扩大的多边贸易合作将有助于增强安全性。

注释：

[1]《关于有利于最不发达国家措施的决定》，乌拉圭回合贸易谈判委员会于1993年12月15日通过，并附于《乌拉圭回合多边贸

易谈判结果最后文件》。

[2] 2020年，通报贸易限制措施的成员数量大幅增加，这也导致数量限制（QR）数据库中出现了更多与《1994年关税与贸易总协定》（GATT 1994）第21条相关的措施。

[3] 孟德斯鸠有句名言：贸易的优点在于使"人的举止更加温和"，提倡对多元化的宽容态度，培养人们互惠和公平的习惯。

[4] 1914年相互依存的失败不应被夸大，因为战争在敌对行动开始之前的几次事件中都被阻止了，而且战争是在一体化程度最低的经济体之间开始的（Gartzke 和 Lupu，2012）。

[5] 进一步的实证研究表明，贸易安抚效应的强度也取决于贸易的环境和类型。

第四章　再全球化减少贫困与不平等

本章讨论了碎片化如何对增长、贫困和不平等产生负面影响，以及再全球化如何有助于确保贸易收益在经济体之间和经济体内部得到更广泛的传播。开放农业和服务贸易、制定新的电子商务规则等，可以促进增长、减少贫困，使全球经济更加包容。世贸组织可以在多边层面更新贸易规则，并与其他国际组织合作，帮助促进建立更加包容的全球贸易体系，从而确保更多人从世界贸易中受益。

主要事实与结论

贸易在减贫方面贡献卓著，促使各经济体的收入水平达到历史性的趋同。然而，倘若缺乏恰当的国内公共政策，贸易通常会加大对熟练工人的需求，致使国内不平等现象加剧。但不可忽视的是，贸易也为众多工人、女性以及中小微企业创造了机遇，对提高包容性发挥了积极作用。

碎片化现象会给发达经济体与发展中经济体从贸易中获取的利益带来严重威胁。较为贫困的家庭极有可能因贸易成本的攀升而受损，毕竟他们在更大程度上依赖于可交易的货物及服务。

在一个强大的多边贸易体系的保护之下，拥抱全球化更有望为民众、企业和经济提供一条通往更加包容的道路。

在全球价值链的引领下，工业化尚有进一步拓展的余地；在数字技术的驱动下，服务业仍存在继续增长的空间。借助区域和多边协定来削减贸易壁垒，能够为此提供有力支撑。

第一节　本章概要

过去几十年来，国际贸易促进了跨国收入和生产力的整体趋同，帮助数亿人摆脱了贫困。然而，并非所有经济体都平等地收获了贸易带来的增长红利。人们也越来越多地认为，贸易造成了经济体内部的不平等，使一些经济体落在后面。实际上，贸易对分配的影响，包括对劳动力市场和不平等的影响，在各经济体之间存在很大差异（Goldberg 和 Larson，2023；Pavcnik，2017）。

本章将讨论碎片化如何对增长、贫困和不平等产生负面影响，以及再全球化如何有助于确保贸易收益在经济体之间和经济体内部得到更广泛的传播。

即使少数经济体有可能从现有贸易伙伴的贸易分流中获益，但随着知识传播的减少，碎片化可能会减少总体经济活动，并损害大多数经济体的利益。发展中经济体特别是最不发达国家尤其有可能因现行体系的碎片化而受害，因为这将涉及形成排他性贸易集团，并将导致更难获得某些技术。实证研究还表明，碎片化可能会限制经济机会和财政资源，从而加剧经济体内部的不平等和贫困。

本章表明，世贸组织可以帮助下一波全球化浪潮更加包容。具有约束力的承诺和多边贸易规则的协调有助于将各经济体纳入全球贸易体系。服务业和电子商务领域的贸易开放不仅可以促进更多经济体参与贸易，还可以促进更多企业和更多女性参与贸易。服务业和农业贸易的开放可以在发展中经济体具有比较优势的领域提供更多的市场准入机会，从而促进增长。世贸组织已经通过"促贸援助计划"和"强化一体化框架"等发展计划，支持最不发达国家建立融入国际贸易所需的能力，这项工作正在进行之中。其他国际组织和经济体的国内政策也在帮助提高国际贸易的包容性方面发挥着重要作用。

第二节　全球化对贫困和不平等的影响

贸易一体化是提高生活水平的有力工具。全球化促进了前所未有的经济增长，使数亿人摆脱了贫困。尽管人们越来越担心全球化会对就业和工资产生负面影响，但贸易也使发达经济体受益，例如提高了生产力和创新能力。然而，如果没有适当的补充政策，全球化可能会加剧不平等。

一、全球化导致收入水平趋同

近年来，全球经济的一个最显著特点是发展中经济体在全球经济中的地位日益重要（见图 4-1）。从 20 世纪 80 年代中期开始，贸易带来的快速增长意味着许多发展中经济体（不仅是中国）的收入开始与高收入经济体的收入趋同，标志着两百年来的分化被打破。贸易，特别是发展中经济体融入全球价值链（另见第二章和图 2-7），促进了全球各经济体收入和生产率的趋同（Goldberg 和 Larson，2023）。

以不变价格计算的GDP增长（%）

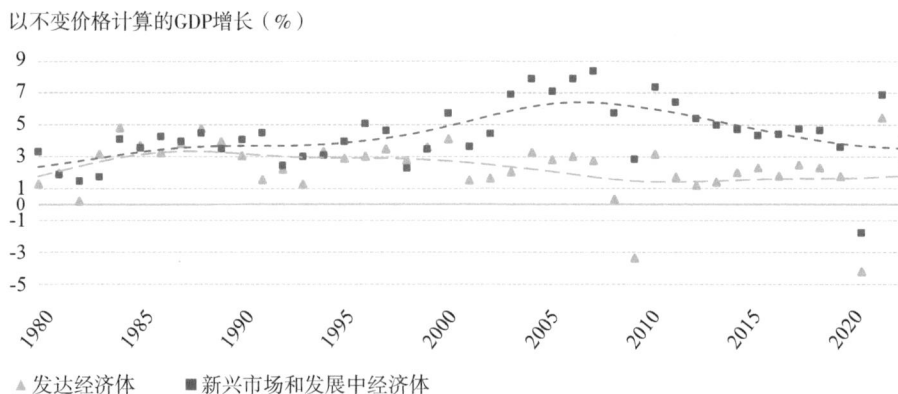

▲ 发达经济体　■ 新兴市场和发展中经济体

图 4-1：经济趋同的步伐有所放缓

资料来源：作者根据国际货币基金组织《世界经济展望》数据计算。

注：虚线表示通过对年增长率应用霍德里克-普雷斯科特（HP）过滤器方法估算出的各自平滑趋势。

　　贸易成本的下降促进了贸易的强劲增长。集装箱化（即使用大型集装箱运输货物）和技术发展降低了运输和通信成本，从而提高了效率。此外，在过去三十年中，通过多边、诸边和区域贸易协定，关税和非关税措施有所减少。从1950年到2021年，世界贸易量增长了43倍[1]。1995年，随着世贸组织的成立，以规则为基础的多边贸易体制得到加强，进一步提供了可预测的贸易环境，促进了贸易和增长。

　　这种趋同伴随着全球收入不平等的下降。从20世纪90年代末到2018年，全球基尼系数（即衡量不平等程度的指标，数值越高，表示不平等程度越高）经历了快速下降，从70点下降到60点，这在很大程度上是由于人口众多的穷国收入增长强劲。然而，全球财富不平等却在加剧。所得税数据显示，自1995年以来，尽管世界上最贫穷的一半人口的收入年增长率约为3%，但由于其财富水平起点很低，因此仅占整体财富增长的2%。高收入经济体的中产阶级收入增长略高，占据了同期财富增长总量的60%。1995—2021年，全球财富增长总额的38%流向了最富有的1%的群体（Chancel 等人，2021）。

贸易开放也能提高经济包容性（WTO，2018）。一些最开放和最依赖贸易的经济体，包括德国、拉脱维亚和荷兰，在收入水平、生活水平和贫富差距方面也是最平等的（见图4-2）。与之相对的是，一些经济体的不平等程度与其较低的经济一体化程度相对吻合，这突出表明了再分配和劳动力市场政策等国内辅助政策在促进经济包容增长方面的重要性（IMF、WB 和WTO，2017；WTO，2017）。

平均不平等基尼指数（2000–2021年）

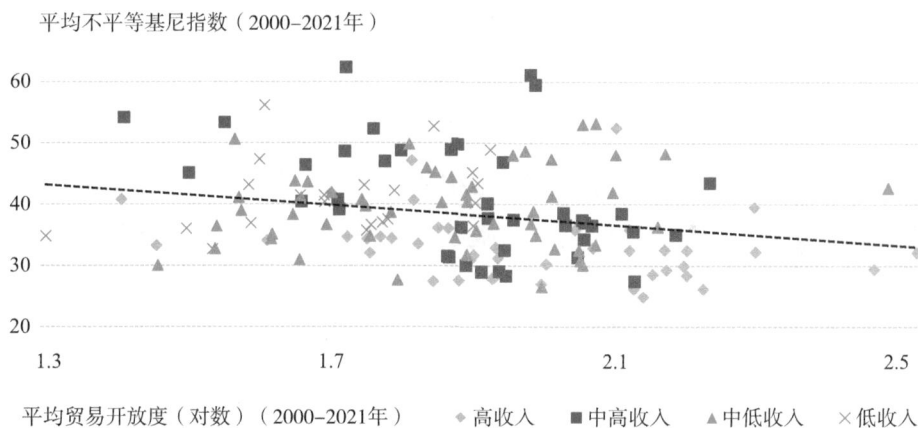

平均贸易开放度（对数）（2000–2021年）　◆高收入　■中高收入　▲中低收入　×低收入

图4-2：　贸易开放可以与经济包容齐头并进

资料来源： 作者根据世界银行《世界发展指标》计算得出。

注： 贸易开放度相当于进出口总和与国内生产总值之间的比率。基尼系数衡量一个经济体中个人或家庭收入分配偏离完全平等分配的程度。基尼系数为0代表完全平等，而指数为100则意味着完全不平等。平均贸易开放度和基尼系数的计算期为2000—2021年，或根据可用数据计算的更短时期。黑虚线表示线性趋势，在统计上与零不同。

二、全球化大幅减少了贫困

1981—2019年，中低收入经济体在全球出口中的份额从19%增加到29%，每日生活费低于 2.15 美元的人口比例从55%降至10%（见图4-3）。贸易通过提高经济增长促进减贫[2]。发展中经济体全面开放贸易可使经济增长平均提高1.0～1.5个百分点（Irwin，2019）。反过来，通过不同的机制，经济增长也会导致穷人的实际收入几乎一比一地增加（Dollar、Kleineberg和Kraay，2016）。穷人倾向于将收入的更大一部分用于购买可贸易的货物，尤其是食品和饮料，由于这些货物的关税可能相对较高（Cravino和Levchenko，2017），因此，减少或消除贸易壁垒可使消费者层面的价格降得极低（Artuc、Porto和Rijkers，2019；Faijgelbaum和Khandelwal，2016）。

然而，一些经济体并没有像其他经济体那样从中受益。出口带动的增长使东亚和几个东欧经济体的贫困人口大幅减少，但撒哈拉以南非洲的贫困人口数量自20世纪90年代以来未有明显变动。非洲在经济增长和减贫方面进展缓慢，部分原因是贸易增长缓慢。

图4-3： 国际贸易有助于减少极端贫困

资料来源： 作者根据世界银行《世界发展指标》计算得出。

三、大企业相较于中小微企业从贸易中获益更多

中小微企业对创造就业至关重要，特别是在发展中经济体，因为它们在企业和就业数量中占很大比例[3]。与大型机构相比，它们还能在工作场所中增加多样性。例如，由女性经营的企业在中小微企业中占据较大比例（世界银行和WTO，2020）。然而，与小企业相比，大企业往往更多地参与国际贸易。在发达经济体，中小微企业占工业企业的90%以上，但只占直接出口的36%（WTO，2022）。发展中经济体的中小微企业平均出口额仅占其销售额的11%，而大企业则为33%（WTO，2022）。

中小微企业往往面临各种限制，使其无法更广泛地受益于国际贸易。与大型企业相比，中小微企业面临更高的贸易成本，因为它们无法利用规模经济降低固定成本，这意味着单位贸易和运输成本更高（WTO，2016）。对于小企业来说，在遵守复杂的贸易法规、符合海关程序和文件要求、达到质量标准，以及获得贸易融资方面也更加困难（亚洲开发银行，2021；Cusolito、Safadi和Taglioni，2016；WTO，2022）。

与大公司相比，小公司在参与国际市场时获得的收益也较少。发展中经济体的中小微出口商往往更多地参与上游、技术密集度较低的部门，这些部门需要的加工较少，因此产生的出口附加值较低（WTO，2022）。由于生产率较高，规模较大的公司能从贸易中获取更大份额的收益（Goldberg和Pavcnik，2003），而对于规模较小的企业而言，出口和研发投资对其生产率的影响较低（Aw、Roberts和Xu，2011）。还有证据表明，企业规模与溢价率之间存在正相关关系，这意味着规模较小的企业从与出口相关的销售溢价中获益的能力较弱（Atkin等，2011）。竞争加剧往往是贸易对小企业的主要

负面影响，而大企业则主要受到积极影响，因为中小微企业更容易受到进口竞争的影响，这可能对国家内部的不平等产生重要影响（Autor 等，2020；Melitz 和 Trefler，2012）。

四、全球化使许多工人收益，但也有人被抛弃

无论是发达经济体还是发展中经济体，贸易都可能对劳动力市场和国内不平等产生各种复杂的影响[4]。这些复杂性可能导致国家内部的不平等。

（一）贸易对就业的影响并不一致

使用不同方法进行的多项研究几乎一致认为，贸易对发达经济体劳动力市场总体具有微小但积极的影响（Bacchetta 和 Stolzenburg，2019；WTO，2017）。这印证了一种理论观点，即贸易通过在企业和部门之间转移资源而产生次级效应，如果劳动力市场的摩擦是部门或企业特有的，那么这种次级效应会影响总体就业（Carrère、Grujovic 和 Robert-Nicoud，2015；Davis 和 Harrigan，2011；Helpman、Itskhoki 和 Redding，2010）。在低收入经济体中，非正规劳动力占总就业人数的89%。扩大出口机会似乎会缩小受影响的部门和地区的非正规就业比例，而扩大进口机会往往会产生相反的效果（OECD，2023b）。

贸易对就业的影响在各部门并不一致。例如，在发达经济体，从中国进口的制成品规模的扩大似乎对近期制造业就业率的下降只起了很小的作用。虽然对美国（Autor、Dorn 和 Hanson，2013）和欧洲（Balsvik、Jensen 和 Salvanes，2015；Donoso、Martin 和 Minondo，2015；Malgouyres，2017）的初步研究发现，中国进口竞争的增加解释了制造业就业岗位数量下降的很大一部分原因，但考虑到贸易的其他影响，特别是出口和可用的中国廉价投入物，后续研究发现这种影响很小，甚至没有（Caliendo 和 Parro，2023；Feenstra，Ma 和 Xu，2017；Wang 等，2018）。

发展中经济体的贸易开放似乎确实导致了各部门就业的变化。这方面的例子包括越南农业就业减少，服务业和制造业就业增加（Hoang 和 Nguyen，2020）；中国农业、失业和非参与性工人涌入工业劳动力市场（Ouyang 和 Yuan，2019）；阿根廷、巴西和墨西哥制造业就业减少，但农业和采矿业就业增加（Artuc、Lederman 和 Rojas，2015）。

（二）贸易的好处未能平等分享

流动性和多样化是贸易对地区不平等产生影响的关键中介因素。尽管有上一节的论述，但研究发现，进口竞争加剧了就业、工资和工作稳定性方面的地区不平等（Autor、Dorn 和 Hanson，2013；Dauth、Findeisen 和 Suedekum，2014；Malgouyres，2017），尽管出口扩张、更廉价的投入和价值链联系有可能起到补偿作用（Kovak、Oldenski 和 Sly，2017）[5]。例如，当活动过于集中于特定地区时，如德国，贸易可能会扩大地区差距（Yi、Müller 和 Stegmaier，2017）。贸易的负面影响在发展中经济体可能会持续更长时间，因为这些经济体的工人在地区间的流动性通常比高收入经济体低得多（Artuc、Lederman 和 Rojas，2015；Grover、Lall 和 Maloney，2022）。

贸易还可以通过其对技能溢价的影响来加剧不平等。然而，20世纪90年代的实证研究发现，在发达经济体中，国际贸易通过提升技术工人的相对就业率，在提高技能溢价方面只发挥了很小的作用。技能溢价的提高主要是由技术发展推动的。与传统贸易理论所预测的相反，在20世纪80年代和90年代开放的许多发展中经济体中，工资不平等和技能溢价有所增加[6]。然而，人们发现贸易通过这些渠道和类似渠道对不平等的影响很小（Goldberg 和 Pavcnik，2007）。

一个共同的问题是，贸易带来的好处并没有在生产者和消费者之间以及企业和工人之间平等分享。降低关税所带来的成本下降往往不会以降低价格的形式完全传递给消费者。这是因为拥有足够市场力量的企业可以提高其利润回应成本下降，而且在过去几十年中，市场集中度一直在提高（Autor 等，2020）。此外，有证据表明，即使供应商的加价幅度因采取不同采购策略的买方而异，发达经济体的大型跨国公司还是通过牺牲向其出售原料的发展中经济体的国内公司的利润来增加自身利润（Goldberg 和 Larson，2023），孟加拉国服装行业的情况就表明了这一点（Cajal-Grossi、Macchiavello 和 Noguera，2022）。自 20 世纪 80 年代末以来，世界各地的劳动力份额一直在下降（ILO，2012；Karabarbounis 和 Neiman，2013），全球化通过劳动密集型任务的离岸外包促成了劳动力份额的下降（Abdih 和 Danninger，2017；Elsby、Hobijn 和 Sahin，2013）[7]。此外，有证据表明，劳动力份额的下降与收入不平等的加剧有关（ILO 和 OECD，2015）正如第四章第三节所讨论的，公共政策，包括竞争和再分配政策，可以帮助减轻其中一些影响。

（三）贸易有助于增加女性就业和缩小男女工资差距。

当贸易促使一个经济体专门从事雇佣更多妇女的行业时，就有助于缩小性别差距。例如，2001 年美越双边贸易协定主要惠及女性劳动力密集的全球价值链行业，如生产服装、服饰和鞋类的行业，从而缩小了男女之间的就业差距（Hoang 和 Nguyen，2020）。此外，中美贸易冲突扩大了越南制造业的出口机会。这似乎导致了性别工资差距的缩小（Rotunno等，2023）。平均而言，与制造业或农业相比，服务业更少偏向男性（Ngai和Petrongolo，2017），印度在20世纪90年代开放服务业，提高了女性受教育的比例，使其超过了男性相应的增长，从而缩小了教育的性别差距（Nano等，2021）。

贸易还有助于改善性别平等，因为出口企业往往支付更高的工资。在发展中经济体，妇女占出口企业劳动力的33%，占进口企业劳动力的28%，而在非出口企业中仅占24%。在属于全球价值链的企业中，女性就业比例也往往更高（WB和WTO，2020）。然而，在妇女仍然面临低工资、非标准工作条件和工作场所歧视的部门，改善劳动条件和工人权利对于促进性别平等和增强妇女的经济话语权至关重要。

第三节　碎片化对贫困和不平等的影响

碎片化[8]对全球经济具有广泛而深远的影响，既有潜在的赢家，也有潜在的输家。在某些经济体，碎片化会促进增长，减少收入不平等，但最终会导致全球富人和穷人的收入减少，造成贫困加剧，加剧经济体之间的不平等。

贸易和供应链的碎片化也可能导致劳动力市场的混乱，这会对流动性较小的工人的就业机会、工作保障和收入水平产生较大的影响，使他们难以找到新的工作或适应新的工作要求，以适应经济变化。归根结底，碎片化对贫困和不平等的复杂影响取决于广泛的因素，包括地缘政治背景、碎片化的类型、相关经济体的初始发展水平、市场规模，以及包括对外国投资和劳动力的依赖程度在内的贸易开放水平。

一、碎片化阻碍全球经济趋同

碎片化会导致生产效率降低、投资者信心下降、创新受阻和价格上涨。当经济体减少经济一体化时，它们会错失进入新市场、获得新技术和新资源的机会，从而降低福利。从长远来看，全球知识和创新的减少会进一步削弱经济增长的前景。越来越多的研究证实了各种碎片化情景对经济增长和贸易的不利影响，它们以不同的方式影响着各经济体[9]。

为疏远现有贸易关系而采取的贸易壁垒越多，对全球福利的负面影响就越大。例如，全球协调一致地撤销双边和区域贸易协定中的关税承诺，即恢复最惠国税率，再加上贸易服务成本的增加，可能导致三年后全球每年实际收入相对于基准线损失0.3%[10]。如果全球关税增加到法律允许的约束税率，再加上贸易服务成本的增加，则三年后全球年实际收入损失将更大，相对于基准线可达0.8%（Kutlina-Dimitrova和Lakatos，2017）。

同样，如果关税总体增加33%，同时逐步取消流向发展中经济体的外国直接投资和外国援助，并逐步取消发展中经济体与发达经济体之间的移民，全球经济增长每年将减少近一个百分点（Hillebrand，2009）。全面贸易冲突的代价会更大，估计会导致超过5%的国内生产总值损失，而发展中经济体的损失则更为严重（Bekkers和Teh，2019；Ossa，2014）。

碎片化阻碍全球经济趋同。由于大型经济体拥有相对较大的国内市场，它们可以通过将资源和供应从国外市场重新分配到国内市场，来消化与碎片化相关部分的成本上升。然而，较小的经济体，特别是那些严重依赖贸易和外国投资的经济体，可能资源较少，适应全球贸易和投资模式变化的能力较弱。例如，如果全球价值链完全关闭，没有中间品的国际贸易，所有经济体的福利可能会减少3%~68%，其中高度一体化的小型经济体的福利损失最大（Eppinger等，2021）[11]。

当各经济体相互深度依赖时，脱离现有贸易关系的过程就会变得更加复杂和昂贵。2000年至2014年间，全球关税冲突的预期成本增加了一倍多。成本上升由两个因素驱动：一是全球加价率上升，这与征收更有针对性（即更具扭曲性）的关税有关；二是自2000年以来，新兴经济体对中间品贸易的依赖性不断增加。虽然全球关税冲突会使平均经济体的实际GDP减少2.8%，但产出依赖进口原料的小型下游经济体将遭受最大损失（Lashkaripour，2021）[12]。

即使是双边贸易紧张局势也会降低高度一体化经济体的经济增长。例如，中国和美国之间的贸易紧张局势在中国造成了0.3%的GDP损失，在美国造成了0.1%的GDP损失（Chang、Yao和Zheng，2021；Fajgelbaum和Khandelwal，2022）[13]。同样，因乌克兰危机对俄罗斯实施的经济制裁预计将对大多数经济体产生负面影响，其中俄罗斯的实际GDP降幅最大（Mahlstein等，2022）。

地缘政治紧张局势通常只涉及少数几个发起贸易脱钩的经济体，而其他经济体可能保持中立或与一些脱钩经济体保持一致。随着脱钩的经济体之间贸易壁垒的增加，脱钩的经济体的企业将在其他经济体寻找供应商和客户。在这种情况下，脱钩战略可能导致贸易转移和创造新的贸易，使一些中立或结盟的经济体受益（Devarajan等，2021；Fajgelbaum，2023）。例如，中美之间的贸易紧张局势加速了制造业出口从中国向其他新兴经济体的转移，特别是越南，该国受关税影响的产品在2017年至2020年间对美国的出口激增了40%（Rotunno等，2023）。对国内生产总值增长前景的影响最终将部分取决于这些经济体的相对比较优势、出口能力以及与脱钩的经济体的地理距离。

然而，大多数发展中经济体易受脱钩战略的影响。虽然脱钩可能会促使一些发展中经济体扩大国内生产，但生产率增长放缓导致国际贸易放缓，可能会使国内生产总值增长和平均收入增长放缓。根据模拟分析，与许多经济体的损失相比，去全球化意味着几乎没有经济体能获得边际收益。在所研究的所有经济体中，除一个经济体外，制成品和资本进口的减少往往会拉低平等程度、降低平均收入或增加贫困，在大多数情况下三者都会发生。发展中经济体受到的负面影响更大。例如，中国的人均国内生产总值将下降37%，危地马拉将下降23%，而美国下降13%，欧盟下降0.8%。因此，这表明各国正朝着扩大差距而非趋同的方向发展（Hillebrand，2009）。

如上所述，碎片化对一个经济体的国内生产总值轨迹和经济趋同的影响可能因碎片化类型的不同而变化。世贸组织全球贸易模型（WTO GTM）被用来模拟和分析地缘政治驱动的碎片化如何影响2050年的全球经济和贸易模式（Métivier等，2023）[14]。"全面竞争"情景假定，所有经济体通过对另一集团设置更高的贸易壁垒，要么向东方自成一体的贸易集团看齐，要么向西方自成一体的贸易集团看齐。相反，"部分竞争"情景假设一些发展中经济体特别是所有最不发达国家保持中立，不对任何一个集团施加更高的贸易成本。需要强调的是，这些模拟情景并不是对未来的预测或预言，而是在一系列特定假设条件下可能发生的情况。

在"全面竞争"情景下，全球贸易下降13%，知识传播受到限制，发展中经济体特别是最不发达国家预计将受到最严重的打击，到2050年，与2019年相比，平均累计损失约6.5%的国内生产总值。而发达经济体在2020年至2050年期间将损失约3%的国内生产总值。因此，大规模地缘政治分裂可能导致全球经济差距持续扩化（见图4-4）。

与发达经济体GDP累计增长率的差异（%）

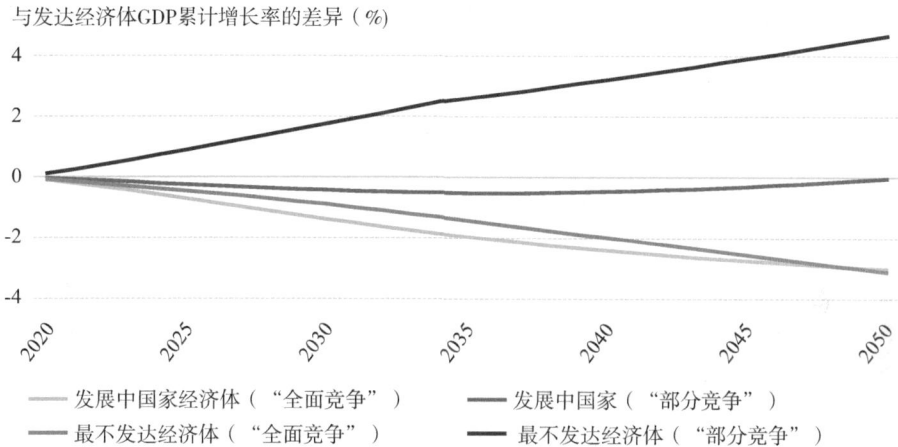

图4-4：碎片化可能减缓或阻碍经济趋同

资料来源：梅帝维耶等（Métivier等，2023）。

注：该图显示了在"全面竞争"和"部分竞争"两种情景下，发达经济体与发展中经济体之间以及发达经济体与最不发达国家之间的GDP增长率差异（以百分点表示）。

如果某些经济体没有结盟，而是对地缘政治驱动的分裂采取中立立场（即"部分竞争"情景），那么对不同收入群体的国内生产总值的影响将有所不同，2050年与2019年相比平均损失2.8%。发展中经济体和发达经济体的国内生产总值将分别减少3.1%和3.5%。而最不发达国家的国内生产总值平均增长1.9%。虽然最不发达国家可能从不结盟中获益，但由于知识传播和生产力的长期增长有限，它们的国内生产总值增长将无法实现全球经济的显著趋同。

碎片化还与严重的不确定性有关，这一点在上文讨论的建模研究中往往被忽视。即使在实施脱钩战略之前，仅仅降低现有贸易关系的前景就会增加不确定性，对投资和消费决策产生负面影响，导致经济增长下降。例如，即使在改变与欧盟的贸易关系之前，据估计，到 2019 年底，英国的国内生产总值（GDP）也会比选民选择留在欧盟的情况下减少 2%~3%（Dhingra 和 Sampson，2022）[15]。根据最近的估计，《欧盟—英国贸易与合作协定》的通过取代了英国对欧盟单一市场的全面准入，这表明到 2022 年，英国的国内生产总值可能会下降 1.5%，甚至高达 5%（Springford，2023）。

二、碎片化增加了贫困和不平等的风险

碎片化会通过不同渠道影响贫困和不平等，包括国际贸易、投资模式和移民流动的变化。经济增长下降或出现负增长、进入全球市场的机会受限、全球供应链遭受破坏，这些都可能侵蚀迄今为止在生活水平方面取得的成果。工人，特别是依赖出口的部门的工人，尤其容易因劳动力市场更加混乱而受到碎片化的影响。消费者，尤其是低收入家庭的消费者，也容易受到碎片化导致的价格上涨和产品种类减少的影响。这些影响的确切程度可能因每个经济体的具体情况和所考虑的碎片化类型而不同。

在大多数经济体中，随着关税的增加以及国际投资和移民的逐步减少，全面的去全球化不仅会加剧贫困，还会加剧不平等（Hillebrand，2009）。虽然许多经济体的制造业在国内附加值方面可能会略有增长，但由于竞争和资本流动的减少，生产率的增长将放缓。这将导致整体 GDP 和工资增长减速，其中高技能工作由于技术进步放缓而导致生产率下降的幅度更大。低生产率环境还将导致资本回报率下降。在一些经济体中，这三个因素可能有助于更公平的收入分配，但代价是穷人和富人的收入都会降低。在其他大多数经

济体中，更多的工人将被推向相对更多的非技术、低工资和非正规工作，导致贫困和不平等加剧。

虽然许多经济体的劳动力市场混乱已成为长期和严重的问题，但碎片化可能会加剧这一现象，增加经济不稳定和失业的风险。例如，虽然中美之间的贸易紧张局势对美国国内某些行业的就业产生了一些积极影响，但更昂贵的原料和报复性关税造成的更大的就业损失抵消了这些影响，就业减少尤其集中在受报复性关税影响最大的美国社区（Caliendo 和 Parro，2023；Flaaen 和 Pierce，2019；Waugh，2019）[16]。同样，中国受美国关税影响较大的地区往往会出现夜间光照强度下降的情况，这表明当地的经济活动（包括收入和就业）有所下降（Chor 和 Li，2021）。如上文所述，一些非结盟经济体在短期内仍可能因为某些行业的新就业机会而受益，这些新就业机会是由某些碎片化战略产生的贸易转移和创造所产生的。

一些脱钩战略，如"回流"，也可能通过提高自动化程度来扰乱某些部门的劳动力市场。虽然机器人和人工智能方面的技术进步可以促进某些活动（通常在高收入经济体）的回流，但它也可以通过使某些进口原料和任务（通常在发展中经济体完成）变得多余，并使自动化生产具有成本效益，从而减少回流工作的数量（Faber，2020）。这种自动化过程也会导致回流经济体的就业率下降。此外，在缺乏配套政策的情况下，自动化程度的提高很可能会增加回流经济体对高技能工人的需求，从而有可能增加技能溢价，加剧不平等现象。

脱钩战略可能会抬高价格，对穷人的打击最大，因为与碎片化相关的贸易壁垒的增加可能会使进口货物和服务更加昂贵，而贫困家庭在这些可交易货物和服务上的支出相对较多。例如，中美之间的贸易紧张局势导致中间品和最终品价格上涨，额外的关税成本直接转嫁到国内进口商品的价格上（Fajgelbaum 等，2019）。尽管有转移支付和劳动力减税，但低收入和低财富家庭首当其冲地承受了可交易消费价格的上涨（Carroll 和 Hur，2022）。减少贸易一体化也会减少产品种类，从而减少更符合消费者需求、偏好和预算的产品数量，降低生活水平（Amiti、Redding 和 Weinstein，2019）。

同样，英国退出欧盟的决定导致英镑贬值，进口价格上涨，从而造成实际收入减少。英国退出欧盟单一市场和关税同盟导致食品价格上涨6%，与最富裕家庭相比，最贫困家庭的生活成本增加了50%以上（Bakker 等，2022）。

碎片化带来的贸易成本上升可能会使中小微企业更加难以进行贸易活动。从理论上讲，碎片化对中小微企业的影响可能是积极的，也可能是消极的，这取决于所实施的具体政策及其实施背景。从积极的方面看，碎片化可以减少来自大型外国跨国公司的竞争，为本地中小微企业创造市场，为它们提供获得新客户和扩大国内市场份额的机会[17]。从消极的方面看，碎片化可能增加它们在进出口时面临的贸易成本，使小企业进行全球贸易和在全球市场保持竞争力的成本更高[18]。在这两种情况下，碎片化都会提高消费者的价格。

例如，脱欧给英国和欧盟的中小微企业贸易商带来了各种挑战，原因包括过渡困难、程序不确定性增加以及难以获得资金。尽管新冠疫情及其对供应链的相关影响意味着企业并不总能确定他们的困难来自何处，但那些融入英国—欧盟供应链的企业报告称遇到了特别的困难，尤其是那些参与更复杂贸易交易的小企业（Brown、Liñares-Zegarra 和 Wilson，2019；Calabrese、Degl'innai 和 Zhou，2018）。

与碎片化相关的贸易成本也可能给女性带来更大的负担。在许多经济体中，许多女性已经面临比男子更高的出口成本，因为她们所从事的行业面临的贸易壁垒相对较高。因此，女性面临的出口成本可能会因碎片化战略而进一步增加[19]。虽然一些特定部门的女性可能会从某些碎片化战略中受益[20]，但进入全球贸易和商业的机会受限会进一步阻碍女性的经济进步（WB和WTO，2020）。此外，与男性相比，女性的收入通常较低，工作保障也可能较少，这使她们更容易受到与碎片化相关的干扰。由于碎片化导致经济增长放缓，包括医疗保健和儿童保育在内的服务的丧失也可能对女性产生不成比例的影响。

最后，通过限制政府实施旨在解决不平等问题的补充政策（如劳动力市场政策和再分配政策）的政策空间和财政资源，碎片化会进一步给减少贫困和不平等带来重大挑战（WTO，2017）。

第四节　如何使再全球化更加包容

再全球化的想法是重新投入多边贸易体制，使全球化不仅如本报告其他部分所讨论的那样更具可持续性和韧性，而且在所有方面——在人、企业和经济方面——更加包容。本节讨论如何对多边合作进行再投入，以确保尚未成功融入世界贸易体系和获得贸易红利的经济体能够更积极地参与其中。它还讨论了加强多边合作如何有助于确保更多的公司和更多的工人，包括妇女和来自低收入家庭的工人，能够参与贸易并从中受益。

虽然有关讨论的重点是国际贸易合作，但也考虑了使全球化更加包容所需的其他措施，包括税收和竞争等领域的国际合作、使发展中经济体特别是最不发达国家能够被资助和执行一些贸易开放措施的支持方案（例如官方发展援助），以及支持与贸易开放相关的调整的一系列国内政策。

一、恢复多边合作有助于减少不平等现象

（一）扩大新贸易伙伴参与的关键是一个可预测的贸易环境

世贸组织的承诺减少了贸易政策的不确定性，从而促进了贸易、多元化和发展。有证据表明，由于1996—2011年的进口冲击，全球贸易份额面临更高的关税，在没有承诺的反事实情况下，将从目前世贸组织承诺的略高于1%上升到10%以上（Jakubik和Piermartini，2023）。

专家观点

再全球化或分裂：选择和挑战

佘淼杰

辽宁大学校长、首席经济学家，中国

2019年新冠疫情暴发之后，尽管世界各地似乎出现了贸易保护主义日益扩大的趋势，但全球化仍然是国际贸易的基石。贸易全球化的两个普遍特征是全球贸易一体化与生产非一体化（Feenstra，1998），即世界市场的日益一体化带来了全球价值链的扩张。毫无疑问，贸易保护主义正在增加贸易成本，但这两个特征并没有在危机中崩溃。

然而，最近贸易保护主义的抬头给贸易全球化带来了严峻的挑战。在相关区域生产供应链的支持下，世界贸易越来越趋向于

在区域贸易集团周围更加本地化和组织化：研究早已确定欧洲、北美和亚洲在供应链贸易中占据主导地位（Baldwin 和 Lopez-Gonzalez，2013），保护主义可加强这种主导地位。

需要强调的是，与 WTO 监管的多边贸易体制相比，区域贸易集团是一个次优的选择。其原因至少有三方面：区域贸易集团削弱了供应链的弹性；它们可能扩大贫富收入差距；它们可能不利于全球环境的可持续性。

在新冠疫情暴发之前，政策制定者可能只需要考虑他们自己的经济将从贸易中获益多少，以及谁将从各种贸易政策中获益和受损。相比之下，今天的政策制定者和更广泛的国际贸易合作需要考虑多种因素，包括如何平衡国家安全、国内供应链韧性、贫富收入差距、包容性和环境可持续性。

以集团为基础的区域化或碎片化对供应链韧性的潜在影响是由于碎片化可能导致参与生产供应链的经济体因人为贸易成本增加而减少，比如关税和非关税壁垒。其余继续参与生产供应链的经济体将重新分配其贸易份额。一些经济体可能会因为这种再分配而蒙受损失，全球供应链的韧性可能会被削弱。正因如此，以集团为基础的碎片化可能会对全球供应链的韧性构成威胁。

贸易开放对减少贫困也很重要，尽管它并不默认会减少贫困。理解这一点对发展中经济体至关重要，因为尽管人们认为开放贸易会自然地减少贫困，但相反的情况也可能发生：如果贸易的收益流向富人，贸易可能会扩大经济体内部的收入不平等，从而扩大贫富之间的收入差距。最近，中国成为一个通过贸易减少贫困的范例。中国成功地将贫困人口从2015年的5575万减少到

2021年的零，这是一个惊人的成就。

对于发展中经济体来说，以集团为基础的区域化可能会加剧贫富差距和城乡间收入差距，尽管这方面还需要更多实证证据。其经济学的基本原理如下。由于参与区域供应链的经济体减少，与参与全球供应链的经济体相比，未参与供应链的经济体的进口中间投入品成本增加。如果一个经济体的出口量不能同时增加，参与区域供应链的附加值将会减少。随着贸易收益的减少，穷人在蛋糕中所占的份额将会减少，因此收入差距将会扩大。

正确理解贸易与环境之间的关系也很重要。2021年联合国气候变化大会（COP26）的共识是，每个经济体都必须分担保护地球和减少碳排放的责任。但是，关于世界经济体应该如何分担排放成本，是出口生产者还是进口消费者应该承担这些成本，仍然存在争议。出口型经济体可能会争辩说，进口型经济体应该为碳排放买单，因为进口型经济体消费的是碳排放产品。然而，进口型经济体可能持相反的观点，认为出口型经济体通过生产碳排放产品来赚取收入，甚至创造国内就业机会。在此基础上，一个公平的解决方案似乎是在出口生产者和进口消费者之间分摊账单。

最后，需要解决的一个关键问题是：如果以集团为基础的碎片化是国际贸易合作的次优解决办法，我们如何才能重振全球化？再全球化，即扩大多边贸易体制面向新的主题和新的参与者，似乎是一个适当的解决办法。当然，作为这一进程的一部分，有必要解决世贸组织体系中的一些挑战，例如世贸组织争端解决机构目前面临的挑战，以确保多边合作继续发挥作用和发展。

免责声明

观点文章由本文作者负全部责任，不反映世贸组织成员或世贸组织秘书处的意见或观点。

一个稳定和可预测的贸易环境通过多种渠道促进增长和发展。首先，减少贸易政策的不确定性可以提高贸易和全球价值链的效率。2001年，中国加入世贸组织后，贸易不确定性的减少可以解释中国对美国出口增长22%的原因（Handley，2017）。减少贸易政策的不确定性会产生更多的进口和更高的企业利润（Handley、Kamal和Monarch，2020）。其次，稳定和可预测的贸易环境鼓励新公司出口，导致更多的竞争和更低的价格，从而增加福利（Crowley、Meng and Song，2018；Feng、Li和Swenson，2017）。最后，可预测的贸易政策可以促进创新和增长。例如，对于希望进入美国市场的中国企业来说，通过永久正常的贸易关系地位（即美国与另一个经济体进行自由贸易的法律指定）消除贸易政策的不确定性导致专利活动的增加（Coelli，2018）。

在加入世贸组织方面取得的进展可以帮助新经济体参与全球贸易体系。有重要的证据表明，加入世贸组织可以促进贸易和经济增长。对于那些做出更多承诺的经济体或者经历了更严苛的加入谈判进程的经济体来说，这种影响更为强烈（Brotto、Jakubik和Piermartini，2021；Larch和Yotov，2023；Tang和Wei，2009）。这拓宽了全球经济的潜在供应商基础，使贸易体系更具韧性和包容性。

（二）更大的国际贸易合作可以支持全球经济融合

在增加发展中经济体对国际贸易体系的参与以加速全球经济融合方面，仍有很大的潜力。首先，全球价值链主导的工业化还有进一步发展的空间。通过减少关税和非关税措施，贸易合作可以促进更多经济体参与全球价值链[21]。非关税措施解释了各国间约14%的贸易成本差异[22]解决非关税措施将有助于全球价值链的可持续和更具韧性的增长（Cali等，2023；Ghose，2023）。其次，高收入经济体从制造业向服务业的进一步结构性转变，可能在未来促进来自低收入经济体的制造业进口，它们与高收入经济体具有相应的比较优势。最后，随着服务在跨境基础上变得越来越可交易，服务可以成为发展中经济体融入全球贸易体系的另一种方式（Nano和Stolzenburg，2021）。

世贸组织的模拟显示，随着多边主义的复兴，包括逆转中国和美国之间的关税增长、进一步降低所有区域关税、减少货物和服务的非关税壁垒，以及减少不确定性，所有经济体的情况随着时间的推移都会好于碎片化时期的情况（见本章第二节和图4-5）。在政策不确定性进一步减少、关税和非关税壁垒进一步减少的情况下，好处将更大（Métivier等，2023）。贸易的增长将增加世界各地的人均国内生产总值，特别是受益于技术溢出效应的发展中经济体特别是最不发达国家。

（三）全面实施WTO《贸易便利化协定》可以促进贸易和经济增长

出口要求企业遵守成本高昂的法规和海关程序。过境时间增加一天相当于0.2%~2%的从价关税（Hummels和Schaur，2013）。这些成本不成比例地影响到缺乏资源来处理这些成本或在时间非常敏感的环境中经营的公司——要么是因为它们生产易腐、依赖时尚或快速过时的产品（如食品和饮料、电子产品或服装），要么是因为它们生产供应链密集型的产品（如汽车部门）。

相对于发达经济体系的累积本地生产总值增长率百分点的差异(%)

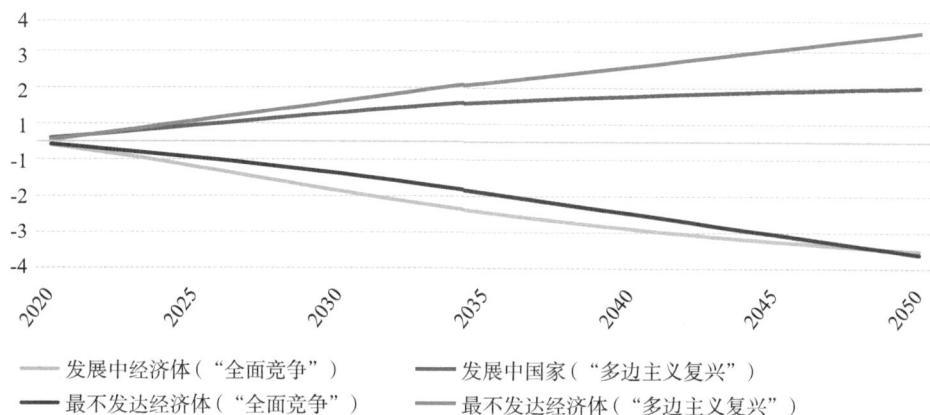

图 4-5：更广泛的国际贸易合作支持经济融合

资料来源：梅帝维耶等（Métivier 等，2023）。

注：该图显示了发达经济体与发展中经济体之间以及发达经济体与最不发达国家之间在"全面竞争"和"多边主义复兴"情景下的国内生产总值增长率百分点差异。

自2017年生效的世贸组织《贸易便利化协定》（TFA）旨在简化若干程序和手续，以提高海关和边境管理做法和规章的效率。世贸组织的估计显示，TFA 促进贸易增长2310亿美元，全球农产品贸易平均增长5%，制造业贸易增长1.5%，贸易总额增长约1%。最不发达国家的贸易收益尤其显著，其出口总额增长了2.4%，农业部门增长了17%。此外，全球实际收入增长0.12%，最不发达国家增长0.24%（Beverelli 等，2023）。

根据 TFA 融资机制，TFA 承诺的实施率目前估计为76.8%，在发展中经济体特别是最不发达国家实施尚不完全。实现全面实施可以释放这些经济体的进一步收益，并支持多边贸易体制的包容性和韧性。通过相互关联和可互操作的系统实现海关和过境程序数字化、建立过境走廊和建立区域港口枢纽，我们可以大大降低贸易成本和减少过境时间，并支持包容性发展。

（四）更加开放和可预测的服务市场促进以服务为主导的发展

正如第二章所指出的，服务在全球经济中的重要性一直在迅速增加，服务贸易的增长速度一直快于货物贸易。人口趋势、技术创新和更高的收入水平预示着未来将有更多的服务贸易。在未来技术变革伴随着服务贸易壁垒减少的情况下，到2040年，服务在全球贸易中的份额可能增加50%，发展中经济体在全球服务贸易中的份额可能增加约15%（WTO，2019b）。

越来越多的证据表明，服务业主导的增长提供了一条新的发展道路（Baldwin 和 forslide，2020；Nayyar、Hallward-Driemeier 和 Davies，2021）。经济融合取决于全球价值链的顺利运作，而全球价值链的基础是运输、电信、金融、水电输配等服务部门，通常称为基础设施或生产者服务。这些部门的服务贸易提高了它们的效率，是竞争力的关键。一个经济体的劳动力生产率关键取决于一个经济体的教育和卫生系统的质量。因此，发展中经济体不能错过服务贸易可以提供的支持经济融合的机会，这一点至关重要。

现有的经验证明，金融服务、电信、配电、运输和医疗卫生等部门的开放程度提高，带来了各种积极结果，包括国内生产总值增长率的加快（Myovella、Karacuka 和 Haucap，2020；parbasioglu等，2020）。通过开放贸易，经济体可以利用它们在不同服务方面的比较优势，通过例如簿记、信息技术、银行或会计服务等出口服务（按照《服务贸易总协定》提供服务的模式一），或通过进口基础设施服务，例如工程服务（按照《服务贸易总协定》提供服务的模式四），或通过金融服务（按照《服务贸易总协定》提供服务的模式三），以及通过出口旅游服务（按照《服务贸易总协定》提供服务的模式二），提高它们的竞争力。

　　然而，许多服务部门仍然受到严重的贸易限制，特别是在低收入经济体（见专栏4-1）。服务业的总贸易成本明显高于货物贸易总成本，对于低收入经济体尤其如此（WTO，2021c）。与货物贸易相比，服务贸易历来面临较高的成本，这主要是由于服务贸易的"近距离负担"（即服务的供应商和消费者必须有密切的实际接触），以及比货物贸易适用的政策制度更为复杂的政策制度。这些规定通常是为了追求公共政策目标。例如，要求服务提供者接受教育和培训，如医生、工程师或财务顾问，以确保他们的能力。

专栏4-1：中东和北非地区的服务贸易开放与制造业全球价值链的参与

查希尔·扎基教授（开罗大学和世界贸易组织教席）
和诺拉·阿布沙迪（开罗大学）

　　为了参与全球价值链（GVC），企业需要一个有竞争力的服务部门来有效地协调世界范围内的分散任务。在中东和北非（MENA），服务自由化与全球价值链的参与密切相关（Karam和Zaki，2020）。与其他新兴经济体相比，中东和北非的服务部门受到高度管制，除电信外，贸易限制特别严格[见图4-6(1)]。全球价值链中更高程度的一体化与较少使用具有相对较高的贸易限制的服务有关[见图4-6(2)]。开放部门参与全球价值链的公司数量是封闭部门的两倍，这表明保护性服务政策对制造业竞争力和全球价值链一体化产生了负面影响。参与全球价值链的公司在中东和北非地区的比例几乎是开放部门的两倍，这意味着保护性服务政策可能会影响制造业部门的竞争力，减少与全球价值链的融合。大多数中东和北非经济体由于受保护的服务造成的竞争力丧失和缺乏竞争性产业政策等因素，在竞争力有限和无法沿着全球价值链升级的情况下苦苦挣扎。

摩洛哥因其对服务部门限制最少而成为该区域的一个例外，衡量其服务贸易限制的低从价当量表明了这一点（Jafar和Tarr，2017）。它们在汽车全球价值链中的成功突出了自由化服务贸易的好处，因为它们的参与从劳动密集型、低附加值的装配活动转变为关键零部件和工程服务的先进制造业（Vidican-Auktor，2022）。它目前是非洲最大的汽车制造商，也是与南非一样的汽车市场上最大的外国直接投资目的地（Agarwal等，2022；Vidican-Auktor和Hahn，2017）。值得注意的是，它们也推出了氢燃料汽车的原型。

摩洛哥的成功归功于其连贯一致的政策，包括加入世贸组织、签署多项自由贸易协定、降低汽车部门的进口关税以及启动工业发展计划。这些计划促进研发、技术升级、数字化和发展有竞争力的服务市场，同时向中小企业提供激励措施，促进它们与国际投资者的接触和参与汽车全球价值链。

扩大多边承诺和深化国际服务合作将使经济体在单边开放服务市场之外获益。

第一，贸易协定提供的防止政策逆转的保证为服务提供者在国际上提供其产品提供了重要的激励。即使贸易协定只是约束现有的服务开放水平，不确定性的减少也会对双边贸易额产生积极和显著的影响（Lamprecht和Miroudot，2018）。

第二，国际监管合作有助于避免国内监管中不必要的异质性。异质性是服务供应商意想不到的贸易成本的来源。一项估计表明，进一步协调或承认外国法规可使通过商业存在进行的服务贸易增加 13%~30%（Kyvik-Nordås 和 Kox，2009）。

服务限制的从价当量

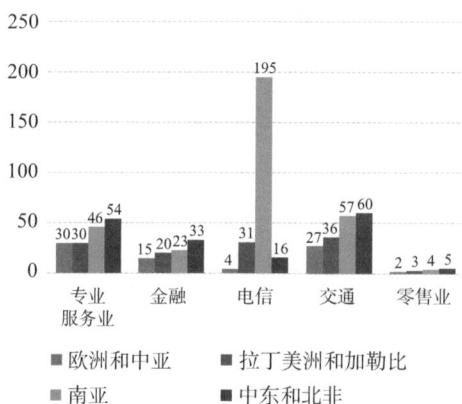

全球价值链参与度和服务限制的从价当量

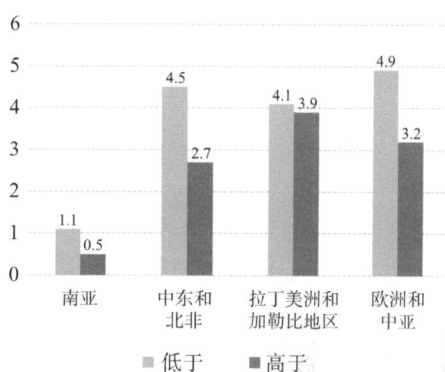

图4-6(1)：按部门划分的服务限制的从价当量

资料来源：作者使用Jafari 和 Tarr（2017）数据制作。

图4-6(2)：全球价值链参与和服务限制的从价当量（按地区）

资料来源：作者使用世界银行企业调查数据制作。

图4-6(2)注：该数字比较了参与全球价值链并依赖受保护服务的制造业公司所占比例（高于从价当量中位数）与使用较开放服务部门的制造业公司所占比例（低于从价当量中位数）。

第三，国际合作有助于动员必要的援助，帮助发展中经济体建立和改善其监管治理结构，从而促进新的服务市场开放。它还可以促进信息交流和最佳实践的分享，可为所有经济体的服务业政策的制定提供信息，以实现贸易限制最小的结果。

事实证明，在市场准入方面取得进展是困难的。然而，2021年12月，占全球服务贸易90%以上的69个WTO成员就服务贸易国内规制达成了协议。该协议旨在通过为寻求在国外市场做生意的服务提供商提高授权程序的透明度和可预测性来促进服务贸易。根据世贸组织和经合组织的研究，这一结果可在全球范围内每年为企业、特别是小企业节省1500亿美元（WTO和OECD，2021）。与此同时，进行开放市场的谈判，加强侧重于国内监管措施的国际合作，可能是发挥服务贸易潜力的又一种方式，并通过这种方式促进各经济体参与全球价值链（WTO，2019b）。

（五）电子商务规则促进更加包容的全球化

服务贸易中最具活力的组成部分是数字可交付服务。如第二章所示，自2005年以来，全球数字可交付服务出口的价值增长了近4倍，2005—2022年平均每年增长8.1%，超过了商品出口（5.6%）和其他服务出口（4.2%）。2022年全球数字可交付服务出口达到3.82万亿美元，占全球服务出口的54%，占商品和服务出口总额的12%。

数字贸易可以通过增加出口、使经济多元化和提高竞争力来促进增长[23]。特别是，数字贸易可以为参与全球化机会较少的经济体提供新的增长机会，从而促进经济融合。

第一，数字贸易可以促进这些经济体的出口，使它们能够更好地利用规模经济促进增长。数字可交付的产品（如电子书、音乐和软件）对运输成本的敏感度低于实物交付的产品。在网上购物时，消费者可以在网上追踪订单、获得其他消费者对产品质量的反馈，以及比较不同市场的价格，这有助于弥补通常对小公司影响更为严重的信息缺乏或减少不信任。因此，与线下贸易相比，在数字贸易中，交通基础设施质量低下、过境效率低下和企业规模小都不再是不利影响。

第二，数字贸易可以通过提供以前不可贸易的跨境服务来促进经济多样化。数字技术能够以新的方式提供会计、教育、远程医疗和信息技术（IT）服务等服务，并消除了面对面互动的需要。对于国内生产总值严重依赖自然资源或商品出口，因而容易受到价格波动影响的经济体，或严重依赖旅游业（尤其容易受到自然灾害或内乱等冲击的影响）的经济体，多样化对这些经济体的可持续增长尤为需要。

第三，进口金融服务等数字服务可以提高发展中经济体的公司在国际市场上的竞争力，为它们提供获得新的资金来源和改善金融交易的机会。

虽然数字贸易可以成为低收入经济体融入全球经济的新方式，但许多经济体的数字监管环境一直在收紧。在经合组织数字服务贸易限制性指数[24]所涵盖的85个经济体中，37个经济体在2022年的指数值较高，表明与2014年（现有数据的最早年份）相比，监管制度更为封闭；27个经济体的指数值相似；21个经济体的指数值较低。另一个问题是，一些经济体缺乏任何形式的监管。

限制和监管差距都可能成为数字经济中贸易、创新和增长的障碍，而为建立一个公平、透明和可预测的监管环境而开展的国际合作可成为利用数字经济的有力工具（见专栏4-2）。更新关于保护从事网上交易的消费者和企业的国际规则（包括隐私、数据保护、知识产权、消费者保护和电子支付系统等问题），可使企业和消费者对网上交易的安全性和可靠性有更大的信心。这将增加新技术和服务开发的需求和投资，从而有助于推动经济增长和创造就业机会。国际合作也可以解决这些问题，以应对包括数字鸿沟和市场力量集中在一些强大的公司等问题。

专栏4-2：世贸组织正在进行的与电子商务监管有关的活动

世贸组织的《电子商务工作计划》研究与全球电子商务有关的贸易问题。自1998年起，世贸成员同意暂停对电子传输征收关税。2022年6月，它们将暂停声明延长至世贸组织第13届部长级会议，并同意加强关于免征关税的范围、定义和影响的讨论，因为各成员对此仍有不同意见。

此外，由71个世贸组织成员组成的小组于2017年商定启动探索性工作，以便世贸组织今后就电子商务的贸易相关方面开展谈判，即《电子商务联合声明倡议》。自那时以来，参与谈判的世贸组织成员已增至89个（截至2023年7月），占全球贸易的90%以上。这些谈判涉及广泛的关键议题，如在线消费者保护、电子签名和认证、电子合同、透明度、无纸贸易、开放互联网接入、数据流动和数据本地化。

《电子商务联合声明倡议》共同召集人宣布，2022年6月启动了电子商务能力建设框架，以加强数字包容性，并通过技术援助、培训和能力建设，帮助发展中经济体特别是最不发达国家利用包括谈判在内的数字贸易机遇。

（六）投资便利化有助于全球价值链更包容

贸易和投资密切相关，相辅相成，特别是在全球价值链的背景下。投资关系网络通常是全球价值链的基础，因为主导企业可能会选择通过外国直接投资（FDI）来巩固它们的全球价值链关系。

外国直接投资有助于全球经济融合。有证据表明，外国直接投资可促进生产技术、技术技能、创新能力和"软"技术的转移，如市场意识、客户服务专业知识、组织和管理技能，以及进入国际营销网络的机会（Moran、Görg 和 Seric，2016）。还有证据表明，流入的外国直接投资对包括中小微企业在内的国内企业和整个经济起到了提高生产率的作用（Javorcik，2004），基于特定关系的投资建立的全球价值链往往比基于公平交易的全球价值链更能抵御冲击（Cattaneo 和 Shepherd，2014）。

然而，外国直接投资并非均匀地流向所有经济体。2021年，非洲仅占全球外国直接投资流入的5.2%，拉丁美洲占8.5%（UNCTAD，2023）[25]。至于最不发达国家，它们仅占全球外国直接投资流入的1.6%。

政策和体制框架在帮助减少私人投资者面临的风险和促进与跨境生产网络有关的外国直接投资方面发挥着关键作用（OECD，2015），有证据表明，管制外国直接投资的更强限制性的监管制度，与全球价值链一体化程度较低有关（Shepherd 和 Prakash，2021）。因此，建立一个更加透明、高效和有利于投资的商业环境——使国内和外国投资者更容易进行投资、开展日常业务和扩大现有投资——至关重要。

在这方面，世贸组织一些成员于2023年7月结束了《促进发展的投资便利化协定》的谈判[26]。该协定的目的是提高投资措施的透明度、加快和简化与投资有关的行政程序、加强国际合作、分享信息和交流最佳做法，以及促进可持续投资。IFD 以 TFA 相关章节为蓝本，设立了一个关于"特殊和差别待遇"的专门章节。与会者强调了投资便利化需求评估的重要性。世贸组织秘书处与7个国际伙伴组织合作[27]，根据制定《贸易便利化协定自我评估指南》的广泛经验，制定了《〈促进发展的投资便利化协定〉自我评估指南》作为进行投资便利化需求评估的基础。根据潜在协定促进投资的深入程度，预计《促进发展的投资便利化协定》带来的全球福利收益为0.56%~1.74%（Balistreri 和 Olekseyuk，2021）[28]。《促进发展的投资便利化协定》有110多个世贸组织成员参与，占世贸组织成员的2/3以上，其中包括70多个发展中经济体（含20个最不发达国家）。全体成员参与这些谈判将为更加包容的再全球化铺垫道路。

（七）国际组织可以发挥重要作用

中低收入经济体的贸易成本较高。例如，世贸组织估计，非洲经济体的贸易成本是高收入经济体的1.5倍。贸易政策是贸易总成本的一个重要组成部分（根据世贸组织贸易成本指数，大约占贸易总成本变动的14%~22%）。但是对于许多从全球化中获益不多的经济体来说，用其他政策来补充贸易政策改革以降低总体贸易成本是很重要的。

世贸组织估计，从整体贸易成本来看，运输和通信基础设施是影响贸易成本的两个主要因素。如前所述，必须开放这些服务部门接受国际合作，以提高其效率，并提高使用这些服务的公司的竞争力，使它们能够开始出口。然而，降低贸易成本也需要基础设施的发展，这通常需要大量的投资，而许多发展中经济体负担不起。通过在基础设施部门和政府采购方面向外国供应商开放准入，国际贸易可有助于吸引必要的投资，同时还可以采取多边行动，调动资源，改善基础设施。

国际合作和伙伴关系对于促进包容性和可持续的数字贸易增长也至关重要，因为低收入经济体在数字基础设施、数字技能以及法律和监管框架方面存在巨大差距。截至2022年，中低收入经济体和低收入经济体的互联网普及率分别只有56%和26%，与高收入经济体中92%的互联网普及率形成鲜明对比。尽管许多低收入经济体已经采取了数字化转型战略，但它们的监管框架往往还不完善。只有约一半的撒哈拉以南经济体制定了保护个人数据的全面立法（AUC和OECD，2021），而其中只有约75%的经济体制定了打击网络犯罪的法律（ITU，2021）。

数字的互联互通可降低货物和服务的跨境贸易成本，特别是商业和专业服务的成本。重要的是，开放的监管环境放大了改善数字互联互通的贸易成本降低的效果。使用世贸组织贸易成本指数得出的估计表明，如果所有经济体改善其移动宽带连接，使其至少达到全球水平的75%，即与奥地利、印度尼西亚、南非或乌拉圭相似的水平，那么平均贸易成本的降低幅度将在高收入经济体的4%和低收入经济体的11%之间。此外，如果所有经济体也将其监管环境改善到至少达到全球水平的75%，则数字互联互通增加的影响将更加明显——为6%~22%（见图4-7）[29]。基于世贸组织全球贸易模型的预测显示，从2023年到2040年，数字化有可能使非洲的服务出口增加约740亿美元（年均增长率超7%）。

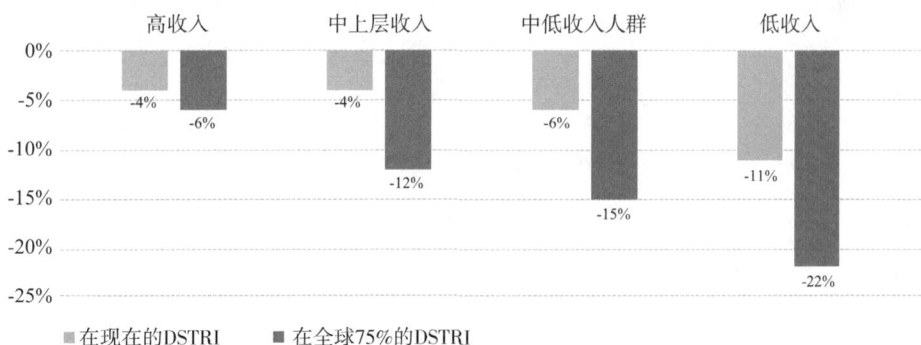

图 4-7：改善数字基础设施和监管降低了贸易成本

资料来源：世贸组织秘书处根据世贸组织贸易成本指数方法作出的估计。

注：这些数字表明，如果所有经济体的移动宽带接入率到2020年达到全球水平的75%，则各收入群体的贸易成本预计将平均降低。两列显示的估计值取决于数字服务贸易限制性指数（DSTRI）的水平。

已经有几项举措来解决欠发达经济体的国内制约因素，这些制约因素阻碍了它们从数字转型中受益。这些举措涉及低收入经济体数字鸿沟的全部的三个方面，即基础设施、技能和监管差距（见专栏4-3）。

专栏4-3：在技能、基础设施和监管差距方面的国际合作是多样的

一些国际组织，包括国际互联网协会（ISOC）、国际贸易中心（ITC）、国际电信联盟（ITU）、联合国国际贸易法委员会（UNCITRAL）、联合国贸易和发展会议（UNCTAD）、万国邮政联盟（UPU）和世界银行，都推出了加强数字贸易技能的方案。区域组织和开发银行，如非洲联盟和东南亚国家联盟（ASEAN），也制定了提高数字技能的方案。

一些国际组织还在推动采用数字技术，以加强海关手续和跨境电子商务物流。UNCTAD的海关数据自动化系统（ASYCUDA）、世界银行的贸易便利化支持计划和国际贸易中心的贸易便利化方案等方案通过简化和在某些情况下协调贸易相关程序和信息流动，支持各经济体克服关税壁垒。最近，世贸组织和世界银行在非洲启动了一个关于数字贸易需求评估的项目。

一些国际组织协助建立安全的数字贸易监管基础设施，例如UNCTAD的电子商务和法律改革方案、ITU的法律和监管框架以及UNCITRAL的《国际商事仲裁示范法》。联合国、经济合作与发展组织（OECD）及世界海关组织（WCO）亦就不同的监管范畴，包括消费者保障、数据隐私及网络安全，提供指导及建议。在加强网络安全方面进行国际合作的必要性激发了诸多举措，包括联合国政府专家组关于信息和电信领域与国际安全有关的发展

问题的工作。

在数字环境中开展知识产权保护方面的国际监管合作取得了进展。世界知识产权组织（WIPO）的联合建议为互联网上的商标和工业产权提供了标准。世界知识产权组织的"互联网条约"将版权保护更新到数字环境中。WIPO还帮助经济体利用数字技术保护知识产权和实现全球创新。

解决技术先进的发达经济体和发展中经济体之间的数字鸿沟是联合国可持续发展目标（SDGs）中的一个关键目标。联合国可持续发展目标的目标9呼吁，到2020年显著增加最不发达经济体获得信息和通信技术的机会，以及普遍的、负担得起的互联网接入。认识到数字包容的重要性，世贸组织的贸易援助倡议帮助发展中经济体，特别是最不发达国家开展贸易，促进数字互联互通和包容。国际组织还启动了支持发展中经济体加强监管和增强技能以利用数字技术的项目，如2016年世界银行启动的"数字发展伙伴关系"，该项目支持发展中经济体加强监管和增强技能以利用数字技术。世界银行还与UNCTAD的"全民电子贸易"倡议合作，实施了"电子贸易促进发展"方案，以协助发展中经济体扩大数字创业，改善数字市场的监管环境，并促进采用海关手续和物流，以降低电子商务成本。

国际组织在支持收集和传播可靠的信息与通信技术统计数据方面发挥关键作用，这些统计数据对于制定和执行有效的政策至关重要。国际电信联盟与UNCTAD合作，发起了一个信息与通信技术统计方案，为各国统计局的数据收集和培训提供技术支持。同样，多位利益攸关方倡议的"衡量信息与通信技术促进发展的伙伴关系"[30]，目前正在努力提高信息与通信技术数据的质量和可用性，特别是在发展中经济体。世贸组织与经合组织、国际货币基金组织和联合国贸易和发展会议合作编写了一本新的数字贸易测量手册。二十国集团也认识到可靠数据对决策的重要性，并启动了数字贸易计量工作，目前正在由二十国集团贸易与投资工作组和其数字经济工作组进行讨论。

（八）以更深层次的区域一体化来补充多边主义

区域一体化可以成为经济体融入全球市场的有效策略。通过创造更大和更有效率的市场、吸引外国投资、促进专业化和提供合作平台，有利于提高其在国际市场的竞争力。区域一体化可以提供一个实验和学习的平台，并促使经济体采用国际标准和最佳做法，从而补充和加强全球贸易体系[31]。

一些地区的区域内贸易成本居高不下，阻碍了各方面的经济增长。世贸组织估计，非洲在非洲以外的出口面临相当于210%的关税，而非洲内部的出口面临相当于460%的关税[32]。例如，在北非和撒哈拉以南非洲，区域内的平均进口关税分别为5%和7%，而在南方共同市场、东盟、美墨加协定或欧盟，区域内的进口关税低于或接近1%（ElGanainy等，2023）。

加强区域贸易一体化可以促进整体经济的表现，并在商品贸易之外融入全球市场。例如，全面实施非洲大陆自由贸易区（AfCFTA）可能使2035年出口总额再增加29%。非洲内部的出口可能激增81%，而对世界其他地区的出口也将增长19%。制造业部门将特别受益于关税和非关税壁垒的减少，预计出口将增长62%（WB，2020）。由于制成品贸易比商品贸易更加多元化，这将有助于非洲经济进一步融入全球价值链。在从事贸易的类似经济体中，出口多元化也可能更大（Regolo，2013）。

区域贸易一体化不仅从区域内经济体吸引更多的外国直接投资，而且还从区域外国家吸引更多的外国直接投资（Levy-Yeyati，Stein 和 Daude，2003；te Velde 和 Bezemer，2006）。通过促进监管融合，区域贸易一体化还增加了以前在一体化经济体中有出口经验的区外公司出口和进入市场的可能性（Lee，Mulabdic 和 Ruta，2023）。总的来说，这意味着，长期来看，通过首先在区域层面上的一体化，有融入全球市场的可能性。

二、更多的国际合作有助于在各经济体内更广泛地分享贸易的好处

加强国际贸易合作可以确保对民众和企业更加包容的再全球化，并通过支持包括电子商务在内的贸易，以及使中小微企业、女性和低收入家庭能够利用新的机会，帮助减少贫穷。

（一）数字贸易可使贸易更加包容

国际贸易合作具有刺激数字贸易增长和使贸易更加包容的潜力，不仅对经济而言是如此，而且对中小微企业和女性也是如此。即使它们给中小微企业带来了一些挑战，但与线下市场相比，线上市场给小企业带来了一些优势。

第一，在线交易显著降低了交易成本，例如与获取信息有关的交易成本。这可能不成比例地使中小微企业受益，因为这种贸易成本通常是固定成本，因此对中小微企业来说尤其沉重（Fontagné，Orefice 和 Piermartini，2020）。

第二，线上市场的资本密集程度较低。当公司在线上销售时，它们不需要在国外投资开设商店来鼓励顾客了解并购买它们的产

品。这种较少的资本需求有利于中小企业，特别是在发展中经济体，那里的金融市场可能效率较低。

第三，中小微企业占主导的产品线，如礼品和手工艺品，在线上贸易中的总需求高于线下贸易（世贸组织，2018b）。

第四，随着在线平台和支付系统的发展，即使规模较小的公司也可以直接参与国际贸易，而无须通过大型批发商和零售商作为中介进行出口。

实证研究显示，女性比男性从数字贸易中获益更多。国际贸易中心的一项调查显示，当从传统的线下贸易转向跨境电子商务时，女性拥有公司的比例翻了一番。在非洲，3/4专门通过电子商务进行贸易的公司由女性拥有（ITC，2017）。女性在线上市场中进行工作也相对较多。在为自由职业者提供服务的在线平台 Upwork 中，44%的工作者是女性，而在全球非农业经济中这一比例平均为25%（WB，2016）。爱彼迎（Airbnb）估计，有超过100万的女性在 Airbnb 经营托管服务，占全球 Airbnb 托管社区的55%（Zervas、Proserpio 和 Byers，2017）。

电子商务平台、在线工作平台和在线支付特别有助于增强女性参与贸易的能力，因为它们有助于解决时间、金融和流动性方面的制约因素。电子商务使得女性能够在管理家务的同时经营企业，并且能够进入比线下更广阔的市场。此外，数字解决方案降低了买卖双方之间的搜索成本，消除了面对面交流的必要性，从而使更多的女性能够克服传统上由男性主导的贸易网络。技术支持的众筹平台也可以帮助女性获得贸易融资（WB 和 WTO，2020）。

互联互通在确保全球年轻人平等获得信息、教育和就业机会方面发挥着关键作用。在线平台的兴起为年轻人创造了使用他们的数字技能在任何地方工作的机会。取决于基础设施的质量，这对来自偏远地区的年轻人尤其有利，特别是在交通成本很高的情况下。通过社交媒体，年轻人还可以建立网络，与世界各地的其他人合作，同时，年轻企业家则可以接触到全球受众，在网上销售他们的产品或服务。在教育方面，在线教育平台使人们能够从世界任何地方学习新技能和获得知识，而且可以比以前通过线下手段获得更多语言的材料。

然而，新的机遇伴随着新的挑战。正如本章第三节所讨论的，不同经济体对数字基础设施的获取方面存在很大差异，技能和专业知识也是如此。虽然数字鸿沟在某些方面正在缩小，2022年全世界有近三分之二的人口在使用互联网，但各经济体的信息和数据素养各不相同，这凸显了数字技能升级的必要性（ITU，2022）。

数字接入也继续显示出明显的性别差异。虽然美洲和欧洲等互联网使用率较高的地区的男女比例几乎相等，但在低收入和中低收入经济体，男性与女性的互联网使用率仍有大约10%的差异。

（二）服务贸易可以更加包容

各部门的增长模式对减少贫困十分重要。例如，2014年，世界银行发现，制造业部门的增长对减贫没有显著影响，但来自服务业的GDP每增长1%就会使贫困减少约0.96%，而来自农业的GDP的增长仅使贫困减少0.67%。总的来说，这凸显了开放服务业缓解贫困的潜力，因为有证据表明服务贸易产生了提高生产力的效果（Fu、Wang和Yang，2023；Nayyar、Hallward-Driemeier和Davies，2021）。这方面的一个例子是印度，1994—2005年服务业的增长趋势与贫困率下降1.5个百分点的趋势相关（Ghani和Kharas，2010）。

更加开放和可预测的服务市场不仅是促进服务业发展的关键，

而且也是提高女性和中小微企业参与经济程度的关键。中小微企业和女性拥有的企业已经主要活跃在服务部门，而这里就是存在更多机会的地方，特别是对那些拥有数字接入能力的企业而言（OECD，2021；WB和WTO，2020；WTO，2016）。

在过去几十年中，许多女性的就业方向已转向服务业（WB和WTO，2020），但服务业的贸易成本几乎是商品贸易成本的两倍。由于这些成本的很大一部分是政策壁垒造成的，进一步开放服务市场进行贸易将为整个经济特别是女性带来更大的潜在收益（WTO，2019）。

与此同时，就中小微企业而言，更加开放和可预测的市场不仅会使已经在服务部门开展业务的中小微企业更容易拓展国际市场，而且有助于降低运输和物流成本，促进中小微企业参与国际货物贸易。例如，2021年12月缔结的《服务贸易国内规制参考文件》旨在提高有意在外国市场开展业务的服务提供商的授权程序的透明度、可预测性和效率，执行该协定可以使服务部门的中小微企业更容易拓展国际市场，理由是信息获取和烦琐的程序对中小微企业的影响尤为严重。扩大这些倡议参与方的地理范围可以显著地使中小微企业受益。

（三）提高货物贸易的包容性至关重要

货物贸易方面的国际合作——以充分执行世贸组织《贸易便利化协定》或通过多边谈判削减关税和非关税壁垒的形式——可以提高较不发达经济体参与贸易的程度（见上一节）。

其中一些合作措施也有助于企业或工人的参与。例如，非关税措施对中小微企业来说是特别沉重的负担，因为这是进入国外市场的必要信息要求。还有证据表明，通过《贸易便利化协定》改善信息获取渠道，中小微企业比大型企业受益更多（Fontagné、Orefice 和 Piermartini，2020）。

世贸组织农业谈判的进展将有助于建立一个更加开放、公平、可预测和具有韧性的贸易体系，同时有助于改善粮食安全、经济发展、消除贫困和环境可持续性。目前的谈判旨在就以下方面达成协议：用于粮食安全目的的公共储备；减少包括棉花在内的贸易扭曲的国内支持；改善市场准入；在2015年12月通过关于粮食安全的内罗毕决定后，为发展中国家建立新的特别保障机制，以应对市场动荡和提高透明度，特别是在粮食产品出口限制和出口竞争方面。

农业贸易政策对于塑造全球化对贫困的影响方面至关重要。增加就业机会和工资，在经济体能够有竞争力地出口农产品的部门，可以改善低收入家庭的就业前景和收入水平，使其受益。此外，更加开放的农业贸易可以通过影响最贫困家庭消费的商品和服务的价格和可用性，对他们产生积极的影响。因此，贸易政策的变化可能改变低收入家庭对基本食品的负担能力，由此改善穷人的粮食安全状况（Huang 等，2007；Karim 和 Kirschke，2003；Pyakuryal、Roy 和 Thapa，2010）。有趣的是，对非洲、亚洲和拉丁美洲发展中经济体的模拟显示，农业贸易改革比开放非农业部门更能减少贫困（Hertel 和 Keeney，2009）。

尽管如此，农业贸易开放可能不会惠及所有人。例如，当中国于2001年加入世贸组织时，加入世贸组织对中国普通农户产生了积极的净影响，但某些类型的农产品价格下降，进口增加，影响到国内生产者（Huang 等，2007）。同样，墨西哥的证据表明，1994年《北美自由贸易协定》（NAFTA）实施后的农业自由化导致主要农产品出口的实际价格上升，农业出口行业的就业人数随之增加；但主要农业进口产品的实际价格下降，进口竞争部门的就业人数减少（Prina，2015）。

扭曲贸易的国内支持主要集中在少数几个经济体，一般提供给大型生产者，预计这种支持的减少也将为低收入生产者，特别是那些没有从这种支持中受益的发展中经济体的生产者开辟新的市场机会。减少这些措施也将为针对低收入生产者的社会福利项目释放财政资源，并在此过程中减少贫困。

农业市场的开放对女性是有益的，在某些经济体中，转向非传统的、高附加值的农产品，比如园艺，给女性带来了好处，并减少了农村地区的性别不平等。然而，总体而言，女性往往更多地受益于大规模的出口导向型生产和农产品工业加工，而不是小农承包耕作（Maertens 和 Swinnen，2012），否则农业贸易开放可能对性别不平等只会产生模糊的影响。女性小农户常常面临土地获得受限的问题，这可能限制她们利用农业贸易开放所带来的机会的能力（García、Nyberg 和 Saadat，2006；Hill 和 Vigneri，2014）。此外，女性由于获得信贷和营销知识的机会有限而处于不利地位，这些知识对于技术升级至关重要，而技术升级对于成功地应对国际市场日益激烈的进口竞争所造成的压力至关重要（IANGWE，2011）。

世贸组织《渔业补贴协定》可以通过保护鱼类种群，进而惠及渔业社区，在减贫方面发挥关键作用，特别是在这些社区占人口很大一部分的较贫穷地区和国家。例如，塔-罗恰（Da-Rocha 等，2017）提供的证据表明，减少渔业补贴对鱼类资源产生了积极影响，从而提高了生产力，减少了捕鱼企业与小规模渔民之间的不平等。

有证据表明，现有的关税结构对女性以及农村和低收入家庭存在偏见。例如，印度出口商在目的地市场所面临的关税高于低收入群体个人生产的商品（Mendoza、Nayyar 和 Piermartini，2018）。此外，来自54个低收入和中等收入国家的证据表明，与男性户主家庭相比，关税平均使女性户主家庭的实际收入减少0.6个百分点。女性户主家庭首当其冲地受到关税的冲击，因为她们的收入中来自农产品的比例较小，而在预算中用于农产品的比例较大，而在发展中国家，这些农产品通常要缴纳高关税（Artuç 等，2021）。同样，女性密集型行业也是如此，例如，食品、饮料、纺织品和服装的生产，平均面临更高的投入品关税。由于许多女性工作的部门关税高，女性生产商为其投入品支付的费用高于男性，她们的出口面临的限制也高于男性。这伤害了作为消费者和生产者的女性。此外，这些部门还不成比例地承受着非关税措施的负担（WB 和 WTO，2020）。

虽然证据清楚地表明，降低低收入农村工人和女性生产的商品的贸易成本需要国际合作，但仍需要进行研究，以评估改变这种进入国际市场的不平衡状况所产生的一般均衡效应，以及这是否有助于减少收入不平等。这是因为降低关税可以帮助低收入家庭作为投入品和最终产品的出口者和消费者（只要他们消费其中的一些产品）。但这可能会损害他们作为生产者的利益，因为他们的产品需要与进口产品竞争。

（四）横向举措可以支持贸易的包容性

关于如何专门为中小企业或女性拥有的企业提供贸易便利的讨论已存在于世贸组织的各种委员会和倡议中。例如，世贸组织的《反倾销协定》和《补贴与反补贴措施协定》（SCM 协定）、《政府采购协定》、1998年《电子商务工作计划》，以及"小型经济体工作计划"都提到了一些相关内容。其他相关活动还包括世贸组织牵头的促贸援助倡议，该倡议已逐步将性别纳入援助项目的目标中（世界银行和世贸组织，2020）。

除此之外，在2017年布宜诺斯艾利斯举行的世贸组织第11届部长级会议期间，设立的中小微企业非正式工作组以及贸易与性别非正式工作组汇集了志同道合的世贸组织成员，共同探讨促进中小微企业和女性所有企业贸易的良好做法，并为政策行动提出建议。这些建议包括2021年修订的2020年中小微企业建议和声明一揽子方案（WTO，2021d），该方案支持执行《贸易便利化协定》（附件3），以及2019年12月关于向世贸组织综合数据库自动提供信息以增加获取信息机会的"综合数据库决定"（附件5）。

这些措施亦为世贸组织成员在向世贸组织委员会正式提出新议题前进行讨论提供环境。例如，世贸组织中小微企业非正式工作组继续讨论中小微企业进入数字贸易面临的挑战，包括中小微企业的数字能力、标准化贸易数字化和获取贸易信息的单一窗口（或接入点）。这些建议对于提高国际贸易环境的包容性至关重要，应该纳入WTO的讨论中。

区域贸易协定（RTAs）有时被认为是一个实验室，在这个实验室中设计新的规定来应对不同的挑战。越来越多的区域贸易协定承认有必要将减贫或将脱贫攻坚作为区域贸易协定的一个目标[33]。一些协定也将减贫确定为一个合作领域[34]。只有少数区域贸易协定直接提到了不平等[35]，特别是区域不平等问题[36]。与此同时，超过250项区域贸易协定载有与包容性某些方面明确相关的条款，包括性别平等、人权和劳工权利（Monteiro，2021b）。

区域贸易协定中的条款是异质性的，与包容性相关的条款也不例外。虽然许多关于包容性的条款促进合作，但一些其他条款确立了具体的公平竞争纪律或豁免。与社会包容有关的相对常见的条款要求区域贸易协定缔约方有效执行，并在某些情况下，采用和改进劳工标准（Raess 和 Sari，2020）。一些较新的关于包容性的详细条款专门针对经常处于弱势或边缘化地位的群体，如原住民、残疾人和女性。其他还有部分条款专门针对企业，例如促进企业社会责任（Monteiro，2021a），改善中小微企业获得贸易相关信息的途径，或免除中小微企业和/或支持中小微企业的方案在区域贸易协定中规定的具体贸易义务（Monteiro，2016）。

世贸组织中小微企业非正式工作组和贸易与性别非正式工作组都仔细研究了区域贸易协定中对这些主题的表述。截至2021年，向世贸组织通报的区域贸易协定中有一半以上载有与中小微企业有关的条款，从关于合作的语言到专门针对中小微企业的全部章节，其目的是发展企业并确保其获得监管信息[37]，与性别有关的条款也有类似的增长。

（五）国际组织可以进一步促进贸易的包容

正如1996年世贸组织《新加坡部长宣言》（WTO，1996）所明确承认的那样，世贸组织所有成员都致力于维护一套简明但重要的得到普遍公认的"核心"劳工标准，但国际劳工组织（ILO）被认为是谈判和执行劳工标准的主管机构。国际劳工组织的公约和建议书确定了得到全球承认的劳工标准，并涵盖一系列广泛的劳工权利，包括结社自由、组织和参与集体协商的权利、废除强迫劳动、消除童工、禁止任何形式的歧视、促进安全和健康的工作环境以及倡导同工同酬（ILO，2021）。这些公约提供了一个保护工人权利和促进全球体面劳动的框架。

为跨国公司制定劳工权利和负责任的商业行为准则的责任主

要落在国际劳工组织和经合组织的肩上。国际劳工组织《关于跨国企业和社会政策的三方原则宣言》强调，跨国企业必须负责任地积极行动，为其所在的经济和社会做出贡献，并强调结社自由、组织权和集体谈判权以及创造安全和健康的工作环境的重要性（ILO，2022）。经合组织《跨国企业准则》为负责任的商业行为提供了框架，强调尽职调查。《跨国企业准则》提倡主动识别、预防和减轻跨行业以及供应链中的潜在不利影响，从而促进透明度和与可持续包容性增长的国际标准保持一致（OECD，2018）。最近的证据表明，跨国企业对其在哥斯达黎加的供应商实行的负责任的采购标准事先提高了受影响供应商雇用的大约三分之一低工资工人的收入，但由于对其工资和国内价格产生的间接不利影响，损害了大多数低工资工人的利益（Alfaro-Ureña等，2022）。这表明需要更多的实证证明这些指导方针的影响。

经合组织已采取主动行动，应对高生产率和创新性公司带来的新挑战，这些公司往往高度依赖无形资产。这些所谓的"超级巨星"公司利用国际税务条例的缺陷将利润转移到低税率区，从而引发税收公平和经济差距问题，并可能利用它们在其经营市场的相对主导地位，其特点是"赢者通吃"，即少数公司获得更大的市场份额，从而获得利润优势（Dorn，2021）。为了解决这个问题，截至2023年6月，大约143个经济体在经合组织/20国集团关于税基侵蚀和利润转移（BEPS）包容性框架内共同努力，正在合作实施15项措施，以打击避税行为，加强国际税收规则的一致性，并确保更透明的税收环境（OECD，2023a）。经合组织还率先对数字经济中的竞争进行了广泛的研究。主要见解包括促进数据可移植性和互操作性以提高透明度的举措的重要性；限制公司可从事的活动种类的业务范围限制，包括非歧视义务，以遏制数字平台上的反竞争行为；以及如扩大消费者信息、比较工具和促进数据可移植性的需求方补救措施，以应对数字市场内的挑战。

虽然经合组织的举措为应对"超级明星"公司带来的独特挑战提供了全面蓝图，但重要的是继续完善这些战略，并加强国际合作，以确保税收公平和强有力的竞争，以减轻"超级明星"公司占主导地位对全球的影响。

最后，在另一方面，国际组织发起了支持中小微企业参与数字贸易的方案。例如，国际贸易中心的"电子解决方案"[38]通过建立技术和服务的共享框架，从而降低出口成本、管理外国支付，并提高对外国市场的认识，为中小微企业的在线贸易提供便利。该方案还有助于建立国际法律和物流结构，以尽量减少电子商务壁垒。

世贸组织与世界经济论坛（WEF）及世界电子贸易平台合作，在2017年提出"促进电子商贸"倡议，以弥合全球电子商务政策与实践之间的差距。万国邮政联盟（UPU）还实施了"出口便利方案"[39]，利用国家邮政基础设施为中小微企业提供简化和统一的出口服务。为了解决中小微企业经常面临的信息获取问题，包括世贸组织、UNCTAD和世界银行在内的几个国际组织也发起了改善贸易相关信息获取的倡议。一些国际组织也有旨在提高中小微企业生产能力和基础设施的计划。

（六）国内政策对于促进贸易的包容性至关重要

需要制定国内政策来提高生产力和增强增长潜力，以确保穷人、女性和中小微企业能够抓住数字贸易、服务业开放或农业市场开放提供的机会。相应政策还需要对受损群体进行补偿，确保贸易收益在经济体内均衡分享。

某些经济体中的低收入家庭、女性和中小微型企业在参与贸易方面面临着严重的"境内"限制，例如获得资金、教育和技术的机会有限。为了使女性能够从贸易中获得充分的潜在利益，需要消除阻碍女性发展的制约因素，并制定适当的政策来应对调整成本（世界银行和WTO，2020）。分销部门缺乏竞争和高昂的国内运输成本可能会大大限制贸易惠及低收入家庭的程度。较贫困人口往往居住在远离港口的农村地区，因此运输成本和市场障碍可能对他们产生重大影响：如果内陆运输成本很高，那么贸易带来的有利价格变化只有一部分能够传递给这些人口。如果国内产业竞争力不强，关税的变化可能会被利润率或加价所吸收（Goldberg和Larson，2023）。

关于调整政策有效性的现有证据表明，降低与贸易有关的调整成本没有一刀切的办法（Bacchetta、Milet 和Monteiro，2019；Pavcnik，2017；WTO，2017）。如果这些方案设计得当，它们可以促进更有效和社会上可持续的贸易调整进程，并帮助克服对开放贸易的抵制。例如，丹麦"灵活保障模式"[40]的证据表明，设计合理的方案实际上可以促进调整，并减少工人对贸易和技术变革的担忧。

在全球价值链的背景下，旨在解决与贸易调整无关的调整问题的一般性调整政策似乎比旨在解决特定贸易调整问题的具体贸易调整政策更能促进工人适应贸易（WTO，2017）。在全球价值链存在的情况下，一般性调整政策的好处是，它们也可以支持那些由于规模门槛或难以在贸易冲击和对企业的负面影响之间建立明确的因果关系而没有资格享受具体贸易调整政策补偿的公司的工人。

一般来说，非特定调整政策也支持受到技术变革和其他冲击不利影响的工人，这些冲击产生了类似于贸易引起的调整过程，而且很难将其与贸易引起的调整过程分开。

此外，增加对技能的需求可以激励技能升级，从而提高工人的收入和发展前景。然而，涉及技能供应的快速反应是影响这些收益和贸易分配的关键。最近的研究发现，贸易冲击后阻碍经济有效调整的摩擦和障碍，包括技能不匹配、限制公司雇用能力的政策扭曲以及阻止工人或资本跨区域流动的地域流动摩擦，往往比以前的研究所显示的要大得多，这体现在发展中经济体尤其严重。这些摩擦的负面影响不成比例地由处于工资分配底层或中层的工人承担。因此，贸易带来的短期和中期调整成本，即失业和工资下降，可能产生并加剧贸易的分配效应。

在开放贸易的同时，应制定有效的政策促进调整，包括提高技能的政策。消极的劳动力市场政策（如收入支持和社会保险计划）和积极的劳动力市场政策（如求职援助和培训）应侧重于受影响最大的区域，因为贸易的影响因区域而异，而且许多发展中经济体的区域间劳动力流动相对有限。这种劳动力市场政策应考虑到，发展中经济体的劳动力很大一部分是非正规就业——非正规就业在低收入经济体占总就业的89%，在中低收入经济体占81.6%，而在中高收入经济体占49.7%，在高收入经济体占15.9%（OECD，2023）——非正规就业是应对贸易冲击的一个重要调整余地。为了解决贸易开放后正规企业可能雇佣非正规工人的问题，有效的劳动监察和执行现行法规是必要的。

最后，必须认识到，企业、消费者、非正规工人协会和非政府组织也需要参与政策的制定以及执行机制的设计和监督，以帮助确保贸易和全球价值链的参与能创造更好的就业机会。

还需要超越劳动力市场政策的国内政策。健全的宏观经济政策和支持竞争力和生产力增长的措施，是确保失业工人找到新机会的关键。

教育系统需要培养工人适应现代劳动力市场不断变化的需求，住房、信贷和基础设施等领域的政策需要促进流动性。还可以考虑采取措施，重振受贸易冲击严重的社区。尽早全面解决社会混乱问题至关重要，否则这一影响可能会在社区中长期持续，导致更严重和更持久的后果。

第五节　本章小结

贸易一直是全球经济融合和减贫的重要驱动力。然而，撒哈拉以南非洲等地区的进展较慢，部分原因是贸易增长有限，而东亚和东欧地区则成功地实现了出口导向型的增长。贸易还影响到国家内部的分配结果，但贸易对劳动力市场和不平等的影响在各经济体之间差异很大，这更多地表明伴随着全球化进程各国缺乏适当的国内政策，而并非是因为全球化进程本身。特别是在一些发达经济体，由于进口竞争造成的失业，以及在更大程度上的技术变革造成的失业通常集中在某些部门和区域，而且往往旷日持久，导致地区之间的不平等现象有所加剧。在一些发达经济体，失业和不平等加剧导致越来越多的反全球化言论和越来越多地使用单边措施来支持国内工业和恢复制造业就业。

本章表明，碎片化有可能减少全球福利和加速经济分化，而且不太可能显著减少贫困和不平等，也无法支持制造业恢复就业。即使存在少数经济体可以通过从当前贸易伙伴转移贸易而获益的可能性，但大多数经济体将会失败。研究表明，与过去几十年国内生产总值趋同的情况不同，发展中经济体与发达世界的经济差距将加大，国内生产总值绝对损失将增加，国内生产总值差距将扩大。其中的最不发达国家可能遭受的损失最大。与此同时，依赖出口部门的弱势工人将受到劳动力市场混乱的影响，低收入家庭将收入的更大一部分分配给可交易的商品和服务，将承担贸易壁垒造成价格上涨的负担。此外，鉴于自动化趋势的加强，制造业的碎片化很可能不会将制造业的工作岗位带回发达经济体。此外，在新的数字时代，随着国内工业的发展，对具有技能的工人的需求增加，这些工人的技能与过去二十年来受到进口竞争不利影响的工业所需要的技能大不相同。生产过程的自动化和数字化将继续下去，因为它们可以提高生产力和产品质量，使企业在国际市场上保持竞争力，并在应对市场变化方面提供更大的灵活性。

本章认为，以世贸组织为中心的贸易合作为基础的再全球化将是实现包容性增长的更有效途径。强化多边贸易体制将通过促进以全球价值链为主导的工业化和以服务业为主导的增长来实现包容性的增长。服务贸易的增长，特别是数字可交付服务的增长，需要在服务贸易国内规制、电子商务和投资便利化方面达成协议，上述三个方面都已在世贸组织取得了重大进展。世贸组织成员可以通过新成员加入、扩大承诺范围、更新多边贸易规则以及与其他国际组织合作，帮助促进更加包容的全球贸易体系，从而确保更多人从世界贸易中受益。贸易数字化可以为那些迄今为止被落在后面的经济体提供新的机会，让他们克服其所面临的一些最严重的贸易壁垒，如运输成本和制度上的劣势。它还将为小企业、偏远地区的人们和女性提供新的机会。数字贸易允许全球民众直接进入国际市场并提供他们的服务，即使国内不存在相关产业。然而，促进更多的国际合作需要国内政策支持，因为国内政策在帮助全球化更加包容方面发挥着重要作用。

注释：

[1] 正如世贸组织一年两次的贸易监测报告所显示的那样，近年来，出口限制的执行情况有所增加，最初是在新冠疫情期间，后来是在应对乌克兰危机和由此产生的粮食安全危机时。

[2] 巴切塔（Bacchetta 等，2021）对贸易和经济增长之间关系的广泛文献的综述。

[3] 中小微企业的定义范围很广，可以包括就业水平、所处行业、收入或资产。

[4] 请注意，大多数关于贸易对劳动力市场结果影响的证据都与商品贸易有关。

[5] 例如，芬斯特拉、马和徐（Feenstra、Ma 和 Xu（2017）发现，受进口竞争影响的美国劳动力市场，由于获得了出口机会或更廉价的进口商品，与未受影响的市场趋势相似。

[6] 一些机制可以解释贸易如何有助于提高技能溢价（国际劳工组织和世贸组织，2017）。

[7] 两项研究表明，与发达国家相比，新兴经济体参与全球价值链减少的劳动力份额更多（Dao、Das 和 Koczan，2020；Dreger、Fourné 和 Holtemöller，2023）。他们认为，技术溢出和随之而来的资本密集度的增加是推动这一结果的主要因素。

[8] 参见第一章关于碎片化和再全球化的定义。

[9] 许多研究调查了各种碎片化情景下对经济增长和贸易的不利

影响，这些情景以不同方式影响各经济体（Bolhuis、Chen 和 Kett，2023；Freund 等，2018；Goes 和 Bekkers，2022；IMF，2022；Ossa，2014；Ulate、Vasquez 和 Zarate，2023）。

[10] 该情景假设所有世贸组织成员都将撤销所有现有双边/区域贸易协定以及单方面优惠计划中的关税承诺，同时世贸组织成员的服务贸易成本将增加3%。在没有区域贸易协定下的关税承诺和普惠制等单方面优惠的情况下，世贸组织成员实际上将恢复最惠国关税，这意味着全球平均关税将从2.7% 提高到3.8%，增幅达40%。

[11] 关闭全球价值链可能比只关闭所有单个国家的最终商品贸易带来更糟糕的对福利的影响。同样地，关闭一种贸易比关闭两种贸易并转向自给自足会造成更大的福利损失。这可能反映了中间产品贸易和最终产品贸易相互替代或互补的程度。在一个有最终商品贸易的世界中，关闭全球价值链的福利成本更高，这表明，如果允许最终商品贸易，投入品贸易可能更有价值，反之亦然，这意味着两类贸易之间存在互补关系（Eppinger 等，2021）。

[12] 同样，对进口中间品实施临时贸易壁垒造成的福利损失在一个全球供应链更加深化的世界中被发现是原来的两倍（Erbahar 和 Zi，2017）。

[13] 虽然中国和美国之间的贸易紧张局势对美国国内某些行业产生了一些积极影响，但它们被更昂贵的投入品和报复性关税的负面影响所抵消（Flaaen 和 Pierce，2019）。这导致了美国 GDP 的整体下降，美国消费者损失大于美国生产者收益和关税收入（Fajgelbaum 等，2019）。对 GDP 的负面影响还反映出，由于

其他经济体采取报复性措施，美国不仅对中国出口增长放缓，对其他市场也是如此（Handley、Kamal 和 Monarch，2020）。

[14] 根据阿吉亚尔（Aguiar 等，2019）对世贸组织全球贸易模型（WTO GTM）的技术描述，该模型是一个递归动态可计算一般均衡模型。

[15] 一些研究模拟了英国脱欧在不同情境下可能产生的宏观经济影响。对英国进入欧盟单一市场的限制最小的假设是对英国 GDP 的负面影响最小。相反，引入进入单一市场准入障碍的情景是最负面影响最大的。在最坏情况下，如果没有新的贸易协定取代其进入单一市场的机会，估计对英国国内生产总值的长期负面影响为 -2.6% ~ -8.7%。相比之下，对欧联（27 国）国内生产总值的影响估计会使其减少 2.7% ~ 7.6%。然而，欧联的个别成员国受到的影响会有所不同，爱尔兰、卢森堡和马耳他受到的影响最大，因为它们与英国的经济联系更为密切（Mathieu，2020）。

[16] 同样，最近的分析表明，反倾销税通过减少进口和提高价格促进受保护产业的就业增长，但通过提高生产成本阻碍下游产业的就业增长（Bown 等，2023）。

[17] 进口竞争和中小企业之间的关系是复杂的，取决于各种因素，如产业、市场条件和竞争格局。一些研究发现，进口竞争对中小企业公司退出的影响相对大于大公司（Colantone、Coucke 和 Sleuwaegen，2015）。

[18] 中小微企业通常比大公司面临更高的贸易成本，因为它们无法利用规模经济来降低固定成本，这意味着单位贸易和运输成本更高（WTO，2016）。中小微企业资源也更有限，并面临获取

信息、技能和贸易融资方面的困难（ITC，2020）。

[19] 世贸组织的贸易成本指数显示，雇用女性较多的行业的产品的出口成本高于以雇用男性为主的行业的产品的出口成本。

[20] 例如，越南受美国对中国产品征收关税影响的部门的出口增长，不仅创造了就业机会，而且还带来了工资增加，特别是女性的工资增加（Rotunno 等，2023）。

[21] 例如，在塞内加尔等一些经济体，出口受到的一个关键限制是在遵守进口市场要求的质量标准方面的挑战，包括卫生和植物卫生检疫标准（Mbaye 等，2022）。

[22] 世贸组织根据世贸组织贸易成本数据库的信息进行计算，可在 http://tradecosts.WTO. org/ 查阅。

[23] 有大量文献研究数字技术和电子商务对经济增长的积极影响，包括发展中经济体（Humphrey 等，2003；Myovella，Karacuka 和 Haucap，2020；Odedra-Straub，2003；Vinaja，2003；Zatonatska，2018），全球价值链参与（dethy、Enjolras 和 Monticolo，2020），创新、竞争力和公司生产力（Lee 和 Falahat，2019），以及就业（Avom、Dadegnon 和 Igue，2021）等方面的积极影响。

[24] 参见 https://goingdigital.oecd.org/en/indicator/73.

[25] 参见 https://unctad.org/data-visualization/global-foreign-direct-investment-flows-over-last-30-years.

[26] 参见 https://www.wto. org/english/tratop _ e/invfac _ public _ e/factsheet _ ifd. pdf

[27] 七个国际组织是国际贸易中心（ITC）、经济合作与发展组织（OECD）、联合国贸易和发展会议（UNCTAD）、联合国非洲经

济委员会（UNECA）、世界银行集团（WBG）、美洲开发银行（IDB）和世界经济论坛（WEF）。

[28] "深度贸易协定"是指涉及贸易之外的政策领域的协定，如投资、环境、劳工或中小微企业（WTO，2011）。

[29] 世贸组织的研究使用2014—2018年的数据分析贸易成本的决定因素。数字连通性是以人均活跃移动宽带用户数量（由国际电信联盟公布）来衡量的，以进口商和出口商之间的最低限度为准。数字贸易监管的开放性以数字服务贸易限制性指数（由经合组织公布）的"基础设施和连通性"组成部分来衡量。根据 Egger 等人（2021年）提出的方法，使用来自2021年经合组织 TiVA 数据库的61个经济体的数据估算了局部均衡贸易成本。

[30] 参见 https://www.itu.int/en/ITU-D/Statistics/Pages/intlcoop/partnership/default. asp x.

[31] 关于区域贸易协定和多边主义之间互补性的证据综述，见（WTO，2011）.

[32] 世贸组织使用世贸组织方法进行计算，详见 http://tradecosts. wto. org on GTAP data.

[33] 例如，哥斯达黎加-秘鲁区域贸易协定和欧盟-西非国家经济共同体（ECOWAS）区域贸易协定。

[34] 例如，参见欧盟—越南区域贸易协定。

[35] 例如，欧盟—中美洲区域贸易协定和澳大利亚—秘鲁区域贸易协定。

[36] 比如，巴西—秘鲁区域贸易协定。

[37] 世贸组织正式文件编号 INF/MSME/6/Rev. 3,可在 https://docs. wto. org/dol2festaff/Pages/SS/directdoc. aspx? filename = q:/INF/

MSME/W6R3. pdf & Open = True 查询。

[38] 参见 https://intracen.org/our-work/projects/e-solutions.

[39] 参见 https://www.upu.int/en/Postal-Solutions/Capacity-Building/
Easy-Export.

[40] 参见 https://www.star.dk/en/about-the-danish-agency-for-labour-
market-and-recruitment/flexicurity/.

第五章　再全球化促进环境可持续发展

本章探讨了贸易与环境可持续性之间复杂的相互作用关系，评估了碎片化应对气候变化和其他环境挑战的潜在风险，并探讨了在各种环境政策及其交叉影响的背景下，再全球化（或加强国际合作）对推动环境可持续发展的积极影响。本章还强调了多边合作在促进全球公平增长的同时实现有效环境保护的至关重要性。

主要事实和结论

贸易与环境可持续性之间的相互作用是复杂的。贸易促进经济增长，并带来跨经济体的生产重新分配和生产技术的变化。虽然贸易确实会在生产和运输过程中产生排放，但它可以通过增加环境商品和服务的供应来减轻对环境的负面影响。

全球性的问题需要全球性的解决方案，因此在碎片化下提供的气候变化解决方案效果不佳。无论是导致气候行动效率低下的气候政策碎片化，还是全球经济碎片化，都会阻碍减缓气候变化影响所必需的技术传播。

再全球化——即国际合作与一体化的加强——可能会带来环境红利，因为它促进了本质上更环保的贸易，例如，通过数字方式提供的服务，同时也推动了贸易与环境治理的深度融合。

第一节 本章概要

尽管在缺乏适当环境政策的情况下，贸易可能会产生温室气体和其他污染物的排放，但它仍可以成为应对气候危机和其他环境问题的关键一环。有效的环境政策不仅能够减轻贸易对环境的负面影响，还能推动贸易可持续发展。至关重要的是，这些政策必须反映环境问题的全球性特征。

碎片化可能会阻碍环境技术创新成果的推广，因降低了规模经济提高价格，从而导致向环境可持续性转型的过程变得更加迟缓且成本高昂。相反，再全球化，或者朝着加强国际合作和一体化的方向发展，可以推动服务贸易，促进数字技术的广泛应用，从而降低贸易的碳强度。

若要贸易在环境可持续性方面发挥更加重要的作用，就必须加强国际合作。再全球化的好处包括构建一个更加一体化的全球环境治理体系。重要的是，当贸易与适当的环境政策相结合时，可以通过释放绿色比较优势，从而显著推动绿色转型。这将有助于提升发展中经济体把握绿色转型带来的新贸易机遇的能力。世贸组织可以提供一个平台，以加强贸易与环境政策之间的协调一致性，从而进一步推动贸易的可持续发展。

第二节 贸易可以促进环境的可持续性

认为国际贸易在全球环境恶化中扮演了重要角色的观点，并没有考虑到贸易在推动环境可持续性方面的众多积极作用。贸易与环境可持续性之间的关系是复杂且多面的。本节将深入探讨贸易在气候变化、空气和水质、自然资源开采，以及生物多样性等领域对环境产生的具体影响。

贸易对环境的影响主要体现在三个方面：规模影响、结构影响和技术影响。虽然贸易可能会因扩大运输和生产规模而加剧环境问题，但贸易也通过调整交易货物和服务的结构，以及推动环境技术的开发、部署和推广，带来正面的环境效益。

一、贸易会增加运输和生产

国际贸易提高了全球生产的效率，进而推动了贸易商品全球消费的增长，并提升了全球生活水平。然而，生产和消费的扩大会导致温室气体排放和其他环境问题的加剧。国际贸易还涉及商品和人员的流动，这可能会对环境产生负面影响。研究表明，在与贸易有关的温室气体排放中，平均而言，2/3 与生产有关，1/3 则与运输有关（Cristea 等，2013）。

虽然运输部门约占全球碳排放量的 1/4，但与国际货物和服务贸易有关的直接碳排放量，特别是国际货运和客运所产生的碳排放量，约占全球二氧化碳排放量的 10%（OECD，2022）。此外，货物在全球价值链内交易时跨越国界的多重交叉方式，这意味着额外的包装和运输燃料的进一步消耗。为了应对贸易带来的碳排放问题，一些公共和私人主体已承诺通过一系列举措实现海运和航空运输的碳减排（WTO，2022g）[1]。

在衡量贸易对环境的影响时，重要的是不仅要考虑与贸易相关的污染量，还要考虑没有国际贸易的情况。在这种假设的情境中，为了满足消费者的需求，国家生产将不得不提升，同时还要保持原有的生活水平。因此，减少贸易带来的污染将会被国内生产增加所带来的污染部分抵消。此外，如果没有贸易，缺乏某些资源或生产能力的经济体将无法消费众多产品，而一些生产经济体则因国内市场规模有限而无法扩大投资规模。一些研究表明，与没有贸易的情况相比，国际贸易会导致二氧化碳排放量增加5%。此外，国际贸易的益处远超其因二氧化碳排放产生的环境成本，高达两个数量级（Shapiro，2016）。二氧化硫排放量的研究也发现了类似的结果，即与没有贸易的情况相比，贸易导致排放量增加了3%~10%（Grether、Mathys和De Melo，2009）。

除了对气候变化产生影响，国际贸易还可能对环境产生负面影响，因为在缺乏政府适当监管的情况下，扩大贸易活动会导致森林砍伐、自然栖息地退化和不可持续开采自然资源等活动的发生。据估计，在与毁林有关的碳排放中，大约1/3与国际贸易有关（Henders、Persson 和Kastner，2015）。根据伦曾等（2012）的研究，全球30%的物种威胁与国际贸易有关。

二、贸易导致生产转移

贸易使各地区的生产和消费专业化，允许各经济体专注于其比较优势领域。而贸易对环境的影响则取决于各经济体在哪些具有比较优势的活动中发挥主导作用。

比较优势可能源于资本、劳动力、技术成本的不同，以及法规的差异[2]。在某些情况下，不同经济体在获取自然资源方面的产权制度差异，可能构成贸易的基础，影响贸易格局，并可能导致不可再生自然资源的枯竭（Chichilnisky，1994；WTO，2010）。

　　"污染避风港假说"认为，企业试图将生产转移到环境政策相对宽松的经济体，以规避严格环境法规带来的成本。这一假说表明，环境政策是构成比较优势的关键因素，因此，进一步开放贸易可能导致污染密集型产业向环境政策较宽松的经济体转移。就气候变化政策而言，生产转移可能导致"碳泄漏"，即一个区域为减少温室气体排放所做的努力，可能促使排放转移至气候政策相对宽松的另一区域，从而导致排放转移而非实际减少。

　　在全球范围内，如果制定了适当的法规，贸易可以带来污染排放的全面减少。然而，如果没有适当的环境政策，国际贸易可能会将生产转移到环境政策最宽松的经济体，从而导致污染总量增加。

　　实证研究关于污染避风港假说的有效性绘出了不一致的证据，尽管这些研究普遍发现，环境标准的提升会导致污染密集型产品出口减少或进口增加，这表明存在污染避风港效应（Dechezleprêtre和Sato，2017；Ederington、Paraschiv和Zanardi，2022；Levinson和Taylor，2008；Tanaka、Teshima和Verhoogen，2022）[3]。就碳泄漏而言，事后实证分析证明影响好坏参半（Aichele和Felbermayr，2015；Dechezlepretre等，2022），部分原因是现有排放交易制度中排放价格偏低且配额分配过于慷慨。事前模拟研究发现，碳泄漏在5%~30%之间，则表明国内碳排放量减少100单位的同时，国外碳排放量可增加5~30单位（Branger和Quirion，2014；Carbone和Rivers，2020）。最近的证据表明，由于发达国家和发展中国家在排放强度方面的差距正在缩小，碳泄漏的程度有限（Meng等，2023；Nordström，2023）。

　　图5-1显示了贸易中的碳排放量。高收入经济体对于碳密集型产品和服务的消费需求往往高于生产需求，这使它们成为产品和服

务碳排放的净进口国。相比之下，中等收入经济体往往是碳排放的净出口国。这种局面可归因于多个因素，其中之一是高收入经济体往往有更严格的气候政策，这促使碳密集型产业转向气候政策相对宽松的中等收入经济体。高收入经济体也倾向于聚焦碳排放较少的行业，如服务业，这些行业在生产过程中产生的碳排放量相对较低。相比之下，碳密集型产业在许多具有比较优势的中等收入经济体领域更为普遍。此外，高收入经济体往往有更环保、更节能的技术，使它们能够在同样的生产量下产生更少的排放量。

隐含碳排放的净出口量（以十亿吨计）

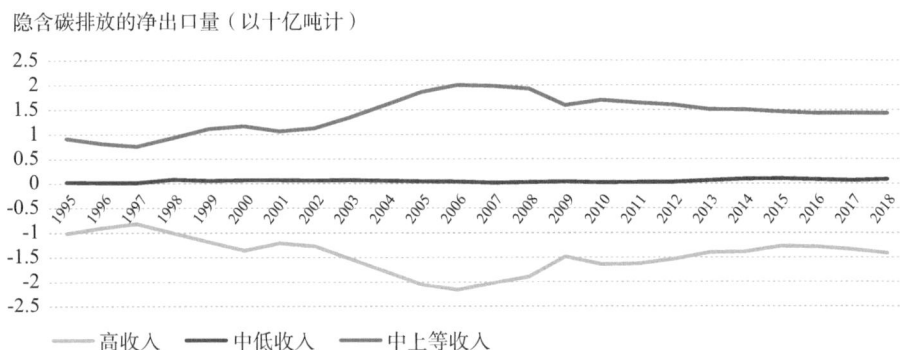

图5-1： 高收入经济体往往是碳排放的净进口国

资料来源： 作者基于OECD关于国际贸易中隐含碳贸易（TeCO$_2$）数据库中的数据计算。

注： 碳排放的净出口量是指出口商品中隐含的碳排放量和量进口商品中隐含的碳排放量之间的差值。负净出口对应的是碳排放的净进口。收入组别采用2023年世界银行的分类标准。

三、贸易通过提升效率和传播绿色技术以改善环境

国际贸易不仅能够通过提升效率、扩大环境技术的规模及推广范围，为环境带来直接的好处，还能通过提高收入和生活水平，带来间接好处，从长远来看，这些好处可以带来环境标准的提升。

第一，通过提供获取产品中隐含环境技术的渠道，以及利用中间投入品提升能源效率，贸易有助于跨境传播环境技术。一个经济体在可再生能源发电方面的效率，取决于其能否在国际市场上获取到高质量的设备和机械。例如，之所以进口高质量的风力涡轮机，是因为它们所带来的效率水平是进口经济体无法复制的（Garsous和Worack，2021）。

过去20年来，环境产品贸易的增长速度快于产品贸易总额（见图2-13）[4]。此外，获取中间投入品可以提高生产的能源效率。例如，美国1998—2014年期间与能源使用有关的氮氧化物排放强度减少，其中8%～10%的减少可归因于中间进口成本的降低（Lim，2022）。还有证据表明，跨国公司所以通过对外直接投资的方式，将其环境技术，如污染治理技术、可再生能源技术和节能技术等，转移到所在经济体中（Eskeland和Harrison，2003）。

第二，贸易开放也扩大了那些以更高效规模运营的大型企业的市场份额，从而降低了单位产品的污染程度。文献中有充分证据表明，出口商的污染强度低于非出口商（Cui等，2016；Forslid等，2018；Richter和Schiersch，2017）。佛斯利得等人（2018）发现，贸易自由化可以提高生产量，并促使出口商更环保，因为出口商会被引导在降低污染方面投入更多资金。贸易成本的降低将促使效率更高的公司能够扩大产量，并在各公司之间重新分配产量，从而降低整个行业的平均排放系数。巴罗斯和欧利文（2016）发现，通过将资源从效率较低的公司重新分配到效率较高的公司，印度在1990—2010年间的排放系数显著下降。

第三，国际贸易能够激励环境技术的创新或投资，因为进入更大的市场能够扩大生产规模，提升投资收益。贸易可以通过出口

（Aghion等，2022）或进口竞争来影响企业创新，进而激发企业加大创新投入的动力（Impullitti等，2022）。

研究发现，出口增加了企业在减少污染方面的支出（Banerjee等，2021）并改进了企业的生产流程，使得排放强度降低（Cui等，2020）。清洁能源的开发和生产涉及大量的前期投资，而开放贸易所带来的市场准入有助于降低环境产品的单位生产成本，进而实现规模经济效应。

最后，贸易通过提高人均收入，刺激了人们对更好环境条件的渴望。环境库兹涅茨曲线理论认为，随着人均收入的增加，环境退化现象起初会加剧，但随着社会变得更加富裕和公众对环境问题的日益关注，环境状况最终改善（Grossman和Krueger，1995）。现有证据表明，随着经济体逐渐超越中等收入水平，监管被证明是降低本地污染的主要因素。高收入经济体对污染的监管更为严格，主要有三个原因：第一，一旦一个社会完成了对健康和教育的基本投资，污染损害问题就会获得更高的关注和优先级；第二，高收入社会有更多的技术人员和预算用于监测和执行活动；第三，更高的收入和教育水平赋予当地社区更高的环境标准（Dasgupta等，2002）。值得注意的是，虽然当地污染浓度往往与超过某一阈值的收入呈负相关，但对于碳排放等全球污染物而言，这种关系就不那么明确了（Shahbaz和Sinha，2019）。

四、总而言之，生产技术的改进缓解了环境问题

在过去的几十年里，贸易增加了碳排放量，但是生产技术的改进抵消了这种影响。为了计算每个国家碳排放量变化中由排放规模、部门结构和技术效应造成的份额有多少，我们使用了一种标准

的分解方法，对1995—2018年主要经济体的碳排放量和产出变化进行比较。图5-2展示了这种分解方法。它表明，自1995年以来，高收入经济体的二氧化碳排放总量略有增加；中等收入经济体的二氧化碳排放量增加幅度更大，主要是由于其经济规模的增加。然而，生产技术的改进在抵消中高收入经济体的碳排放的增加方面发挥了重要作用。

1995—2018年二氧化碳排放量的百分比变化（%）

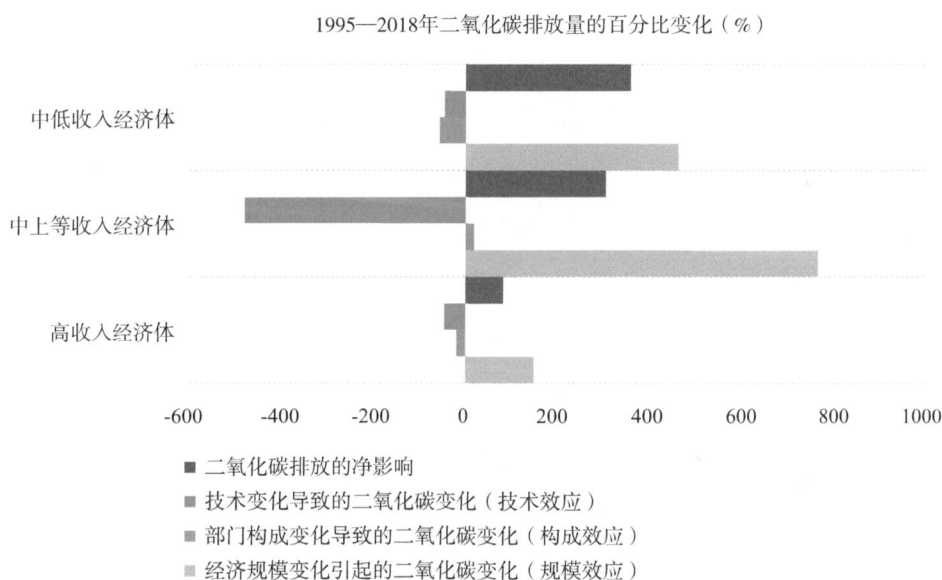

- 二氧化碳排放的净影响
- 技术变化导致的二氧化碳变化（技术效应）
- 部门构成变化导致的二氧化碳变化（构成效应）
- 经济规模变化引起的二氧化碳变化（规模效应）

图5-2： **1995—2018年技术进步对减少二氧化碳排放的影响**

资料来源： 作者根据OECD增加值贸易（TiVA）数据库和隐含碳贸易（TeCO$_2$）数据库中的二氧化碳排放量计算。

注： 规模效应表示1995—2018年总产出的变化。规模+构成效应是在假设2018年每个国家*部门的排放率（每一美元增加值直接排放的二氧化碳吨数）与1995年保持不变的情况下计算的。净效应代表排放量的总体变化。各国的影响按世界银行收入组汇总，按2018年各国国内生产总值加权。

强大的技术效应也在公司层面的研究中得到了证实。例如，墨西哥和美国之间依据《北美自由贸易协定》（NAFTA）的贸易开放导致美国制造厂可吸入颗粒物（ PM10，直径10微米或更小的可吸入颗粒物）和二氧化硫的排放量大幅减少。这一减少是由于美国公司更多地进入墨西哥市场并获得进口中间投入品（Cherniwchan，2017）。同样，1990—2008年，美国空气污染的排放量的减少被发现主要是由于更严格的环境规定，而与贸易有关的构成效应所起的作用较小（Shapiro 和 Walker，2016）。2007—2017年，瑞典制造业环境绩效的改善主要归功于技术效应，其生产结构实际上正向污染密集型产品转移（Ustyuzhanina，2022）。

发展中经济体通常看到，尽管技术效应抵消了部分负面环境的影响，但贸易开放导致了碳排放量增加。印度的一项研究发现，外国需求的增长通过产出增长（规模效应）增加了印度制造业公司的二氧化碳排放量，但排放强度的降低将使得这种影响减轻约40%，其部分原因新技术的采用（Barrows 和 Ollivier，2021）。研究还发现，1990—2010年，中国出口的快速扩张也加剧了该国的污染，导致了较高的婴儿死亡率。然而，出口带来的收入增长在一定程度上缓解了这种影响（Bombardini 和 Li，2020）。

第三节　碎片化对环境可持续性具有负面影响

环境政策的碎片化和全球经济的碎片化都会造成贸易的紧张局势，危及应对环境挑战的政策的有效性。本节讨论了这两类碎片化所造成的负面影响。

首先，回顾了解决环境外部性的相关政策工具并指出，不协调的环境政策在应对环境挑战方面可能不太有效，会给贸易伙伴带来意想不到的后果，并会招致贸易报复性措施。其次，分析了地缘经济碎片化对环境的影响，并概述了全球经济碎片化可能会阻碍全球经济向环境可持续方向转型。

一、需要协调以确保环境政策的有效性

应对环境挑战往往需要政府干预，因为环境问题涉及许多情况，单靠市场无法取得最佳结果，即市场失灵。其中一种市场失灵是由污染活动外部性造成的，在这种情况下，污染的成本会强加给社会和个人，而污染者却没有承担其行为的全部后果。其他的市场失灵可能包括环境创新的正向外部性，以及有利于现有技术而非新兴技术的路径依赖。新的环保技术也可能需要对基础设施进行大量投资，这些基础设施具有网络效应，也会面临不确定性和政治风险。

（一）政府政策对于应对环境挑战是必要的

为了解决这些市场失灵的问题，政府干预旨在使经济主体能够意识到环境污染的外部成本，从而激励对清洁技术的投资，同时抑制对污染性商品和服务的消费。应对气候变化和解决其他环境问题的一系列经济政策工具包括环境税／定价、补贴、规章和标准、标签要求，有时还包括对贸易的数量限制。以下部分将简要讨论这些政策工具。

1.环境税及定价制度

环境税是解决负面环境外部性的教科书式的政策，它使消费者和企业将其污染排放的社会成本内部化。环境税或"总量管制和交易"制度等定价机制可减少对碳密集型产品的需求，从而引导投资转向清洁技术，并为政府创造更多的财政收入[5]。

环境定价最突出的例子是就二氧化碳排放量或等效温室气体（GHG）排放量设定价格。越来越多的经济体和政府已经开始实施碳排放交易政策。根据世界银行的数据，目前全世界已经实施了70多项碳定价计划，覆盖了全球23%的碳排放量。然而，所实施的定价水平存在显著差异，价格范围从二氧化碳排放量大于140美元／吨到小于1美元／吨不等（WB，2021）。

欧盟碳排放交易系统（ETS）是第一个也是迄今为止最大的温室气体排放交易系统。虽然ETS涵盖了欧盟碳排放总量的约40%，但每年都会降低其排放上限，确保2030年的排放量符合ETS目前的减排目标。一些研究发现，ETS在促进减少温室气体排放方面是有效的（Anderson和Di Maria，2011），在鼓励低碳技术创新和投资方面也是有效的，受监管的公司在低碳创新方面表现出10%的增长；同时，它并没有排斥其他技术的专利权（Calel和Dechezlepretre，2016）。

其他环境定价计划也在控制污染方面取得了积极成果。根据1990年《清洁空气法修正案》所建立的美国二氧化硫总量控制和交易计划显著降低了排放，促进了技术创新和扩散，并降低了污染减排的总体成本。到2007年，美国二氧化硫年排放量降至该方案900万吨的目标以下，比1990年排放水平减少43%（Stavins等，2012）。该方案的二氧化硫排放价格激励了洗涤器和发电厂操作方面的技术进步（Burtraw，2000；Lange和Bellas，2005；Popp，2003），使得合规成本大大低于政府和工业界预估的50亿美元（NAPAP，2005）。

2.环境补贴

环境补贴旨在弥补环境活动（如可再生能源）的个人利益和社

会利益之间的差距。补贴往往比税收更具政治可行性，因为它们不会直接给企业和消费者带来成本。

补贴可以采取直接财政转移、税收抵免或政府以低于全价提供与能源有关的商品或服务等形式（Sovacool等，2017）。它们也可以应用于技术和生产过程的不同阶段。例如，研发补贴旨在扩大环境技术的创新；生产补贴旨在扩大清洁和可再生能源或产品的生产规模；投资补贴旨在支付基础设施投资的部分固定成本，并解决清洁投资的网络外部性问题，即随着更多的个人、企业或行业采用和使用相同的技术，使用特定清洁能源技术的价值将会增加。

研究表明，在与环境税一起实施的情况下，补贴可以有效地加速低碳转型，特别是在环境技术的早期阶段（Acemoglu等，2012；Fischer和Newell，2008；Popp，2006）。通过解决个人和社会利益之间的差距，对环境技术的补贴可以更好地发展这些技术，有助于刺激和推广绿色创新，并通过降低减轻污染的成本或引导使用节能技术来增进全球福利（Fischer，2016）。国际可再生能源机构（IRENA）估计，2017年对可再生能源发电的总支持约为1280亿美元，对运输部门使用生物燃料的支持额外增加了380亿美元（Taylor，2020）。

与此同时，一些经济学家认为，补贴可通过转移用于其他用途的政府收入并造成扭曲，而对经济产生负面影响（Blanchard、Gollier和Tirole，2022）。此外，能源使用方面的补贴可导致能源消耗的增长，从而部分抵消了转向清洁能源的环境效益。只有严格落实好"干中学"，补贴才能在实现气候减缓目标方面比征收碳税更可取（Bistline等，2023）。

虽然对清洁能源和环保技术的支持有助于减缓气候变化，但对化石燃料消费的补贴却产生了相反的效果。到2022年，全球化石燃料消费补贴预计将达到惊人的1万亿美元（IEA，2023）。据估计，取消化石燃料补贴可使温室气体排放量到2030年减少6%，从而使节省的政府收入累计达到3万亿美元（Kuehl等，2021）。

同样，渔业补贴鼓励该行业以比鱼类种群恢复更快的速度捕鱼，破坏了海洋资源和生态系统。据估计，全球渔业补贴高达350亿美元，其中200亿美元直接导致了过度捕捞（Sumaila等，2019）。

3.环境规章和标准

环境规章和标准规定了产品和生产过程的效能要求，这要求往往适用于由于技术或政治原因不能对污染排放征税的特定部门[6]。空气质量的改善往往是因为环境规章，如美国《清洁空气法》（Henderson，1996）或印度的环境规章（Greenstone and Hanna，2014）[7]。

规章和标准正越来越多地被用来促进脱碳、减少环境足迹和加强供应链的环境可持续性。仅在钢铁部门，目前就有20多种不同的脱碳标准和倡议，其中许多文件都有不同的界限和方法（WTO，2023c）。此外，增加了强制性尽职调查措施，即要求公司监测其整个供应链中可能产生的不利环境影响，例如关于"零毁林产品"的规章。

除了强制性规章和标准之外，越来越多的政府和私营部门也正在引入自愿性的可持续性标准，具体规定要求生产商、贸易商、制造商、零售商或服务提供商可能需要满足的与广泛的可持续性指标有关的要求（UNFSS，2013）。根据国际贸易中心（ITC）的标准地图[8]，在194个国家和15个部门中，有264个正在实施的自愿性可持续性标准（Fiorini等，2020）。

标签要求等信息工具为经济主体提供了宝贵信息，使他们能够作出明智的决定。这些工具涵盖各种与环境有关的信息，包括标签方案、评级和认证制度、公众意识宣传运动和环境自我申报要求（WTO，2022g）。越来越多的公司使用生态标签来建立或培育环境友好型产品的特定市场。根据全球生态标签数据库的生态标签指数，目前有456个生态标签在199个国家和25个行业中使用。生态标签在提高消费者的认知和促使消费者改变行为等方面发挥着至关重要的作用，同时也鼓励生产商采用更加环保的生产工艺（Cohen和Vandenbergh，2012）。

虽然环境规章和标准主要针对国内产业，但它们也会影响贸易伙伴，因为出口到市场上的产品必须遵守这些法规。研究表明，"公平贸易"认证等标签要求有助于维持出口国农场主获得高收入（Dragusanu、Montero和Nunn，2022），特别是环境标签，可以对出口商的环境影响产生积极作用。例如，研究发现，哥斯达黎加咖啡种植者的有机认证可以减少农药、除草剂和化肥的使用（Blackman和Naranjo，2012）。

4.数量限制

各国政府越来越多地实施数量限制，如进出口禁令、配额和许可证要求，同时声称其既定目标是保护环境。例如，许多政府对含有潜在危险物质的废弃物材料实施了进口禁令或许可程序要求。

禁止进口的一个著名例子是中国2017年宣布禁止进口固体废物，包括各种塑料和可回收废物。因此，以前向中国出口废物的国家将大部分废物运往东南业。预计到2030年，由于这项政策，超1亿吨的塑料废物将被转移到东南亚（Brooks、Wang和Jambeck，2018）。然而，从长远来看，这一进口禁令可能会鼓励其他国家发展或改进废物处理系统，从而每年在生态系统成本方面估计节省15.4亿~32亿欧元（Wen等，2021）。

最近，一些国家的政府对原材料实施了出口限制政策，尤其是钴、铜、石墨、铱、锂、锰、镍和铂等矿物和金属，这些矿物和金属被视为可再生能源转型的关键投入品。据OECD称，2009—2020年，所有工业原材料出口限制措施实施总数增长了5倍以上。近年来，约占全球关键原材料出口价值10%的产品，至少面临一项出口限制措施（Kowalski和Legendre，2023）。虽然出口限制可能有助于各国保护不可再生的自然资源或将国内工业从采矿向高附加值活动升级，但这些措施可能对原材料的供应产生不利影响，并阻碍全球绿色转型。

5.与贸易有关的环境政策增加

近年来，环境政策激增，可能对贸易产生影响。这一点从世贸组织环境数据库所记录的向世贸组织通报的措施越来越多就能得到印证（见图5-3）。最常见的与贸易相关的环境措施类型是技术规章，其次是政府支持措施。其他与贸易有关的环境措施包括进口许可证措施及数量限制、卫生与植物卫生检疫措施（SPS）和贸易便利化措施。

（二）不协调的环境政策有可能减缓绿色转型

虽然环境政策是保护环境和加速绿色转型的重要工具，但许多政策的设计和实施都没有考虑到其贸易影响。缺乏协调的环境政策不仅影响这些政策的有效性，而且会影响贸易伙伴，并可能招致贸易报复。

1.未经协调的环境政策代价高昂且效率不足

环境政策缺乏协调，如碳排放定价和补贴，会导致政策成本更

高，效果更差。如果不对环境定价方案进行协调，就可能导致各种
不同层次的制度拼凑在一起，从而可能不利于对环境挑战作出有效
的反应。例如，研究发现，如果碳价格都是由每个区域单独设定，
没有合作，那么实现将全球变暖控制在2℃的目标所需的全球平均
碳价格将高于协调合作的结果（Bekkers 和 Cariola，2022；Böhringer
等，2021）。这是因为全球协调的碳定价使减排在成本最低的地方
进行，从而降低了减缓气候变化的福利成本。因此，严重依赖煤炭
作为能源的地区将经历更显著的减排（WTO，2022）。

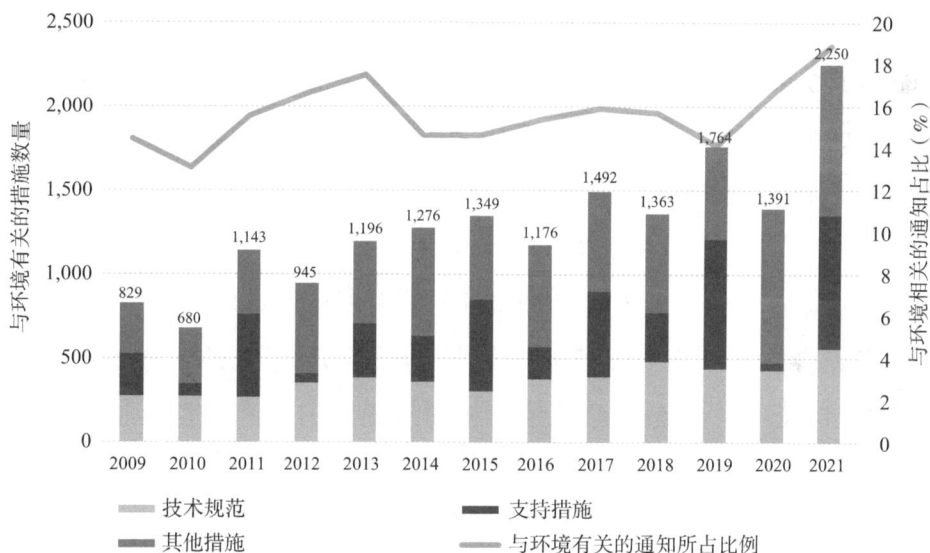

图5-3：与贸易有关的环境政策有所增加

资料来源：作者根据WTO环境数据库计算。

此外，差异化的碳价格被发现将会导致经济成本略高于统一的
全球价格（Chateau、Jaumotte 和 Schwerhoff，2023）。此外，不协调
的碳定价方案可能引发碳边境调节机制，使在多个管辖区经营或向
多个管辖区出口的企业付出高昂的合规成本，扰乱供应链，并对小
企业造成不成比例的影响（WTO，2022）。

环境技术研发中不协调的补贴政策也会增加减缓气候变化的成本。这是因为许多环境技术的研发在事先存在着严重的不确定性，包括不可预见的科学和技术发展，以及可能无法预测的价格和其他商业趋势。面对这种不确定性，最理想的做法是资助大量的技术研发，以增加最终可行的技术的数量。

然而，如果没有国际合作，各国将独立制定其研发政策，这可能会导致支持相同技术的支出重复。博塞蒂等（2011）发现，除了制定一个统一的世界碳价格外，如果各国在研发补贴方面进行合作，则相较每个区域以非合作方式但以统一的碳价格设定其研发支出的情况而言，全球消费的损失在21世纪将减少10%。

此外，许多环境政策都要求从国内供应商采购，这也会妨碍环境政策的有效性，因为它们会减少竞争，弱化对改进的激励，不利于促进以更廉价和更有效率的供应商代替成本更高和效率更低的供应商。沙胡和什里马利（2013）的研究表明，本地含量要求（LCR）降低了国内太阳能行业的全球竞争力，因为开发商倾向于使用替代技术来绕过LCR政策，从而限制了国内光伏制造商的动态学习收益。

2.不协调的政策会给贸易伙伴带来意想不到的后果

不协调的环境政策也可能对贸易伙伴产生溢出效应。图5-4说明了世贸组织某些委员会和理事会中提出的与世贸组织成员实施的环境政策有关的贸易关注[9]。提出贸易关注并进行讨论，有助于理解其他成员出台规章的逻辑，了解其规章执行和实施的细节。与环境措施相关的贸易关注有所增加，说明这些措施被更频繁地使用并对贸易产生影响。虽然SPS措施以及与市场准入有关的措施也有所增加，但更多的贸易关注仍与技术规章有关。

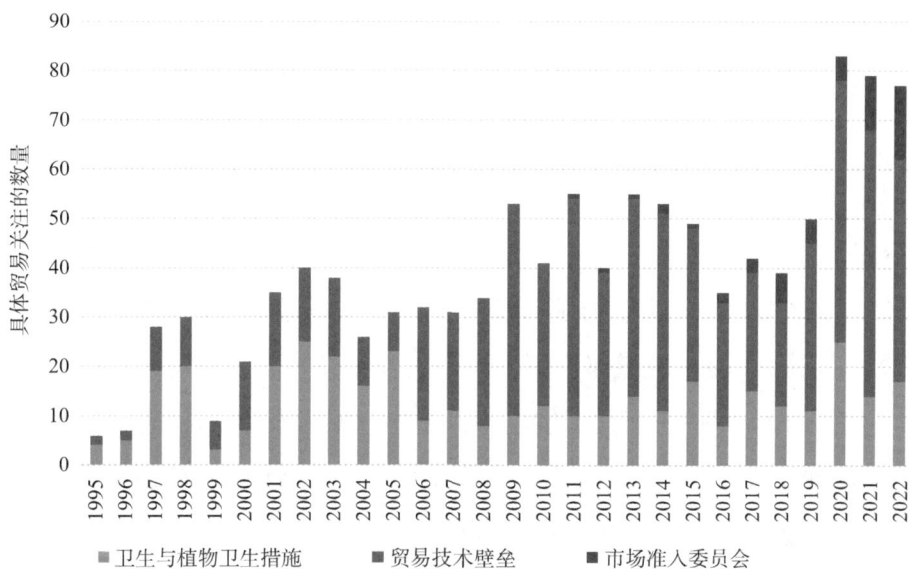

图5-4: 部分环境措施引起世贸组织关注

资料来源: 作者根据WTO贸易关注数据库计算。

注: 该数据库涵盖了市场准入委员会、卫生与植物卫生措施委员会和技术性贸易壁垒委员会提出的贸易问题。而世贸组织所讨论的其他贸易问题,如货物贸易理事会上讨论的问题,并没有相应报告。与环境相关的问题将通过环境相关的关键词列表来展现。

最引人注目的与贸易有关的环境措施之一是碳边境调节(BCA)机制,这一措施规定,碳定价司法管辖区根据进口产品的碳含量收取进口费。虽然BCA机制可以帮助解决碳泄漏和竞争力问题,并鼓励制定雄心勃勃的环境政策(Al Khourdajie和Finus,2020),但它们也可能对碳密集型产品的出口国产生负面经济影响。BCA机制的设计也提出了一些实际挑战,比如贸易碳足迹的测量、国家和行业覆盖范围,以及供应链中的复杂性(Böhringer等,2022)。

2023年4月,欧洲理事会批准了一个碳边境调节机制(CBAM),将从2023年10月起逐步实施。在经过过渡阶段之后,从 2026 年 1 月 1 日起，CBAM 将对关键的能源密集型、贸易密集型行业的进口商品征收费用，以抵消欧洲生产商的碳成本。模拟研究表明，CBAM 可能导致碳强度相对较高的经济体对欧盟的出口大幅度减少（EC，2021；UNCTAD，2021）。一些世贸组织成员对 CBAM 提案表示担忧，认为这可能对他们的出口带来潜在的歧视性影响。他们认为，这也可能导致其他经济体采用欧洲标准，并给出口商带来巨大的合规成本[10]。

根据 BCA 机制，有人还提出了建立气候俱乐部的构想，旨在通过让高雄心水平气候政策的俱乐部成员对更低雄心水平的非俱乐部成员征收广泛的关税，鼓励非俱乐部成员采取更强的减缓气候变化的措施（Nordhaus，2015）。气候俱乐部与 CBAM 的不同之处在于，它们的目标不是为特定商品创造公平的竞争环境，而是通过对所有进口商品征收全面关税来惩罚雄心水平较低的经济体，从而促进这些经济体气候政策雄心水平的提高。尽管管理上气候俱乐部更简单，但衡量气候减缓目标和确定关税水平给气候俱乐部带来了实际挑战。此外，气候俱乐部的规则也可能难以与世贸组织协定中的承诺相协调（Clausing 和 Wolfram，2023）。

此外，当经济体在减少碳排放方面采取多种策略时，会产生国际溢出效应，一些国家实施碳定价，而另一些国家则对清洁生产进行补贴。在这种情况下，碳定价地区的碳密集型生产商与补贴地区的生产商相比，面临着竞争劣势。

明确地说，与环境有关的补贴可以对贸易伙伴既产生积极影响又产生消极影响。从积极的方面来看，研发补贴可以促进那些可与其他国家分享的新技术的开发，使它们能够更有效地解决环境问题。在某些情况下，补贴可能会导致一个行业的出口大幅度增长，从而导致这些商品的全球价格下降，进而导致一个国家的贸易条件恶化，但同时又有利于进口国的消费者（Lashkaripour和Lugovskyy，2023）。

从消极的方面来看，那些旨在扩大国内生产或出口的补贴可能给贸易伙伴带来不利影响。扭曲的补贴政策可能以损害外国竞争者的利益为代价向国内企业传递战略优势，通过价值链造成供求扭曲，并引发全球补贴竞赛以吸引绿色产业。此外，发展中国家往往缺乏必要的资源和财政能力，无法开展重大的减缓气候变化的行动，使它们更容易受到单方面环境政策的不利影响。

此外，不相容的标准的扩散可能会给生产者和消费者带来不确定性和混乱，致使效率降低并增加了不必要的贸易成本。技术规章较为严格的出口市场往往出口商较少，出口价值较低，集中度较高，对小公司出口的打击往往是大公司出口的两倍（Rollo，2023）。在世贸组织引起广泛关注的卫生与植物卫生检疫措施被视为是出口商的障碍，较小的公司受到限制性监管措施的影响更大（Fontagné等，2015）。同样，技术性贸易壁垒措施往往会减少新的出口国和公司的数量，因为它会导致新公司在进入出口市场方面可能会面临挑战，而现有公司的出口量可能会增加（Bao和Qiu，2012）。最近宣布的一些环境规章已经引起了世贸组织成员的关注。例如，若干世贸组织成员对新的毁林规章草案提出了问题并表示关切，该规章草案设定了与毁林和森林退化有关的商品的强制性尽职调查规则[11]。

协调统一标准对于防止政策碎片化、降低贸易成本和提高环境政策的有效性至关重要。区域贸易协定之间标准的协调和相互认可已被证明可促进伙伴国之间的贸易流动（Chen和Mattoo，2008），并增加之前曾与区域贸易协定伙伴进行贸易的第三国公司的出口和进入市场的可能性（Lee等，2023）。统一的标准在全球贸易增长中发挥了重要作用，贡献了全球贸易增长的13%，并使企业能够扩大其出口销售（Schmidt和Steingress，2022）。

3.不协调的环境政策可能会引发报复

对贸易伙伴产生不利影响的单方面环境政策可能引起报复性措施，导致贸易冲突，并可能损害环境政策的有效性。虽然早期的一些经济研究发现，碳边境调节可以减少"搭便车"现象（各国在不作出同等贡献或采取类似行动的情况下均从减缓气候变化的行动中受益），并减少碳泄漏，但这些研究结果往往基于贸易伙伴不对边境调节措施进行报复的假设（Al Khourdajie和Finu，2020）。最近的经济分析表明，报复性贸易措施降低了进口调节措施作为扩大气候减缓政策手段的吸引力，并对全球福利和排放产生不利影响，这是因为额外的贸易扭曲可抵消环境收益（Hagen和Schneider，2021）。

为应对主要经济体宣布为支持其清洁能源部门而进行的补贴，其他许多国家已宣布计划引入补贴，以吸引新的投资或防止企业外流（Chazan、Fleming和Inagaki，2023）。全球补贴竞赛可能会带来负面的福利结果。法拉利和奥沙（2023）调查了美国各州补贴的影响，并发现美国各州为吸引其他州的企业，有强烈的动机提供补贴，对国家福利造成了负面影响。这表明州一级的补贴是低效率的政策，会伤害同一经济体中的其他地区。虽然这项研究主要针对国内区域间的溢出效应，但其结论也可能适用于跨境区域。

此外，违背世贸组织规则的环境措施可能产生重大的系统性影响，开创无视全球贸易规则的先例，并可能导致其他国家各自采取报复性措施作为回应。贸易紧张局势的升级可能会阻碍国际合作，阻碍有效应对全球环境挑战的进展。正如亚当·波森（Adam Posen）在文章中所指出的，需要制定更好、更透明的多边贸易规则，以最大限度地扩大正面溢出效应，防止环境政策的负面溢出效应。

二、经济碎片化可能成为应对环境挑战的阻碍

出于战略、地缘政治和其他因素考虑，全球经济的碎片化也会给环境可持续性带来挑战。经济碎片化意味着放弃第五章第二节第三点所讨论的部分国际贸易环境利益，从而造成不利的环境影响，阻碍环境技术的创新和传播，并提高环境技术的成本。

虽然经济完全脱钩仍然是一种理论假设，但贸易关系的变化，包括贸易冲突，可对供应链中温室气体排放的分布产生巨大影响，进而导致全球排放量的变化。中国和美国之间的贸易关系紧张就是一个例子。模拟研究发现，在中国和美国暂停贸易的情况下，将生产转移到世界其他地区将使全球温室气体净排放量增加0.3%~1.8%（Yuan等，2023）。一个具体的例子是大豆贸易。由于中国实施贸易限制措施，2018年美国对华大豆出口下降了50%。据福克斯（Fuchs等，2019年）估计，为了填补供应短缺，亚马逊地区专门用于大豆生产的面积可能会增加39%，从而对森林砍伐产生重大影响。

此外，减少经济体之间的贸易会限制正向的技术溢出，不利于应对环境挑战。在一个碎片化的经济体中，较低水平的知识溢出不仅会降低世界范围内的生产力，还会增加减缓气候变化的成本。重要的是，全球价值链可以显著放大跨境知识扩散。研究表明，全球价值链合作伙伴的研发投资可以提高一个国家创新能力，最高可达

其本国研发投资的1/3（Piermartini和Rubínová，2021）。相反，当经济体或地区减少它们的经济相互依赖度，限制贸易和技术交流，绿色技术和知识的流动就可能会受到阻碍。

在一项模拟研究中，布雷切尔（Bretschger等，2017）证明，知识扩散将导致经济体"绿化"，其特点是清洁、低碳部门拥有更多市场份额，整个经济体的排放强度降低。碳强度较低的部门通常表现出较高的知识资本密度和较大的吸收能力，这意味着知识扩散提高了这些清洁部门的生产力。这种绿化效应可能显著降低与全球碳减排政策相关的成本。对于同样的二氧化碳减排数量，与没有知识传播的情况相比，知识传播的碳成本估计要低16%～47%。换言之，如果经济碎片化减少了国家间的知识交流，减缓气候变化的经济成本可能会大大增加。

碎片化也会降低规模经济，使环境产品和服务更加昂贵。在过去40年里，太阳能光伏产品的价格下降了99%以上；最近10年（2010—2020年）[12]，新成立的公用事业规模太阳能光伏产品的全球加权平均能源成本下降了85%。成本的急剧下降主要是由于生产和全球供应链的集中度的提高，这使得"干中学"和规模经济成为可能。2021年，仅中国一个国家就占据了全球太阳能光伏电池和组件产量的78%。这促使政策制定者建立或考虑实施旨在提高国内产量和减少进口依赖的激励机制。

这样的政策并非没有经济代价。各国政府要求国内制造商在10年内提供更多的太阳能光伏装机容量。据估计，2020年太阳能光伏组件的价格在中国会高出54%，在德国会高出83%，在美国会高出107%。而由于全球供应链带来的成本降低，这三个经济体累计节省了670亿美元的成本。此外，如果同样的本地光伏制造需求仍存在，预计2030年太阳能组件的价格将比未来全球化供应链的价格高出20%~25%（Helveston等，2022）。因此，与本地含量政策相关的较高价格可能会减少清洁能源的部署。2022年，美国新安装的太阳能设备下降了23%，部分是因为中国的贸易限制影响了关键的低成本零部件和材料的获取（Wood Mackenzie和SEIA，2022）。

出于地缘政治动机的碎片化也可能严重限制获得绿色转型所必需的关键原材料（见专栏5-1）。

专家观点

再全球化补贴以实现更快、更公平的绿色未来

亚当·波森（Adam Posen）

彼得森国际经济研究所所长

几十年来，世界主要经济体经常对制造业进行补贴。但这背离了应对气候变化的初衷，让现状更糟糕。

最重要的政策目标是将最好的绿色技术投入生产，并尽可能广泛地采用该技术。"补贴竞赛"与贸易壁垒和国内投资激励相结合，意味着我们很可能会重蹈新冠疫情期间疫苗的覆辙：最大的经济体在当地生产并囤积疫苗，而中低收入经济体必须承诺忠于其一个集团的先进技术，以对抗其他技术，这种行为与它们自身经济体的绿色转型很可能无关。因此，我们只能获得极少、极慢的最佳绿色技术；我们还将在世界其他地区看到许多不确定性和怨怒，这也将减缓对它的接受过程。

无论从国内还是从全球的视角来看这都是短视的。对可持续增长来说，重要的是一个经济体在多大程度上接受和鼓励创

新带来的变化，而不是任何生产某种创新产品本身。这是我们从20世纪80年代和90年代对半导体的上一轮大规模补贴中看到的情况。当互联网、光纤电缆和高效分散计算在半导体的支持下出现时，采用和适应它们的行为对就业和生产力产生了持久影响。然而，在过去35年中，随着大多数半导体生产从一个经济体转移到另一个经济体中，这些地区几乎不会产生持续的损失或收益情况。

当人们错误地将重点放在2020—2021年的国家疫苗生产上时，这导致世界上大多数人没有迅速获得最有效的疫苗，包括一些疫苗生产国阻止本国人口和与其结盟的低收入经济体接种正确的疫苗。

欧盟在利用绿色技术应对气候变化方面一直处于世界领先地位。这是因为，一直以来，它优先考虑的是碳定价机制，而不是当地的绿色生产。因此，一些以成本为基础的太阳能电池板和风力涡轮机组件的生产从欧盟转移到中国，使欧盟可再生能源得以快速增长。

这表明，对于未来的绿色技术来说，创新源自哪里并不重要，因为创新可以带来最节能的住房条件、电池中最好的蓄电能力、最清洁的制氢燃料方式。重要的是，在尽可能多的地方，尽可能多地让人们获得并改变他们的行为，并采用这些技术。

然而，随着有利于当地生产的绿色制造业补贴的增加，脱碳的净进展面临风险，即使其潜在目的可能是好的。不幸的是，正如在新冠疫情期间所看到的那样，一旦政府支持选定的国内生产商，官方的优先事项就变成了为特定地区的就业邀功，并故意贬低外国竞争对手。事实上，补贴竞争性集团并保护他们的产品可能会推高绿色技术的价格。

这就是为什么我们要有多边贸易规则和世贸组织来避免这些负面情况增加。我们需要对"补贴竞赛"进行一些全球性限制，这不仅是为了依赖于大型生产国的低收入经济体的利益，更是为了所有经济体的利益。在2017年世贸组织第十一届部长级会议期间及之后，各方努力制定了多边补贴规则。恢复这一努力应开展如下工作：

在生产要素投资（如人力资本、研发、支持性一般监管和基础设施）和直接生产补贴之间进行明显的法律区分，不对后者作鼓励。

在补贴消费者（即家庭和其他企业）方面进行协调，而非向国内外绿色技术生产商提供出口补贴。他们使用的碳越少，获得的收益就越多。

设立国际共同基金并作出约束性承诺，该基金要求各国政府每花一美元/欧元/人民币补贴国内生产，就投资几分钱用于资助绿色技术的推广和帮助发展中国家进行适应。

免责声明

观点文章由作者全权负责。其观点不一定反映世贸组织成员或世贸组织秘书处的意见或观点。

专栏5-1：碎片化可能阻碍在绿色转型中获得原材料

实现"净零碳排放"将需要大规模生产和可持续使用某些原材料，这些原材料对可再生能源技术的大规模生产至关重要。

电动汽车是一个特别重要的行业。近年来，电动汽车市场呈指数级增长。预计到2030年，电动汽车群体将增长8倍或更多，以实现各国政府宣布的气变减缓承诺（IEA，2022）。

电动汽车市场的指数级增长引发了人们对锂离子电池所需原材料可持续供应的担忧。锂离子电池是电动汽车的关键部件。预测表明，2020—2050年，全球对锂、钴和镍等材料的需求将大幅增加（Xu等，2020）。

目前，电池供应链集中在中国，大部分锂离子电池都是在中国生产的，包括制造阴极活性材料和阳极活性材料的巨大产能（IEA，2022）。

关键原材料的开采主要集中在资源丰富的国家。这些金属的储量分布在不同的国家，这为多样化的电池金属开采提供了机会（见图5-5）。

然而，地缘政治紧张局势可能对原材料供应的多样化构成挑战。镍和钴等许多稀有金属储量集中在某些由于地缘政治原因可能难以开采的地区。为了确保获得这些关键原材料，一些经济体实施了出口限制，影响了很大一部分钴、锰和镍供应（Kowalski和Legendre，2023）。

循环利用和回收报废电池的材料，有助于解决初级原材料供应中断问题，降低环境成本。这将需要将锂离子电池废物的国际贸易纳入具有经济可行回收能力的市场中（Moïsé和Rubínová，2023）。

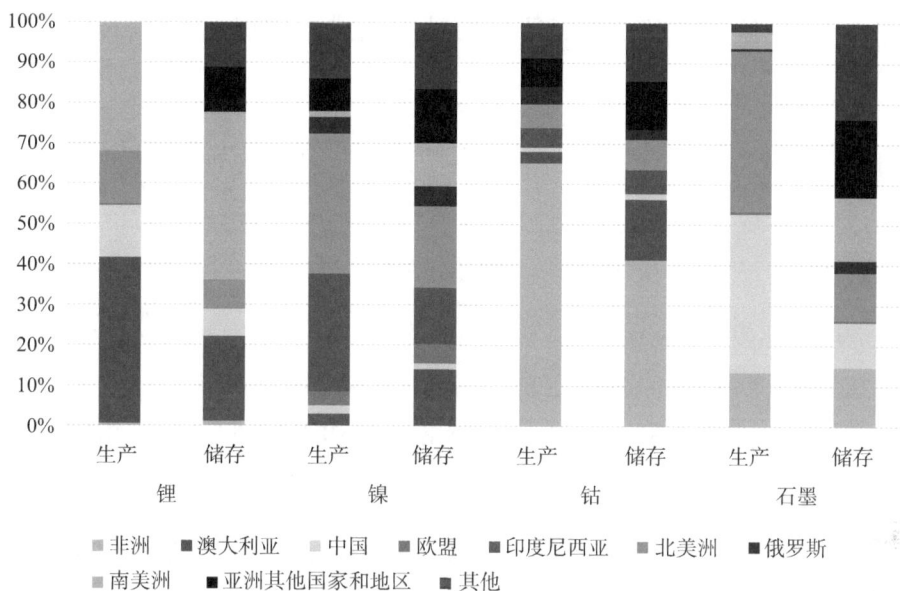

图5-5：电动汽车电池材料的供应可能多样化

资料来源：作者根据《美国地质调查（2023）》和《英国石油统计评论（2022）》计算。

注：储量被定义为基础储量的一部分，在测定时可以进行经济型开采或生产。

第四节　再全球化的环境效益

通过加强全球一体化与合作，再全球化可以在几个方面帮助保护环境。第一，增加数字和服务贸易的份额有助于减少国际贸易对环境的影响。第二，协调一致的环境政策对于确保贸易有助于解决全球环境挑战至关重要。第三，再全球化可以帮助发展中国家转向更可持续的增长路径，同时尊重它们对经济发展的需求。世贸组织可以在确保贸易支持环境保护方面发挥重要作用。

一、服务和数字贸易将降低贸易的碳排放强度

在未来的全球化中，服务贸易预计会占据更大的份额，同时数字技术会得到广泛应用（见第二章）。这些趋势可能会对贸易的环境可持续性产生影响。

许多传统上认为无法进行贸易的服务现在可以通过数字方式交付。这些服务包括信息与通信技术（ICT）、金融和保险、商业服务、艺术、娱乐和休闲。这些服务部门的碳排放强度（每美元产出的二氧化碳排放吨数）低于其他服务部门以及农业、采矿和制造业（见图5-6）。尽管在过去的几十年里，数字可交付服务的贸易份额有所增加，但是这些服务贸易中的二氧化碳排放量一直保持相对稳定，约占贸易总排放量的4%。

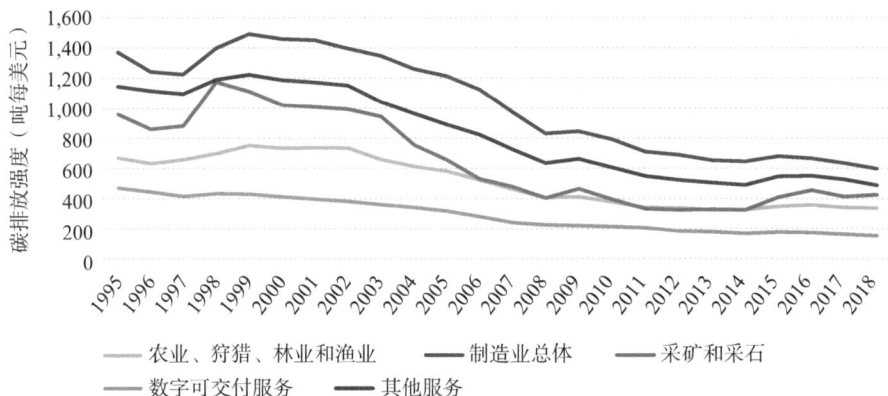

图5-6： 数字可交付服务的碳排放强度相对较低

资料来源： 作者基于OECD隐含碳贸易（TeCO₂）数据库计算。

注： 数字可交付服务包括信息与通信技术、金融和保险活动、其他商业服务，以及艺术、娱乐及休闲。

在未来的再全球化情景中，预计到2040年，服务贸易的份额将超过30%，且由于技术和贸易政策的变化，数字可交付服务将激

增（WTO，2019b）。贸易结构的转变意味着，相对较大的贸易份额将对应相对较低的碳排放强度。此外，由于数字技术使得更大份额的贸易无须货物或人员跨境流动，与国际运输相关的碳排放得以减少。例如，电信服务可以减少面对面会议的需求，从而减少对商务航班的需求。

此外，数字技术可以加速低碳转型。能源、制造业、农业和土地利用、建筑、服务、运输和交通管理领域的数字解决方案可以将全球碳排放量减少多达15%[13]。例如，高速网络连接可以通过实时数据收集和分析来促进交通优化，从而实现更高效的路线规划、减少拥堵和降低排放。此外，这些技术可以通过支持智能充电基础设施、电池管理系统和预测性养护来促进可持续交通。数字市场可以通过促进二手或翻新产品的流通来促进循环经济，从而减少浪费并提高资源效率。区块链等数字追溯技术可以让消费者和利益相关者追踪产品的原产地和对环境的影响，从而提高透明度，鼓励环保实践（Parmentola等，2022）。

二、再全球化有助于将贸易和环境治理相结合

面对气候变化和生物多样性丧失等全球环境挑战，人们需要在全球范围内采取集体行动，以实现有效的解决方案。对于供水、卫生和固体废弃物管理等本地环境问题，其跨界性质意味着一个经济体的行动可能影响邻近经济体，甚至更远经济体的福祉。因此，在环境可持续性的问题上，需要采取协调一致的方法，同时确保公平的经济增长。再全球化可以为这种协调一致的方式提供一个框架。

以全球碳许可证市场下的二氧化碳减排成本与国家自主贡献下的区域减排成本之间的差额来衡量，通过建立全球二氧化碳市场的

形式实施协调的全球气候缓减政策可能会在2030年带来高达1060亿美元的收益（Thube等，2022）。

有了正确的政策，贸易可以为环境可持续性带来诸多好处。就气候变化而言，贸易可使拥有相对清洁能源的经济体能够专门生产和出口能源密集度更高的商品和服务。目前，一个经济体在可再生能源中所占的份额与其在能源密集型商品出口中的显性比较优势之间并无显著的相关性（见图5-7）[14]。部分原因是资本、劳动力和生产力等其他因素也决定了一个国家的比较优势，部分原因是碳排放成本没有反映在许多经济体的生产成本中。

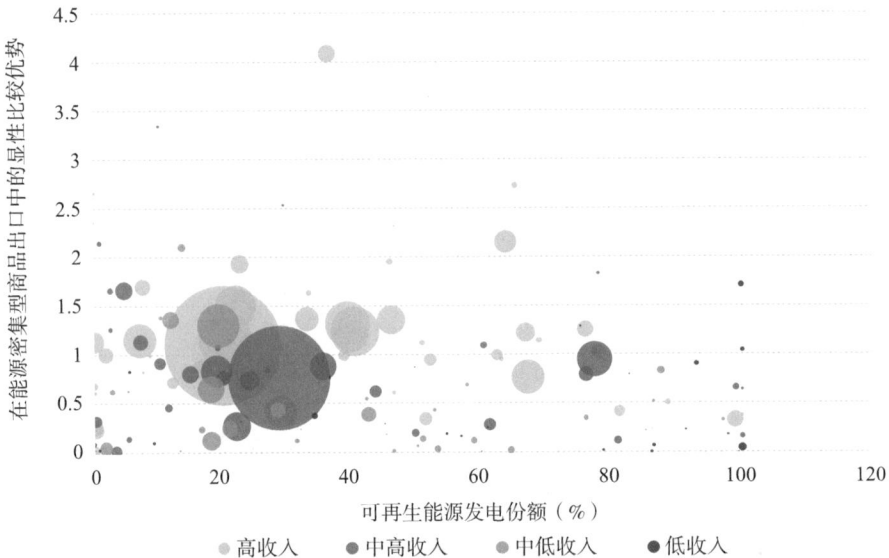

图5-7： 可再生能源市场份额与能源密集型产品出口之间无相关性

资料来源： 作者根据《英国石油公司统计年鉴》（2022）和世界银行关于可再生能源发电份额的数据，以及联合国商品贸易统计数据库关于能源密集型产品贸易份额进行的计算。

注： 显性比较优势表示每个国家能源密集型产品在总出口中的份额除以这些产品在全球出口中的份额。能源密集型产品包括以下行业的产品：基本金属、其他非金属矿产品、化学品和医药产品以及化工产品。泡泡的大小代表了经济体的GDP。

当各国政府协调其气候政策时，气候变化带来的成本会反映在商品和服务的价格上。因此，拥有相对清洁能源资源的经济体在生产和出口相对能源密集型商品和服务方面将具有比较优势，这使得贸易能够在减缓气候变化方面发挥更大的作用。

勒·莫歌纳（2023）发现，统一的全球碳税或同等的减排政策在减少温室气体排放方面非常有效。如果各国政府采用每吨二氧化碳当量100美元的全球碳价格，全球排放量将减少27.5%，而总产出仅减少2.6%，实际收入仅减少0.7%。事实上，国际贸易通过将消费者与绿色生产源头联系起来，使其在应对气候变化方面发挥了积极作用。

温室气体排放总量将通过三种效应得到减少。首先，按碳成本提高所有产品的价格将导致消费量和生产量的整体下降，这将直接减少排放量（规模效应）。其次，消费将从碳密集型部门转向碳密集程度较低的部门，从而减少全球温室气体排放（构成效应）。最后，各经济体在生产技术上的差异意味着，当某一特定产品具有相对环境友好的来源时，该产品将相对便宜，从而减少该产品的全球生产排放量（来源效应）。

虽然规模效应和构成效应可能发生在封闭的经济世界中，但来源效应从根本上讲与国际贸易密不可分。事实上，碳定价带来的温室气体减排量的1/3以上是通过将生产转移到具有绿色比较优势的区域实现的。来源效应下，实现最大减排量的是两个碳密集程度最高的部门：农产品和能源。这两个部门分别实现了占全球排放总量3.2%和7.2%的减排量（见图5-8）。

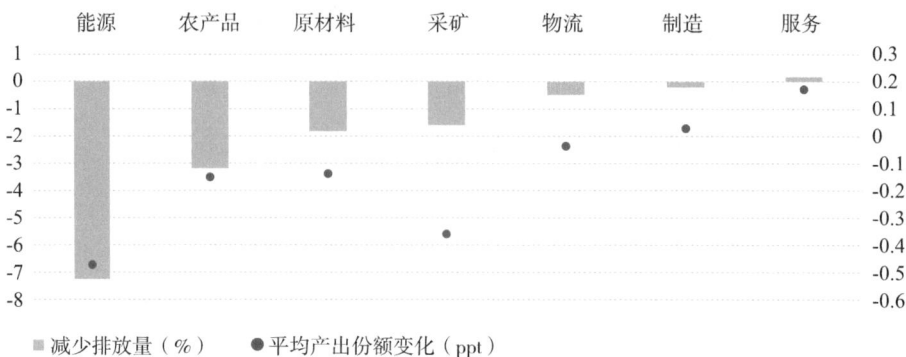

图5-8：绿色比较优势能够以有限的经济成本大幅减少全球排放量

资料来源：勒·莫歌纳（Le Moigne，2023）。

注：左轴表示在对每吨二氧化碳征收100美元碳税的情况下，由于源自排放量相对较低的经济体的贸易（来源效应），各部门在全球温室气体排放量中所占份额的变化情况。右轴表示在对每吨二氧化碳征收100美元碳税的情况下由于来源效应，该部门消费份额的百分点变化。

此外，协调政府对清洁技术研发的支持可以加快绿色转型。阿齐默鲁等人（2015）的研究显示，应对气候变化的最佳解决办法必然需要全球政策协调，包括在全球层面实施针对环境的研发补贴和碳税。如果发达经济体将自己的技术变革导向清洁技术，然后促进新的清洁技术的推广，那么避免灾难性的全球气候变化就将取得进展。发达经济体的绿色创新对发展中经济体的溢出效应越大，有能力吸收这些技术的发展中经济体就越有可能实施清洁技术。然而，如果没有政策协调，尽管发达经济体制定了环境法规并进行了清洁技术创新，污染环境的生产投入往往会向发展中经济体转移，而不会减少。

政策协调不仅适用于环境政策，也适用于贸易政策。例如，夏皮罗（2021）发现，碳密集型产业产品的进口关税和非关税壁垒大大低于清洁型产业的产品。这种贸易政策上的差异每年为与国际贸易商品相关的二氧化碳排放提供了5500亿~8000亿美元的全球隐性补贴，从而加速了气候变化。如果每个经济体对清洁产业和污染产业设置相同的关税和非关税壁垒，全球二氧化碳排放量可减少约3.6个百分点，全球实际收入可增加0.7个百分点。

由于碳密集型产业往往是全球价值链中的上游产业，因此，通过多边谈判消除关税升级、保护国内加工业及阻碍原材料原产国加工业发展的做法，有助于解决贸易政策的环境偏见问题。贸易政策也可用于解决其他全球环境问题，如塑料污染（见专栏5-2）。

三、再全球化可提供发展机会

如第四章所述，再全球化也为以前被全球化边缘化的经济体和群体提供了发展机会。国际环境条约承认，不同经济体在解决环境问题方面的责任和能力各不相同。再全球化需要确保应对环境挑战的努力不会以损害仍处于贫困边缘的人口的经济增长为代价。

世贸组织工作人员（Bekkers等，即将出版）的一项研究强调，协调一致的碳定价框架有助于实现《巴黎协定》的目标，即遏制全球变暖，同时按照各经济体的历史排放量和能力按比例分配减缓责任。其他国际组织也提出了在全球范围内协调碳定价的建议。国际货币基金组织（IMF）工作人员提出的"国际碳价格下限"规定了按发展水平区分的全球最低碳价格。模拟分析表明，该建议有助于以相对较小的宏观经济成本扩大气候缓解行动规模（Chateau等，2022）。

对于许多发展中经济体，特别是拥有丰富太阳能资源的非洲和中东经济体来说，再全球化也意味着可再生能源领域新的贸易机会。为了发掘可再生能源的潜力，这些经济体必须能够通过贸易和技术转让获得技术，如太阳能电池板等。此外，许多发展中经济体可以成为可再生能源的出口国，前提是能源可被存储和远距离运输（WTO，2022g）。

专栏5-2：应对塑料污染的贸易政策

过去几十年来，塑料作为一种重要材料得到广泛应用，全球产量呈指数级增长。自2005年以来，全球塑料或塑料制品的出口额增长了一倍多，在2021年已达到1.2万亿美元。但在全球范围内，只有9%的塑料废物被回收利用（OECD，2022b）。

塑料污染对人类健康和环境构成严重挑战，例如，露天焚烧塑料会产生危险的空气污染物，危害人类健康和环境。2040年，与塑料生产、使用和处置有关的温室气体排放量可占《巴黎协定》允许排放总量的19%（皮尤慈善信托基金和SYSTEMIQ，2022）。超过800种海洋和沿海物种通过摄入和缠绕等方式受到塑料污染的影响（UNEP，2021）。

2022年3月，联合国通过了一项历史性决议，旨在结束塑料污染，并在2024年之前达成一项具有法律约束力的国际文件。这一正在进行的进程预计将达成一项全面且覆盖塑料生命全周期的法律文件（UNEP，2023a）[15]。应成员请求，联合国秘书处编写了一份文件，其中载有该文书可能包含的"潜在要素备选方案"（UNEP，2023a），包括若干与贸易有关的条款。

贸易和贸易政策可以成为解决塑料污染问题的关键部分。解决塑料污染问题的贸易措施包括识别塑料贸易流向（包括隐含在国际贸易商品中或用作包装的塑料的"隐性流动"）、促进安全和环境上可持续的塑料回收和再利用，以及促进可持续和有效的塑料替代品和替代品贸易。除了对环境有明显益处外，塑料的可持续管理也代表着巨大的经济收益。据估计，到2040年，转型后的塑料经济[16]可以创造70万个新的就业机会，改善数百万工人的生计，同时避免3.3万亿美元的环境和社会成本（UNEP，2023b）。

一些世贸组织成员于2020年11月发起了一项倡议，探讨世贸组织如何能够为减少塑料污染和促进向更具环境可持续性的塑料贸易转型做出贡献[17]。2021年12月发布的一份部长级声明，提出了这一倡议的路线图，并确定了一些重点领域。其中包括提高塑料贸易流向、供应链和贸易政策的透明度，加强与其他国际机构的监管合作，确定环境上可持续的贸易政策和机制，以及加强对最不发达国家和小岛屿发展中国家等脆弱经济体的贸易相关技术援助。该部长级声明呼吁，在定于2024年2月召开的世贸组织第十三届部长级会议前取得"具体、务实和有效的成果"。

世贸组织的模拟显示，从长远来看，经济脱碳将改变能源出口的模式（Bekkers等，2023）。更多地使用绿色氢能等便于能源储存和长距离运输的技术可以增加能源出口的份额。此外，如果拥有丰富太阳能资源的经济体有更多获得可再生能源技术的机会，它们就可以增加绿色能源的出口。如果一个经济体的能源生产能力与其在太阳能方面的自然禀赋相匹配，再加上绿色氢能的大量使用，传统化石燃料出口国的能源出口在能源生产总量中的份额估计将达到51%，中高收入经济体达40%，中低收入经济体达18%。

发展中经济体还可以通过致力于提供对绿色转型至关重要的产品和服务而从绿色转型中受益。例如，许多发展中经济体是绿色转型关键原材料的主要出口国，如锂、铝土矿、硼酸盐、钴和铬（Kowalski和Legendre，2023）。然而，为了以环境可持续的方式利用这一出口潜力，就必须发展可持续的采矿做法，投资更清洁技术，并遵守环境法规，以尽量减少采矿活动对环境和当地社区的负面影响。

可持续农业贸易还为出口和发展提供了机会。生产和出口以可持续方式生产的农产品，如经认证的有机产品和公平贸易产品，满足了全球对环境和对社会负责的食品日益增长的需求。采用生态友好型农业做法，如有机农业、农林农业和精准农业，有利于维护土壤健康，节约用水，并减少化学投入品的使用。此外，开展国际伙伴关系和合作可以促进知识交流和技术转让，支持传播最佳实践和可持续农业的创新解决方案。正如斯蒂芬·卡林吉、莫拉库·得斯塔和杰森·麦科马克在评论文章中所指出的，围绕绿色贸易的再全球化给非洲带来了挑战和机遇。

专家观点

围绕绿色贸易的再全球化：非洲面临的挑战和机遇

斯蒂芬·卡林吉 联合国非洲经济委员会（UNECA）区域一体化和贸易司司长

莫拉库·得斯塔 UNECA非洲贸易政策中心协调员

杰森·麦科马克 UNECA经济事务协理干事

几十年来，非洲一直在参与多边贸易体制，但一直未能充分享受到全球化带来的好处。然而，全球化本身并不是问题所在，问题在于全球化建立所依据的术语、意识形态基础和运作工具。正因如此，今天的非洲首当其冲地面临着本书所指出的三大挑战——极端且普遍的贫困、环境退化以及缺乏安全和韧性。

在此背景下，为建立一个有韧性、包容和可持续的未来而再全球化的主张必然受到非洲和非洲人民的欢迎——事实上，非洲在推动再全球化方面具有独特的地位。现在的问题在于世界如何进行再全球化。以下是基于非洲视角的几点看法。

第一，我们需要承认，转向区域或集团为基础的贸易是仅次于全球化的最佳选择。但是，如果我们所说的再全球化仅仅是将多边贸易体制扩展到新的主题和新的参与者，那么我们就没有抓住重点。我们知道，全球化并没有让所有人受益。非洲在全球贸易中的份额一直停滞不前。就在2021年，非洲近70%的全球出口是初级产品。非洲还一直非常依赖制成品的进口。两种情况结合起来使非洲大陆暴露在变幻莫测的国际商品市场中。因此，再全球化绝不能是与过去别无二致的旧的全球化。

第二，以人类发展为核心、基于公平公正原则的再全球化是唯一可行的出路。除了以规则为基础的多边主义之外，没有其他可行的替代方案；而对于再全球化所依据的规则的性质，我们需要进行适当的思考、讨论并作出决定。

第三，非洲对构建具有韧性、包容性和可持续未来的再全球化议程的支持是以某些原则为基础的。在基于规则的多边主义受到攻击的当下，非洲一直致力于建立一个以公平、非歧视、透明和问责为基础的非洲大陆单一市场。这就是《非洲大陆自由贸易区协定》（AfCFTA协定）的意义所在。联合国非洲经济委员会（ECA）的模型估算显示，非洲大陆自由贸易区将使2045年非洲的农业食品、服务和工业部门分别增长50.2%、37.6%和36.1%。非洲大陆自由贸易区将使非洲在全球舞台上为基于规则的多边主义发出有力声音。

第四，作为再全球化基础的经过改革的多边贸易体制需要将发展和可持续性置于核心位置。非洲在对绿色转型至关重要的矿物方面具有独特禀赋，例如丰富的钴、锂、镍和其他矿物储量，这使得非洲能够在实现其发展目标的同时实现环境目标。

总之，非洲应该欢迎基于绿色贸易的再全球化。但是，不把发展和公正放在核心位置的再全球化很可能会面临与今天的全球化相同的命运。不幸的是，主要贸易大国以应对气候变化为名采取单边措施，这有可能扼杀非洲在以绿色贸易为基础的再全球化下实现工业化的前景。

免责声明

观点文章由作者全权负责，不代表世贸组织成员或世贸组织秘书处的意见或观点。

四、世贸组织在支持环境可持续性方面的作用

国际合作对于解决气候变化、生物多样性和废物管理等全球和区域环境问题至关重要。目前生效的处理各种环境问题的多边和区域环境协定超过1000个。其中，为数不多的协定包含了与贸易有关的具体义务，如对进出口产品不对环境造成损害的要求或限制[18]。在这方面，贸易政策可以成为应对具体环境挑战和支持更广泛的可持续发展的有效工具。

区域贸易协定一直处于解决贸易和环境问题的前沿。越来越多的区域贸易协定包含环境条款。大多数环境条款都集中在类似的环境问题上，尽管它们在语言、范围和可执行性上可能有所不同。一

些协议要求采纳和执行国内环境政策和多边环境协议。区域贸易协定也越来越多地涉及支持环境产品和服务、生物多样性以及森林和渔业的可持续管理（Monteiro 和 Trachtman，2020；WTO，2022g）。

在多边层面，世贸组织通过其不同的职能为支持环境保护作出贡献。可持续发展和环境保护被公认为多边贸易体制的中心目标。世贸组织规则提供了可预测性，并确保成员不以保护环境为幌子推行保护主义，从而有助于制定更加有效和一致的与环境有关的贸易政策。根据世贸组织框架下的协定，世贸组织成员有权以其选择的程度采取贸易限制措施来保护环境，只要这些措施符合某些要求，例如不是任意或不合理的歧视手段或对国际贸易的变相限制。

2022 年通过的世贸组织《渔业补贴协定》是世贸组织首个聚焦环境问题的协定。该协定禁止补贴非法、不报告和不受管制捕捞（IUU），并禁止对过度捕捞的鱼类种群和在无管制的公海捕捞的捕捞行为提供补贴。这些都是造成世界鱼类种群普遍枯竭的关键因素。世贸组织成员还同意继续就悬而未决的问题进行谈判，包括对助长产能过剩和过度捕捞的补贴的约束纪律。

世贸组织的大多数机构，包括贸易与环境委员会，还讨论向世贸组织通报的为实现环境目标而采取的贸易措施。这种信息交流有助于识别潜在的贸易问题，并通过讨论和协商加以解决。此外，世贸组织的争端解决机制也可用于解决与环境有关的贸易关注。世贸组织秘书处还与国际环境机构合作，促进贸易与环境政策之间的相互支持。

世贸组织正在进行的讨论和潜在的改革可能会加强贸易和贸易政策在支持环境保护方面的潜在作用。国际贸易合作可以在促进采用环境友好型技术和做法方面发挥关键作用。通过促进环境产品和服务的开发和应用，贸易可以鼓励企业通过投资绿色技术和生产方法来减少对环境的影响，提高运营的可持续性。一些学者建议在世贸组织项下制定一项协议，实现绿色技术产品贸易自由化，促进对环境产业的投资，并为技术人才的流动提供便利，以培养具备企业家精神的熟练劳动力（Hanson 和 Slaughter，2023）。2014 年，代表 46 个世贸组织成员的 18 名参与者以亚太经合组织（APEC）论坛确定的环境产品清单为起点，启动了旨在取消一些重要环境相关产品关税的谈判[20]。然而，谈判自 2017 年来一直处于停滞状态。

更具雄心的国际贸易合作也有助于应对与全球供应链有关的环境挑战，具体做法是提升供应链管理的透明度和可追溯性，包括通过制定促进可持续生产和贸易做法的标准和认证计划，以及通过实施可追溯系统，使企业能够跟踪其业务对环境的影响。此外，支持建立具体环境标准的等效性和标准互认的努力可以促进环境保护，同时避免造成不必要的贸易壁垒。

虽然世贸组织的规则本身并不限制具备雄心的环境行动，但与某些气候政策有关的贸易紧张局势引起了对某些世贸组织规则适用性的担忧[19]。有鉴于此，部分世贸组织成员就是否有必要就特定环境相关贸易政策（如环境补贴）的使用达成相互谅解进行了讨论并提出了建议。一些成员曾正式提议重新引入不可诉补贴，包括为环境目的采用的补贴，特别是其采用将对发展中成员有利的补贴[21]。然而，到目前为止，这一事项尚未作出任何决议。尽管充满挑战性，但保持对话并在必要时澄清世贸组织关于这些问题的规则将有助于避免贸易争端，并提高与环境有关的贸易政策的可预测性。

世贸组织成员已开始探索一系列以可持续性为重点的新倡议，这些倡议可促成与贸易有关的具体行动以帮助应对全球环境挑战。

这类倡议包括：贸易与环境可持续性结构化讨论（TESSD）、塑料污染与可持续塑料贸易非正式对话（见专栏5-2）和化石燃料补贴改革。

第五节　本章小结

本章回顾了贸易与环境之间的复杂关系。在过去几十年中，国际贸易经历了前所未有的扩张，在此期间，发达经济体的二氧化碳排放总量略有增加，而中等收入经济体的二氧化碳排放量净增幅较大。虽然贸易加剧温室气体的排放，但它也通过提高生产力和传播环境技术的方式直接改善环境，并通过增加收入和提高对清洁环境的需求间接改善环境。

从碳税和环境补贴到法规和标签要求，越来越多的国家政府颁布了环境政策。虽然这些政策有助于应对国内的环境挑战，但也可能对其他经济体的贸易和环境产生影响，并导致贸易报复措施，从而阻碍这些政策的有效性。要最大限度地发挥环境政策的潜在影响，就必须对环境政策进行国际协调，实现知识溢出，并通过规模经济降低应对环境挑战的成本。

通过推动服务贸易和促进数字技术的更广泛应用，再全球化可以降低贸易的碳排放强度。环境政策方面的国际合作也可以使各经济体利用其"绿色比较优势"，进一步加强贸易在促进绿色转型方面的作用。如果各国政府采用全球碳价格，国际贸易实际上将通过把消费者与绿色生产源头联系起来，在减缓气候变化方面发挥积极作用。作为可再生能源和可持续农产品的出口国，许多发展中经济体将从这一绿色转型中获益。世贸组织可在加强贸易与环境政策之间的协调性方面发挥重要作用，也可以为使贸易更加可持续做出贡献。

注释：

[1] 例如，国际海事组织（IMO）于2018年通过并于2023年修订的《2023年船舶温室气体减排战略》提供了一个政策框架，以在2050年实现国际航运的温室气体净零排放，并承诺确保在2030年前采用零温室气体和近零温室气体的替代燃料。国际民用航空组织（ICAO）于2016年通过了《国际航空碳抵消和减排计划》（CORSIA），允许飞机运营商从其他部门购买减排抵消，以补偿其自身排放量在2020年水平以上的任何增长，从而自该年起实现碳中和增长。

[2] 此外，正如有关产业内贸易的文献指出，国际贸易还由消费者对多样性和规模经济的喜爱所驱动。

[3] 研究还发现，受到国际贸易影响，国内的环保态度会恶化（Bez，Colantone和Zanardi，即将出版）。

[4] 绍瓦热（2014）中定义的环境产品清单包括248个六位《协调制度》（HS）税目。须承认，某些环境产品可能被用于非环境目的，从而导致其价值和在全球贸易中的份额被高估。

[5] 尽管碳排放税和碳排放交易制度大致相同，且可以产生相同数额的收入，但两者之间存在重要差异。碳排放税是由监管机构决定的，而排放到大气中的排放量最初是未知的，将取决于企业和消费者对税收的反应。相比之下，碳排放交易制度具备更强的碳排放量确定性，但也意味着更高的价格波动性。此外，

建立和管理碳排放交易制度的成本可能更高，至少在初期是这样。

[6] 例如，大多数政府依靠标准对乘用车的污染排放许可量设定数量限制，因为直接测量单个车辆的污染是有缺陷的，而且费用过于昂贵（Venigalla，2013）。

[7] 这项研究重点关注两项关键的空气污染政策：最高法院行动计划和强制安装催化转化器政策，以及印度的主要水资源政策——国家河流保护计划，后者的重点是减少河流中的工业污染和建立污水处理设施。

[8] 参见 https://standardsmap.org/en/home.

[9] 在世贸组织技术委员会，如市场准入委员会、SPS委员会和TBT委员会上提出的贸易关注，有时也在世贸组织较高级别的机构，如货物贸易理事会被提出和讨论。世贸组织各级机构提出的贸易关注概览见图2-1。

[10] 见2022年7月7日和8日货物贸易理事会会议的报告（世贸组织官方文件编号G/C/M/143）。

[11] 2022年2月2日，贸易与环境委员会会议报告（世贸组织官方文件编号WT/CTE/M/74）。

[12] 在这种假设情形下，假定各经济体开始执行民族主义政策，逐步将学习限定于发生在本国境内，且每年的装机容量保持不变。

[13] 参见 https://exponentialroadmap.org/.

[14] 能源密集型产品包括能源密集程度相对较高的贸易产品，如基本金属、非金属矿物产品、化学品和医药产品。显性比较优势指数是评估一个国家在某些商品出口方面竞争力的有用指标。它基于李嘉图的贸易理论，该理论认为各经济体之间的贸易模

式受其生产率相对差异的制约。

[15] 参见https://www.unep.org/about-un-environment/inc-plastic-pollution.

[16] 在这种情况下，用于一次性塑料的新材料流入量减少了一半以上，而再利用或循环的材料流入量增加到总量的27%。

[17] 关于塑料污染和环境可持续塑料贸易非正式对话的更多信息可查阅世贸组织网站：https://www.wto.org/english/tratop_e/ ppesp_e/ppesp_e.htm.

[18] 这些协定的例子包括《濒危野生动植物种国际贸易公约》《国际热带木材协定》《生物多样性公约》《联合国气候变化框架公约》和《控制危险废物越境转移及其处置巴塞尔公约》。

[19] 一些学者提出在世贸组织框架内实行气候豁免，目的是促进执行碳定价措施并支持向更绿色全球经济的必要转型（Bacchus，2018）。

[20] 2012年符拉迪沃斯托克APEC领导人宣言标志着一个经济体集团首次就一组54种环境产品达成一致，决定到2020年底将各自对这些产品的适用关税税率降至5%以下。

[21] 世贸组织官方文件编号WT/MIN（01）/17, TN/RL/W/41和WT/GC/W/773，可在https://docs.WTO.org/查阅。

第六章　结　论

近70年来，全球各经济体认识到相互依存与合作能够创造共同繁荣，因此一直在相互开放市场。然而，2008—2009年的国际金融危机、新冠疫情和乌克兰危机等严峻挑战有可能破坏这一愿景，凸显出全球化世界固有的一些风险。因此，一些人开始质疑全球化的益处。这种思维方式倾向于认为世界将更加支离破碎，一体化程度将降低。幸运的是，这种情况尚未发生。我们仍有时间采取行动，但正如本报告所显示的那样，关于全球化论调的变化已经转化为紧张局势的加剧和贸易中地缘经济分化的初步迹象。

本报告认为，只需回顾部分研究结果可知，对世界贸易采取各自为政的做法会降低全球福祉，对解决世界面临的最紧迫挑战无益。

第一，尽管全球价值链出现了暂时的瓶颈和中断，但在最近和当前的危机中，贸易已证明了其在增强经济安全方面的价值。在新冠疫情期间，人们通过贸易将医疗物资和疫苗分发到需要它们的地方。乌克兰危机爆发后，通过帮助粮食进口商找到新的供应源，贸易在解决粮食安全问题方面也发挥了作用。

第二，贸易是全球经济趋同和减贫的重要推动力。虽然在缺乏适当国内政策的情况下，贸易可能会加剧国家内部的不平等，但它也为非正规就业者、女性和中小微企业创造了重要机会。此外，贸易还有助于在全球范围内推广绿色技术，将资源转移给更环保的生产者，并抵消增产带来的影响。

本报告的确定结论是，当今世界需要更多的贸易与合作，而非反之。全世界决策者面临的重大问题——从安全、包容到气候变化——都超越了民族国家的疆界。无论是流行病、冲突还是温室气体排放，都不会止步于边境。国内选择、政策的溢出效应和外部效应比以往要大得多。因此，脱离其他国家单独行动并非解决问题之道。全球化与合作必须成为破解世界危机的应有之义。

然而，全球化需要发展以应对新的挑战，且需要辅之以适当的国内政策。技术发展为将贸易扩展到更多的经济体、人民和部门提供了新的机遇，有助于解决全球环境、社会和安全问题。为了切实获得这些好处，我们需要在贸易和其他一系列问题上加强国际合作。为此，世贸组织创造了"再全球化"一词。重振和改革后的世贸组织将在其中发挥核心作用。

具体而言，本报告提出了这样一个问题：为了解决经济和地缘政治安全、贫困和包容以及环境可持续性等问题，是再全球化好还是碎片化好？本报告回顾了现有的证据，并对不同的情景进行了实证分析。结论是明确的：碎片化将损害安全与稳定。碎片化将使我们付出巨大代价，包括带来更多的不平等和贫困，尤其是对较贫穷的国家而言。如果这种情况持续下去，各国将很难，甚至不可能在诸如气候变化等全球问题上进行合作，也无法确保必要的技术扩散以实现可持续发展目标。

相反，如前所述，贸易一体化是韧性与和平的源泉，是全球经济增长和减贫的主要推动力，也是传播实现可持续发展所需工具的引擎。而且，贸易一体化在应对当今挑战方面还可以走得更远：更深入、更分散、更多样化的全球供应链，也就是定制的再全球化，可以为落后的国家和人民提供更充分参与全球贸易并从中获益的途径。数字技术的普及能够同时便利商品和服务贸易。此外，贸易可以增加发展机会，促进结构变革，帮助实现低排放目标，同时支持全球生产的绿色分配。

然而，如果想让贸易继续创造机会和促进增长，就需要加强贸易政策合作。例如，通过全面实施世贸组织《贸易便利化协定》等方式降低贸易成本将有助于全球价值链的多样化。

为了促进服务贸易的增长，特别是数字可交付服务的增长，需要就服务贸易国内规制、电子商务和投资便利化达成共识。世贸组织在这些方面都取得了重大进展。恢复世贸组织关于环境产品和服务协定的谈判，并对破坏环境的做法进行约束，将有助于推动环境目标的实现。世贸组织成员正积极参与解决上述问题及其他问题，包括如何使世贸组织成为一个更有效的平台，以解决日益增多的需要多边解决方案的问题。

贸易合作也在其他方面取得进展。《非洲大陆自由贸易区协定》（AfCFTA协定）和《全面与进步跨太平洋伙伴关系协定》（CPTPP）等区域协定覆盖了很大的贸易份额，为数十亿人创造了机会。这些协定越来越多地涉及与韧性、包容和可持续直接相关的新政策领域。此外，它们还有助于国际贸易体系进一步走向包容和相互支持。

在《联合国气候变化框架公约》（UNFCCC）、关于气候变化的《巴黎协定》和旨在减少不平等的经合组织／二十国集团关于税基侵蚀和利润转移的包容性框架中，我们也可以看到类似的趋势。尽管这些协定以及近期的世贸组织协定凸显了在许多不同主体参与的情况下达成，以及在批准和实施协议方面的困难，但它们同样清楚地表明，合作的解决方案仍然是可行的。

　　所有这些都是正在发挥作用的再全球化。再全球化已然发生，且将造福所有人。但是，要使其大行其道，我们还有更多的工作要做。正如本报告所述，世贸组织在推动这一进程上可以发挥关键作用。

参考文献

[1] Abdih, Y. and Danninger, S. (2017), "What Explains the Decline of the U.S. Labor Share of Income? An Analysis of State and Industry Level Data", Working Paper WP/17/167, Washington (DC): International Monetary Fund.

[2] Acemoglu, D., Aghion, P., Bursztyn, L. and Hemous, D. (2012), "The Environment and Directed Technical Change", American Economic Review 102(1):131-166.

[3] Acemoglu, D., Aghion, P. and Hémous, D. (2015), "The environment and directed technical change in a North–South model", Oxford Review of Economic Policy 30(3):513-530.

[4] Acharya, A. (2017), "After Liberal Hegemony: The Advent of a Multiplex World Order", Ethics & International Affairs 31(3):271-285.

[5] Agarwal, P., A., B., Lemma, A., Mkhabela, V. and Stuart, J. (2022), The African Continental Free Trade Area and the Automotive Value Chain.

[6] Aghion, P., Bergeaud, A., Lequien, M. and Melitz, M. J.(2022), "The heterogeneous impact of market size on innovation: evidence from French firm-level exports", Review of Economics and Statistics 1-56.

[7] Aguiar, A., Corong, E., van der Mensbrugghe, D., Bekkers, E., Koopman, R. and Teh, R. (2019), "The WTO Global Trade Model: Technical documentation", Staff Working Paper No. ERSD-2019-10, Geneva: WTO.

[8] Ahn, J., Amiti, M. and Weinstein D.E. (2011), "Trade finance and the Great Trade Collapse", American Economic Review 101(3):298-302.

[9] Aiyar, S., Chen, J. Ebeke, C. H., Garcia-Saltos, R., Gudmundsson, T., Ilyina, A., Kangur, A., Kunaratskul, T., Rodriguez, S. L., Ruta, M., Schulze, T., Soderberg, G. and Trevino, J. P. (2023), "Geoeconomic Fragmentation and the Future of Multilateralism" IMF Staff Discussion Note no. 2023/001, Washington, DC.: IMF. Retrieved at https://www.imf.org/en/Publications/Staff-Discussion-

Notes/Issues/2023/01/11/Geo-Economic-Fragmentation-and-the-Future-of-Multilateralism-527266.

[10] Aichele, R. and Felbermayr, G. (2015), "Kyoto and Carbon Leakage: An Empirical Analysis of the Carbon Content of Bilateral Trade", Review of Economics and Statistics 97(1):104-115.

[11] Al Khourdajie, A. and Finus, M. (2020), "Measures to enhance the effectiveness of international climate agreements: The case of border carbon adjustments", European Economic Review 124:103405.

[12] Alfaro-Ureña, A., Faber, B., Gaubert, C., Manelici, I. and Vasquez, J. P. (2022) "Responsible sourcing? Theory and evidence from Costa Rica", NBER Working Paper, Cambridge (MA): NBER.

[13] Alford, R. P. (2011), "The Self-Judging WTO Security Exception", Utah Law Review 697.

[14] Allen, G. C. and Benson, E. (2023), "Clues to the U.S.-Dutch-Japanese Semiconductor Export Controls Deal Are Hiding in Plain Sight", Washington, D.C.: Center for Strategic and International Studies (CSIS).

[15] Allianz Research (2021), "The Suez canal ship is not the only thing clogging global trade", Munich: Allianz SE.

[16] Allison, G. T. (2017), Destined for War: Can America and China Escape Thucydides's Trap?, Boston: Houghton Mifflin Harcourt.

[17] AMIS (2023), "Agricultural Market Information System: About", amis-outlook.org.

[18] Amiti, M., Dai, M., Feenstra, R.C. and Romalis, J. (2020), "How did China's WTO entry affect U.S. prices?", Journal of International Economics 126:103339.

[19] Amiti, M., Redding, S. J. and Weinstein, D. E. (2019), "The Impact of the 2018 Trade War on U.S. Prices and Welfare", NBER Working Paper No. 25672, Cambridge (MA): National Bureau of Economic Research (NBER).

[20] Amiti, M., Redding, S. J. and Weinstein, D. E. (2020), "Who's paying for the

US tariffs? A longer-term perspective", AEΛ Papers and Proceedings, 110: 541-46.

[21] Anderson, B., & Di Maria, C. (2011). "Abatement and Allocation in the Pilot Phase of the EU ETS." Environmental and Resource Economics, 48:83-103.

[22] Angell, N. (1910), The Great Illusion: A Study of the Relation of Military Power to National Advantage, New York and London: G.P. Putnam's Sons.

[23] Antràs, P. (2020), "De-Globalisation? Global Value Chains in the Post-COVID-19 Age", NBER Working Paper No. 28115, National Bureau of Economic Research.

[24] Antràs, P., Dhyne, E., Kikkawa, K., Kong, X. and Mogstad, M. (2023), "Endogenous Production Networks with Fixed Costs", working paper no. 2023-27 (February 2023), Chicago: University of Chicago.

[25] Aron, R. (1962), Paix et guerre entre les nations, Paris: Calmann-Lévy.

[26] Arnold, J. M., Javorcik, B. S., Lipscomb, M. and Mattoo, A. (2015), "Services Reform and Manufacturing Performance: Evidence from India", The Economic Journal 126(590):1-39.

[27] Arnold, J. M., Mattoo, A. and Narciso, G. (2008), "Services inputs and firm productivity in Sub-Saharan Africa: Evidence from firm level data", Journal of African Economies 17(4):578-599.

[28] Artuc, E., Lederman, D. and Rojas, D. (2015), "The rise of China and labor market adjustments in Latin America", World Bank Policy Research Working Paper No 7155.

[29] Artuc, E., Porto, G. and Rijkers, B. (2019), "Trading Off the Income Gains and the Inequality Costs of Trade Policy", Journal of International Economics 120:1-45.

[30] Asian Development Bank (ADB), University of International Business and Economics (UIBE), World Trade Organization (WTO), Institute of Developing Economies – Japan External Trade Organization (IDE-JETRO) and China Development Research Foundation (CDRF) (2021), Global Value

Chain Development Report 2021: Beyond Production, Mandaluyong, Beijing, Geneva and Chiba: ADB, UIBE, WTO, IDE-JETRO and CDRF.

[31] Atkin, D., Chaudhry, A., Chaudry, S., Khandelwal, A. K. and Verhoogen, E. (2015), "Mark-up and Cost Dispersion across Firms: Direct Evidence from Producer Surveys in Pakistan", National Bureau of Economic Research Working Paper Series No. 20868.

[32] Auboin, M. and Borino, F. (2022), "Applying import-adjusted demand methodology to trade analysis during the COVID-19 crisis: What do we learn?", WTO Staff Working Paper No. ERSD-2022-08, Geneva: WTO. Retrieved at https://www.wto.org/english/res_e/reser_e/ ersd202208_e.htm.

[33] AUC/OECD. (2021), "Africa's Development Dynamics 2021:Digital Transformation for Quality Jobs".

[34] Autor, D. H., Dorn, D., Katz, L. F., Patterson, C. and Van Reenen, J. (2020), "The Fall of the Labor Share and the Rise of Superstar Firms", The Quarterly Journal of Economics 135(2):645-709.

[35] Autor, D. H., Dorn, D. and Hanson, G. H. (2013), "The China Syndrome: Local Labor Market Effects of Import Competition in the United States", American Economic Review 103(6):2121-2168.

[36] Autor, D. H., Dorn, D. and Hanson, G. H. (2016), "The China Shock: Learning from Labor Market Adjustment to Large Changes in Trade", NBER Working Papers no. 21906. Retrieved at https://www.nber.org/papers/w21906.

[37] Avom, D., Dadegnon, A. K. and Igue, C. B. J. T. P. (2021), "Does digitalization promote net job creation? Empirical evidence from WAEMU countries", Telecommunications Policy 45(8):102215.

[38] Aw, B. Y., Roberts, M. and Xu, D. Y. (2011), "R&D Investment, Exporting, and Productivity Dynamics", American Economic Review 101:1312-1344.

[39] Axelrod, R. (1980), "Effective Choice in the Prisoner's Dilemma", The Journal of Conflict Resolution 24(1):3-25.

[40] Axelrod, R. (1984), The Evolution of Cooperation, New York: Basic Books.

[41] Bacchetta, M., Bekkers, E., Piermartini, R., Rubínová, S., Stolzenburg, V. and Xu, A. (2021), "COVID-19 and global value chains: A discussion of arguments on value chain organization and the role of the WTO", WTO working paper no. ERSD-2021-3, Geneva: WTO.

[42] Bacchetta, M. and Stolzenburg, V. (2019), "Trade, value chains and labor markets in advanced economies", in Global Value Chain Development Report 2019:Technological innovation, supply chain trade, and workers in a globalized world, Geneva: WTO, the Institute of Developing Economies (IDE-JETRO), OECD, Research Center of Global Value Chains headquartered at the University of International Business and Economics(RCGVC-UIBE), World Bank Group and China Development Research Foundation.

[43] Bacchus, J. (2018), "The Content of a WTO Climate Waiver", Centre for International Governance Innovation (CIGI) Paper No. 204, 4 December 2018. Retrieved at https://www.cigionline.org/publications/content-wto-climate-waiver/.

[44] Bagwell, K. and Staiger, R. W. (1999), "An Economic Theory of GATT", American Economic Review 89(1):215-248.

[45] Bakaki, Z. (2018), "Do International Organizations Reduce the Risk of Crisis Recurrence?", Journal of Global Security Studies 3(3):358-370.

[46] Baker, S. R., Bloom, N. and Davis, S. J. (2016), "Measuring Economic Policy Uncertainty", The Quarterly Journal of Economics 131(4): 1593-1636.

[47] Bakker, J. D. B., Datta, N., De Lyon, J., Opitz, L. and Yang, D. (2022), "How Brexit Has Raised UK Food Prices", CentrePiece - The magazine for economic performance 628, London: Centre for Economic Performance, LSE.

[48] Baldwin, R. (2012), "Global supply chains: Why they emerged, why they matter, and where they are going", CEPR Discussion Papers 9103.

[49] Baldwin, R. (2022), "The peak globalisation myth: Part 1", voxeu.org. Retrieved at: https://cepr.org/voxeu/columns/peak-globalisation-myth-part-1.

[50] Baldwin, R. and Forslid, R. (2020), "Globotics and development: When manufacturing is jobless and services are tradable", NBER Working Paper 26731.

[51] Baldwin, R. and Ito, T. (2021), "The smile curve:Evolving sources of value added in manufacturing", Canadian Journal of Economics/Revue Canadienne d'économique 54(4):1842-1880.

[52] Baldwin, R. and Lopez-Gonzalez , J. (2013), "Supply-Chain Trade: A portrait of global patterns and several testable hypotheses", NBER Working Paper 18957.

[53] Balistreri, E. J. and Olekseyuk, Z. (2021), "Economic Impacts of Investment Facilitation", Center for Agricultural and Rural Development/Iowa State University, Working Paper Series (21-WP 615), Ames, IA: Iowa State University. Retrieved at https://www.card.iastate.edu/products/publications/pdf/21wp615.pdf.

[54] Balsvik, R., Jensen, S. and Salvanes, K. G. (2015), "Made in China, sold in Norway: Local labor market effects of an import shock", Journal of Public Economics 127:137-144.

[55] Banerjee, S. N., Roy, J. and Yasar, M. (2021), "Exporting and Pollution Abatement Expenditure: Evidence from Firm-level Data", Journal of Environmental Economics and Management 105, 102403.

[56] Bao, X. and Qiu, L. D. (2012), "How do technical barriers to trade influence trade?", Review of International Economics 20(4):691-706.

[57] Barbieri, K. (1996), "Economic Interdependence: A Path to Peace or a Source of Interstate Conflict?", Journal of Peace Research 33(1):29-49.

[58] Barbieri, K. and Levy, J. S. (1999), "Sleeping with the Enemy: The Impact of War on Trade", Journal of Peace Research 36(4), Special Issue on Trade and Conflict(July 1999):463-479.

[59] Barbieri, K. and Peters, R. A. (2003), "Measure for Mismeasure:A Response to Gartzke & Li", Journal of Peace Research 40(6):713-719.

[60] Barbieri, K. and Schneider, G. (1999), "Globalization and Peace: Assessing New Directions in the Study of Trade and Conflict", Journal of Peace Research 36(4):387-404.

[61] Barrows, G. and Ollivier, H. (2016), "Emission Intensity and Firm Dynamics: Reallocation, Product Mix, and Technology in India", Centre for Climate Change Economics and Policy Working Paper No. 275, London:London School of Economics and Political Science.

[62] Barrows, G. and Ollivier, H. (2021), "Foreign demand, developing country exports, and CO_2 emissions: Firm-level evidence from India", Journal of Development Economics 149:102587.

[63] Bas, M. (2014), "Does services liberalization affect manufacturing firms' export performance? Evidence from India", Journal of Comparative Economics 42(3):569-589.

[64] Bas, M., Fernandes, A. and Paunov, C. (2023), "How resilient was trade to COVID-19?", Economics Letters:111080.

[65] Beck, N., Katz, J. N. and Tucker, R. (1998), "Taking Time Seriously: Time-Series-Cross-Section Analysis with a Binary Dependent Variable", American Journal of Political Science 42(4):1260-1288.

[66] Bekkers, E. and Cariola, G. (2022), "Comparing Different Approaches to Tackle the Challenges of Global Carbon Pricing", WTO Staff Working Paper No. ERSD-2022-10, Geneva: WTO.

[67] Bekkers, E., Metivier, J., Tresa, E. and Yilmaz, A. N. (2023), "The Role of International Trade in Decarbonizing the Global Economy", forthcoming, Geneva: World Trade Organization.

[68] Bekkers, E. and Teh, R. (2019), "Potential economic effects of a global trade conflict: Projecting the medium-run effects with the WTO global trade model", WTO Staff Working Paper No. ERSD-2019-04, Geneva: WTO.

[69] Bems, R., Johnson, R. C. and Yi, K.-M. (2013), "The great trade collapse", Annual Review of Economics 5(1):375-400.

[70] Benson, C. (2023), "Underinvestment in disaster risk reduction comes at cost to us all", In Latest Updates, edited by International Science Council.

[71] Bentham, J. (1781), An Introduction to the Principles of Morals and Legislation. Retrieved from https://www.utilitarianism.com/jeremy-bentham/index.html.

[72] Benton-Heath, J. (2020), "The New National Security Challenge to the Economic Order", The Yale Law Journal 129:1022-1099.

[73] Beverelli, C., Gourevich, I., Heiland, I., Keck, A., Larch, M. and Yotov, Y. (2023), "Trade and welfare effects of the WTO Trade Facilitation Agreement", WTO working paper ERSD-2023-04, Geneva: WTO. Retrieved at https://www.wto.org/english/res_e/reser_e/ersd202304_e.htm.

[74] Bez, C. B., Valentina, Colantone, I. and Zanardi, M. (2023), "Exposure to International Trade Lowers Green Voting and Worsens Environmental Attitudes", forthcoming, Nature Climate Change.

[75] Bharti, N., Huria, S., Jose, A. and Pathania, K. J. A. a. S. (2022), "E-Commerce, and the Indian Retail and Manufacturing Sectors-An Empirical Analysis with a Special Focus on Organised Sector MSMEs".

[76] Bijlmakers, S. (2013), "Business and human rights governance and democratic legitimacy: The UN 'protect, respect and remedy' framework and the guiding principles", Innovation: The European Journal of Social Science Research, 26(3):288-301.

[77] Bistline, J., Mehrotra, N. R. and Wolfram, C. (2023), "Economic Implications of the Climate Provisions in the Inflation Reduction Act", Brookings Papers on Economic Activity.

[78] Blackman, A. and Naranjo, M. A. (2012), "Does ecocertification have environmental benefits? Organic coffee in Costa Rica", Ecological Economics 83:58-66.

[79] Blanchard, O., Gollier, C. and Tirole, J. (2022), "The Portfolio of Economic Policies Needed to Fight Climate Change", Working Paper Series WP22-18,

Peterson Institute for International Economics.

[80] Blanga-Gubbay, M. and Rubínová, S. (2023), "Is the global economy fragmenting?", WTO Staff Working Paper, forthcoming.

[81] Böhmelt, T. (2009), "International Mediation and Social Networks: The Importance of Indirect Ties", International Interactions 35(3):298-319.

[82] Böhringer, C., Fischer, C., Rosendahl, K. E. and Rutherford, T. F. (2022), "Potential Impacts and Challenges of Border Carbon Adjustments", Nature Climate Change 12:22-29.

[83] Böhringer, C., Peterson, S., Rutherford, T. F., Schneider, J. and Winkler, M. (2021), "Climate Policies After Paris: Pledge, Trade and Recycle: Insights From the 36th Energy Modeling Forum Study (EMF36)", Energy Economics 103, 105471.

[84] Bolhuis, M., Chen, J. and Kett, B. (2023), "Fragmentation in Global Trade: Accounting for Commodities", IMF Working Paper, No. WP 23/73.

[85] Bombardini, M. and Li, B. (2020), "Trade, pollution and mortality in China", Journal of International Economics 125:103321.

[86] Bonadio, B., Huo, Z., Levchenko, A. A. and Pandalai-Nayar, N. (2021), "Global supply chains in the pandemic", Journal of International Economics 133:103534.

[87] Bonfatti, R. and O'Rourke, K. H. (2018), "Growth, Import Dependence, and War", The Economic Journal 128(614):2222-2257. Retrieved at https://doi.org/10.1111/ecoj.12511.

[88] Bown, C. P. (2022), "Four years into the trade war, are the US and China decoupling?", Peterson Institute for International Economics. Retrieved at https://www.piie.com/blogs/realtime-economics/four-years-trade-war-areus-and-china-decoupling.

[89] Bown, C. P. (2023), "US-China trade war tariffs: an up-to-date chart", Peterson Institute for International Economics. Retrieved at https://www.piie.com/research/piie-charts/us-china-trade-war-tariffs-date-chart.

[90] Bown, C. P. (2023), "The Challenge of Export Controls", Finance and Development (6/2023).

[91] Bosetti, V., Carraro, C., Duval, R. and Tavoni, M. (2011), "What should we expect from innovation? A model-based assessment of the environmental and mitigation cost implications of climate-related R&D", Energy Economics 33(6):1313-1320.

[92] Boxell, L., Gentzkow, M. and Shapiro, J. M. (2020), "Cross-Country Trends in Affective Polarization", NBER Working Paper No. w26669.

[93] bp (2022), bp Statistical Review of World Energy 2022 –71st edition. Retrieved at https://www.bp.com/content/dam/bp/business-sites/en/global/corporate/pdfs/energy-economics/statistical-review/bp-stats-review-2022-full-report.pdf.

[94] Brander, J. A. and Spencer, B. J. (1985), "Export Subsidies and International Market Share Rivalry", Journal of International Economics 18(1-2):83-100.

[95] Brands, H. and Beckley, M. (2022), Danger Zone: The Coming Conflict with China, New York: W. W. Norton.

[96] Brandt, L., Van Biesebroeck, J., and Wang, L. and Zhang, Y. (2017), "WTO Accession and Performance of Chinese Manufacturing Firms", American Economic Review 107(9):2784-2820.

[97] Branger, F. and Quirion, P. (2014), "Would Border Carbon Adjustments Prevent Carbon Leakage and Heavy Industry Competitiveness Losses? Insights from a Meta-analysis of Recent Economic Studies", Ecological Economics 99:29-39.

[98] Branstetter, L., Li, G. and Veloso, F., (2014). "The Rise of International Coinvention," NBER Chapters, in The Changing Frontier: Rethinking Science and Innovation Policy, National Bureau of Economic Research, Inc., 135-168.

[99] Bretschger, L., Lechthaler, F., Rausch, S. and Zhang, L.(2017), "Knowledge Diffusion, Endogenous Growth, and the Costs of Global Climate Policy",

European Economic Review 93:47-72.

[100] Brooks, A. L., Wang, S. and Jambeck, J. R. (2018), "The Chinese import ban and its impact on global plastic waste trade", Science advances 4(6):eaat0131.

[101] Brotto, A., Jakubik, A. and Piermartini, R. (2021), "WTO Accession and Growth: Tang and Wei Redux", WTO Staff Working Paper ERSD-2021-1, Geneva: WTO. Retrieved at https://www.wto.org/english/res_e/reser_e/ersd202101_e.htm.

[102] Brown, R., Liñares-Zegarra, J. and Wilson, J. O. S. (2019), "The (potential) impact of Brexit on UK SMEs: regional evidence and public policy implications", Regional Studies 53(5):761-770.

[103] Burtraw, D. (2000), "Innovation under the tradable sulfur dioxide emission permits program in the US electricity sector", RFF Working Paper Series dp-00-38, Resources for the Future.

[104] Buzan, B. (1984), "Economic Structure and International Security: The Limits of the Liberal Case", International Organization 38(4):597-624.

[105] Cabrillac, B., Alhaschimi, A., Kucharčuková, O. B., Borin, A. and Bussière, M., (2016), "Understanding the weakness in global trade – What is the new normal?", European Central Bank Occasional Paper No. 178

[106] Cajal-Grossi, J., Macchiavello, R. and Noguera, G. (2023), "Buyers' Sourcing Strategies and Suppliers' Markups in Bangladeshi Garments", forthcoming, Quarterly Journal of Economics.

[107] Calabrese, R., Degl'innocenti, M. and Zhou, S. (2018), "Access to Finance and Growth of Innovative SMEs after Brexit", working paper, Edinburgh: University of Edinburgh. Retrieved at https://www.research.ed.ac.uk/en/publications/access-to-finance-and-growth-of-innovative-smes-after-brexit.

[108] Caldara, D., Iacoviello, M., Molligo, P., Prestipino, A. and Raffo, A. (2020), "The economic effects of trade policy uncertainty", Journal of Monetary Economics 109:38-59.

[109] Calel, R., and Dechezleprêtre, A. (2016) "Environmental policy and directed technological change: evidence from the European carbon market" Review of economics and statistics 98.1 (2016): 173-191.

[110] Cali, M., Ghose, D., Montfaucon, A. F. and Ruta, M. (2023), "Trade Policy and Exporters'Resilience: Evidence from Indonesia", Policy Research Working Paper 10068, World Bank.

[111] Caliendo, L., Dvorkin, M. and Parro, F. (2019), "Trade and labor market dynamics: general equilibrium analysis of the China trade shock", Econometrica 87(3):741-835.

[112] Caliendo, L. and Parro, F. (2023), "Lessons from US–China Trade Relations", Annual Review of Economics 15.

[113] Carr, E. H. (1939), Twenty Years' Crisis: 1919–1939: An Introduction to the Study of International Relations, New York: Macmillan Company.

[114] Carrère, C., Grujovic, A. and Robert-Nicoud, F. (2015), "Trade and frictional unemployment in the global economy", SERC Discussion Paper 0189, Spatial Economics Research Centre, London: LSE.

[115] Carroll, D. and Hur, S. (2022), "On the Distributional Effects of International Tariffs", Globalization Institute Working Paper No. 413, Dallas: Federal Reserve Bank of Dallas.

[116] Caselli, F., Koren, M., Lisicky, M. and Tenreyro, S. (2020), "Diversification Through Trade", The Quarterly Journal of Economics 135(1):449-502.

[117] Cattaneo, O. and Shepherd, B. (2014) "Quantitative Analysis of Value Chain Strength in the APEC Region".

[118] Cavallo, A., Gopinath, G., Neiman, B. and Tang, J. (2021), "Tariff pass-through at the border and at the store:Evidence from US trade policy", American Economic Review: Insights 3(1):19-34. Retrieved at https://www.aeaweb.org/articles?id=10.1257/aeri.20190536.

[119] Chancel, L., Piketty, T., Saez, E. and Zucman, G. (coordinators) (2021), World Inequality Report 2022, Paris: World Inequality Lab.

[120] Chang, P.-l., Yao, K. and Zheng, F. (2021), "The Response of the Chinese Economy to the U.S.-China Trade War:2018-2019", SMU Economics and Statistics Working Paper Series, Paper No. 5-2021, Singapore: Singapore Management University (SMU).

[121] Carbone, J. C. and Rivers, N. (2020), "The Impacts of Unilateral Climate Policy on Competitiveness: Evidence from Computable General Equilibrium Models", Review of Environmental Economics and Policy 11(1):24-42.

[122] Chateau, J., Jaumotte, M. F. and Schwerhoff, G. (2022), "Economic and environmental benefits from international cooperation on climate policies", Departmental Paper No. 2022/007, Washington, D.C.: International Monetary Fund.

[123] Chazan, G., Fleming, S. and Inagaki, K. (2023). "A global subsidy war? Keeping up with the Americans". Financial Times, July 13, 2023.

[124] Chen, C.-M., Cai, Z.-X. and Wen, D.-W. (2022), "Designing and Evaluating an Automatic Forensic Model for Fast Response of Cross-Border E-Commerce Security Incidents", Journal of Global Information Management 30(2). Retrieved at https://www.igi-global.com/article/designing-and-evaluating-an-automatic-forensic-model-for-fast-response-of-cross-border-e-commerce-security-incidents/280747.

[125] Chen, M. X. and Mattoo, A. (2008), "Regionalism in standards: good or bad for trade?", Canadian Journal of Economics/Revue canadienne d'économique 41(3):838-863.

[126] Chen, C., Wen. (2022), "Designing and Evaluating an Automatic Forensic Model for Fast Response of Cross-Border E-Commerce Security Incidents", Journal of Global Information Management 30:2.

[127] Cherniwchan, J. (2017), "Trade liberalization and the environment: Evidence from NAFTA and US manufacturing", Journal of International Economics 105:130-149.

[128] Chichilnisky, G. (1994), "North-south trade and the global environment",

American Economic Review 84: 851-874.

[129] Chor, D. and Manova, K. (2012), "Off the cliff and back? Credit conditions and international trade during the global financial crisis", Journal of International Economics 87(1):117-133.

[130] Chor, D. and Li, B. (2021), "Illuminating the Effects of the US-China Tariff War on China's Economy", NBER Working Paper No. 29349, Cambridge (MA): National Bureau of Economic Research (NBER).

[131] Chor, D., Manova, K. and Yu, Z. (2021), "Growing like China: Firm performance and global production line position", Journal of International Economics 130:103445.

[132] Clausing, K. A. and Wolfram, C. (2023), "Carbon border adjustments, climate clubs, and subsidy races when climate policies vary", forthcoming, Journal of Economic Perspectives.

[133] Cobden, R. (1867), The Political Writings of Richard Cobden. Retrieved at https://www.cambridge.org/core/books/political-writings-of-richard-cobden/ F42EDACE4C2B13EF84A9D46CD93F365D.

[134] Coelli, F. (2018), "Trade Policy Uncertainty and Innovation: Evidence from China", University of Zurich. Retrieved from https://papers.ssrn.com/sol3/ papers. cfm?abstract_id=4169514.

[135] Cohen, M. A. and Vandenbergh, M. P. (2012), "The potential role of carbon labeling in a green economy", Energy Economics 34:S53-S63.

[136] Colantone, I., Coucke, K. and Sleuwaegen, L. (2015), "Low-Cost Import Competition and Firm Exit: Evidence from the EU", Industrial and Corporate Change 24:131-161.

[137] Congressional Research Service (2022), "Tariffs and the Infant Formula Shortage", CRS INSIGHT IN11932, Congressional Research Service, Washington DC.

[138] Constantinescu, C., Mattoo, A. and Ruta, M. (2020), "The global trade slowdown: cyclical or structural?", The World Bank Economic Review

34(1):121-142.

[139] Conybeare, J. A. C. (1984), "Public Goods, Prisoners' Dilemmas and the International Political Economy", International Studies Quarterly 28(1):5-22.

[140] Cooley, A. and Nexon, D. (2020), Exit from Hegemony: The Unravelling of American Global Order, Oxford: Oxford University Press.

[141] Copeland, B. R., Shapiro, J. S. and Taylor, M. S. (2022), "Globalization and the Environment", in Gopinath, G., Helpman, E. and Rogoff, K. (eds.), Handbook of International Economics, Amsterdam: North Holland

[142] Copeland, D. C. (1996), "Economic Interdependence and War: A Theory of Trade Expectations", International Security 20(4):5-41.

[143] Copeland, D. C. (2015), Economic Interdependence and War, Princeton: Princeton University Press.

[144] Corlett, A. (2016), "Examining an Elephant: Globalisation and the Lower Middle Class of the Rich World", London:Resolution Fondation. Retrieved at https://www. resolutionfoundation.org/publications/examining-an-elephant-globalisation-and-the-lower-middle-class-of-the-rich-world/.

[145] Costinot, A. and Rodriguez-Clare, A. (2014), "Trade Theory with Numbers: Quantifying the Consequences of Globalization", in Gopinath, G., Helpman, E. and Rogoff, K. (eds.), Handbook of International Economics, Amsterdam: North Holland.

[146] Costinot, A., Donaldson, D. and Smith, C. (2016), "Evolving Comparative Advantage and the Impact of Climate Change in Agricultural Markets: Evidence from 1.7 million Fields Around the World", Journal of Political Economy 124(1):205-248.

[147] Cox, R. W. (1986), "Social Forces, States and World Orders:Beyond International Relations Theory", in Robert, O. K. (ed.), Neorealism and Its Critics, New York: Columbia University Press.

[148] Cravino, J. and Levchenko, A. A. (2017), "The Distributional Consequences of Large Devaluations", American Economic Review 107(11):3477-3509.

[149] Cristea, A., Hummels, D., Puzzello, L. and Avetisyan, M.(2013), "Trade and the Greenhouse Gas Emissions from International Freight Transport", Journal of Environmental Economics and Management 65(1):153-173.

[150] Crowley, M., Meng, N. and Song, H. (2018), "Tariff scares:Trade policy uncertainty and foreign market entry by Chinese firms", Journal of International Economics 114:96-115.

[151] Cui, J., Lapan, H. and Moschini, G. (2016), "Productivity, export, and environmental performance: air pollutants in the United States", American Journal of Agricultural Economics 98(2):447-467.

[152] Cui, J., Tam, O. K., Wang, B. and Zhang, Y. (2020), "The Environmental Effect of Trade Liberalization: Evidence from China's Manufacturing Firms", The World Economy 43(12):3357-3383.

[153] Cusolito, A., Safadi, R. and Taglioni, D. (2016), Inclusive Global Value Chains: Policy Options for Small and Medium Enterprises and Low-Income Countries, Report no. 108021, Washington, D.C.: World Bank Group. Retrieved at http://documents.worldbank.org/curated/en/537541472196804033/Inclusive-global-value-chains-policy-options-for-small-and-medium-enterprises-and-low-income-countries.

[154] Dao, M. C., Das, M. and Koczan, Z. (2020), "Why is labour receiving a smaller share of global income?", Economic Policy 34(100):723-759.

[155] Da-Rocha, J.-M., García-Cutrín, J., Prellezo, R. and Sempere, J. (2017), "The social cost of fishery subsidy reforms", Marine Policy 83:236-242.

[156] Dasgupta, S., Laplante, B., Wang, H. and Wheeler, D. (2002), "Confronting the environmental Kuznets curve", Journal of Economic Perspectives 16(1):147-168.

[157] Dauth, W., Findeisen, S. and Suedekum, J. (2014), "The rise of the East and the Far East: German labor markets and trade integration", Journal of the European Economic Association 12(6):1643-1675.

[158] Davis, D. R. and Harrigan, J. (2011), "Good jobs, bad jobs, and trade

liberalization", Journal of International Economics 84(1):26-36.

[159] De, P. and Raychaudhuri, A. (2008), "Is India's services trade pro-poor? A simultaneous approach", UNESCAP Working Paper No. 16, United Nations Economic and Social Commission for Asia and the Pacific(UNESCAP).

[160] de Bromhead, A., Fernihough, A., Lampe, M. and O'Rourke, K. H. (2019), "When Britain Turned Inward: The Impact of Interwar British Protection", American Economic Review 109(2):325-52.

[161] De Loecker, J., Goldberg, P.K., Khandelwal, A.K. and Pavcnik, N. (2016), "Prices, Markups, and Trade Reform", Econometrica 84(2):445-510.

[162] Deardorff, A. (1996), "An Economist's Overview of the World Trade Organisation", Working Papers 388, Research Seminar in International Economics, University of Michigan.

[163] Dechezleprêtre, A., Gennaioli, C., Martin, R., Muûls, M. and Stoerk, T. (2022), "Searching for Carbon Leaks in Multinational Companies", Journal of Environmental Economics and Management 112, 102601.

[164] Dechezleprêtre, A. and Sato, M. (2017), "The Impacts of Environmental Regulations on Competitiveness", Review of Environmental Economics and Policy 11(2):183-206.

[165] de Souza Ferreira Filho, J. B. (2009), "Agricultural trade liberalization and poverty in Brazil", International Food Policy Research Institute (IFPRI), IFPRI discussion papers.

[166] Dethine, B., Enjolras, M. and Monticolo, D. (2020), "Digitalization and SMEs' export management: Impacts on resources and capabilities", Technology Innovation Management Review 10(4).

[167] Devarajan, S., Go, D. S., Lakatos, C., Robinson, S. and Thierfelder, K. (2021), "Traders' dilemma: Developing countries' response to trade wars", The World Economy 44(4):856-878.

[168] Dhingra, S. and Sampson, T. (2022), "Expecting Brexit", Annual Review of Economics 14(1):495-519.

[169] Dix-Carneiro, R. and Kovak, B. K. (2017), "Trade Liberalization and Regional Dynamics", American Economic Review 107(10):2908-46.

[170] Dollar, D., Kleineberg, T. and Kraay, A. (2016), "Growth Still Is Good for the Poor", European Economic Review 81(C):68-85.

[171] Donoso, V., Martin, V. and Minondo, A. (2015), "Do differences in the exposure to Chinese imports lead to differences in local labour market outcomes? An analysis for Spanish provinces", Regional Studies 49(10):1746-1764.

[172] Dorussen, H. and Ward, H. (2008), "Intergovernmental Organizations and the Kantian Peace: A Network Perspective", The Journal of Conflict Resolution 52(2):189-212.

[173] Dorussen, H. and Ward, H. (2010), "Trade networks and the Kantian peace", Journal of Peace Research 47(1) (January 2010):29-42.

[174] Dorn, D. (2021), "The rise of superstar firms; Market concentration and labor's falling share of GDP", UBS Center Policy Brief.

[175] Dragusanu, R., Montero, E. and Nunn, N. (2022), "The effects of Fair Trade certification: evidence from coffee producers in Costa Rica", Journal of the European Economic Association 20(4):1743-1790.

[176] Dreger, C., Fourné, M. and Holtemöller, O. (2023), "Globalization, Productivity Growth, and Labor Compensation", IZA Discussion Paper No. 16010, Bonn, Germany: Institute of Labor Economics (IZA).

[177] Dunne, T. (1998), "The English School", in Dunne, T. (ed.), Inventing International Society: A History of the English School, London: Palgrave Macmillan UK.

[178] Economic Times (2019), "Yes Bank study shows significant opportunity for digitization in the MSME sector", The Economic Times.

[179] Ederington, J., Paraschiv, M. and Zanardi, M. (2022), "The short and long-run effects of international environmental agreements on trade", Journal of International Economics 139:103685.

[180] Egger, P. H., Larch, M., Nigai, S. and Yotov, V. Y. (2021), "Trade costs in the global economy: Measurement, aggregation and decomposition", WTO Staff Working Papers.

[181] Eilstrup-Sangiovanni, M. and Verdier, D. (2005), "European Integration as a Solution to War", European Journal of International Relations 11(1):99-135.

[182] El Ganainy, A. A., Hakobyan, S., Liu, F., Weisfeld, H., Abbas, S. A., Allard, C., Balima, H. W., Bteish, C., Giri, R., Kanda, D., Meleshchuk, S., Ramirez, G., Zymek, R., Arora, V., Lall, S., Kett, B. and Pohl, M. (2023), "Trade Integration in Africa: Unleashing the Continent's Potential in a Changing World", Departmental Paper No 2023/003. International Monetary Fund (IMF).

[183] Elsby, M., Hobijn, B. and Sahin, A. (2013), "The Decline of the U.S. Labor Share", Brookings papers on economic activity 44(2):1-63.

[184] Elsig, M., Hoekman, B. and Pauwelyn, J. (2017), "Assessing the World Trade Organization: Fit for Purpose?", Cambridge: Cambridge University Press.

[185] Eppinger, P., Felbermayr, G. J., Krebs, O. and Kukharskyy, B. (2021), "Decoupling Global Value Chains", CESifo Working Paper No. 9079. Retrieved at https://www.cesifo.org/en/publications/2021/working-paper/decoupling-global-value-chains.

[186] Erbahar, A. and Zi, Y. (2017), "Cascading Trade Protection:Evidence from the US", Journal of International Economics 108:274-299.

[187] Eskeland, G. S. and Harrison, A. E. (2003), "Moving to Greener Pastures? Multinationals and the Pollution Haven Hypothesis", Journal of Development Economics 70(1):1-23.

[188] Esposito, F. (2022), "Demand risk and diversification through international trade", Journal of International Economics 135.

[189] European Commission (2021a), "Proposal for a regulation of the European Parliament and of the Council on the protection of the Union and its Member

States from economic coercion by third countries", Brussels: European Commission. Retrieved at https://eur-lex.europa.eu/legal-content/EN/TXT/HTML/?uri=CELEX:52021PC0775&from=EN.

[190] European Commission (2021b), "Commission sets course for an open, sustainable and assertive EU trade policy", Press release (18 February 2021), Brussels: European Commission. Retrieved at https://ec.europa.eu/commission/presscorner/detail/en/ip_21_644.

[191] European Commission (2023), " Proposal for a regulation of the European Parliament and of the Council establishing a framework for ensuring a secure and sustainable supply of critical raw materials and amending Regulations (EU) 168/2013, (EU) 2018/858, 2018/1724 and (EU) 2019/1020", Brussels: European Commission. Retrieved at https://eur-lex.europa.eu/legal-content/EN/TXT/?uri=CELEX%3A52023Pc0160.

[192] Evenett, S. (2022), "Beware the Misleading Narrative on Globalization Retreat", Washington International Trade Association, 30 December 2022. Retrieved at https://www.wita.org/blogs/misleading-narrative-globalizations-retreat/.

[193] van Tongeren, F., Korinek, J. and Kim, J., (2010) "Export restrictions on strategic raw materials and their impact on trade and global supply", Geneva: WTO. Retrieved at https://www.wto.org/english/res_e/publications_e/wtr10_oecd2_e.htm.

[194] Faber, M. (2020), "Robots and Reshoring: Evidence from Mexican Labor Markets", Journal of International Economics 127:103384.

[195] Fajgelbaum, P. D., Goldberg, P. K., Kennedy, P. J. and Khandelwal, A. K. (2019), "The Return to Protectionism", The Quarterly Journal of Economics 135:1-55.

[196] Fajgelbaum, P. D., Goldberg, P. K., Kennedy, P. J. and Khandelwal, A. K. (2020), "The return to protectionism", The Quarterly Journal of Economics 135(1):1-55.Retrieved at https://doi.org/10.1093/qje/qjz036.

[197] Fajgelbaum, P., Goldberg, P. K., Kennedy, P. J., Khandelwal, A. and Taglioni, D. (2023), "The US-China Trade War and Global Reallocations", National Bureau of Economic Research (NBER) working paper 29562. Retrieved at https://www.nber.org/papers/w29562.

[198] Fajgelbaum, P. and Khandelwal, A. (2016), "Measuring the Unequal Gains from Trade", The Quarterly Journal of Economics 131(3):1113-1180.

[199] Fajgelbaum, P. and Khandelwal, A. (2022), "The Economic Impacts of the US-China Trade War", Annual Review of Economics 14:205-228.

[200] Fan, T., Peters, M. and Zilibotti, F. (2021), "Growing Like India: The Unequal Effects of Service-Led Growth", NBER Working Paper Series No. 28551.

[201] Fearon, J. D. (1995), "Rationalist Explanations for War", International Organization 49(3):379-414.

[202] Federico, G. and Tena Junguito, A. (2018a), "Federico-Tena World Trade Historical Database: World Trade", e-cienciaDatos, V2. Retrieved at https://doi.org/10.21950/JKZFDP.

[203] Federico, G. and Tena Junguito, A. (2018b), "Federico-Tena World Trade Historical Database: Openness", e-cienciaDatos, V1. Retrieved at https://doi. org/10.21950/BBZVBN.

[204] Feenstra, R., (1998), "Integration of Trade and Disintegration of Production in the Global Economy", Journal of Economic Perspectives 12(4): 31-50.

[205] Feenstra, R. C., Inklaar, R. and Timmer, M. P. (2015), "The Next Generation of the Penn World Table", American Economic Review 105(10):3150-3182.

[206] Feenstra, R. C., Ma, H. and Xu, Y. (2017), "US Exports and Employment", NBER Working Paper No. 24056.

[207] Feenstra, R.C. and Weinstein, D.E., (2017), "Globalization, Markups, and US Welfare", Journal of Political Economy 125(4):1040-1074.

[208] Felbermayr, G., Kirilakha, A., Syropoulos, C., Yalcin, E. and Yotov, Y. V. (2020), "The global sanctions data base", European Economic Review

129:103561.

[209] Feldman, D. and Margolis, R. (2021), H2 2020: Solar Industry Update, National Renewable Energy Laboratory. Retrieved at https://www.nrel.gov/docs/fy21osti/79758.pdf.

[210] Feng, L., Li, Z. and Swenson, D. L. (2017), "Trade policy uncertainty and exports: Evidence from China's WTO accession", Journal of International Economics 106:20-36.

[211] Ferrari, A. and Ossa, R. (2023), "A Quantitative Analysis of Subsidy Competition in the U.S.", forthcoming, Journal of Public Economics.

[212] Fiorini, M., Gnutzmann, H., Gnutzmann-Mkrtchyan, A. and Hoekman, B. (2020), "Voluntary Standards, Trade, and Sustainable Development", in Beverelli, C., Raess, D. and Kurtz, J. (eds.), International Trade, Investment, and the Sustainable Development Goals: World Trade Forum, Cambridge: Cambridge University Press.

[213] Fischer, C. (2016). "Strategic subsidies for green goods". Resources for the Future Discussion Paper, 16-12.

[214] Fischer, C. and Lyon, T. (2014), "Competing Environmental Labels", Journal of Economics and Management Strategy 23(3):692-716.

[215] Fischer, C. and Newell, R. G. (2008), "Environmental and technology policies for climate mitigation", Journal of Environmental Economics and Management 55(2):142-162.

[216] Flaaen, A. and Pierce, J. R. (2019), "Disentangling the Effects of the 2018-2019 Tariffs on a Globally Connected U.S. Manufacturing Sector", Finance and Economics Discussion Series No. 2019-086, Washington, D.C.: Board of Governors of the Federal Reserve System.

[217] Fontagné, L., Orefice, G. and Piermartini, R. (2020), "Making small firms happy? The heterogeneous effect of trade facilitation measures", 28(3):565-598.

[218] Fontagné, L., Orefice, G., Piermartini, R. and Rocha, N.(2015), "Product

standards and margins of trade:Firm-level evidence", Journal of International Economics 97(1):29-44.

[219] Forslid, R., Okubo, T. and Ulltveit-Moe, K. H. (2018), "Why are firms that export cleaner? International trade, abatement and environmental emissions", Journal of Environmental Economics and Management 91:166-183.

[220] Flaaen, A. and Pierce, J. R. (2019), "Disentangling the Effects of the 2018-2019 Tariffs on a Globally Connected U.S. Manufacturing Sector", Finance and Economics Discussion Series No. 2019-086, Washington, D.C.: Board of Governors of the Federal Reserve System.

[221] Freund, C., Ferrantino, M., Maliszewska, M. and Ruta, M. (2018), "Impacts on global trade and income of current trade disputes", MTI Practice Notes, Washington (DC):World Bank Group.

[222] Freund, C., Mattoo, A., Mulabdic, A. and Ruta, M. (2022), "Natural Disasters and the Reshaping of Global Value Chains", IMF Economic Review 70(3):590-623.

[223] Freund, C., Mattoo, A., Mulabdic, A. and Ruta, M. (2023), "Is US Trade Policy Reshaping Global Supply Chains?", Working Paper, mimeo.

[224] Food and Agriculture Organization of the United Nations(FAO), World Trade Organization (WTO) and World Bank Group (2023), Rising Global Food Insecurity:Assessing Policy Responses – A report prepared at the request of the Group of 20 (G20), Rome, Geneva and Washington, D.C.: FAO, WTO and World Bank Group.

[225] Fu, X., Wang, T. and Yang, H. (2023), "Does Service Trade Liberalization Promote Service Productivity? Evidence from China", Sustainability MDPI 15(8):1-22.

[226] Fuchs, R., Alexander, P., Brown, C., Cossar, F., Henry, R.C. and Rounsevell, M. J. N. (2019), "Why the US-China trade war spells disaster for the Amazon", Nature 567(7749):451-454.

[227] Gaddis, J. L. (2006), The Cold War, London: Penguin Books.

[228] Galeazzi, C. and Diaz Anadon, L. (2023), "The Evolution of Trade in 30 Energy Technology Materials Spanning Traditional and Clean Energy Technologies, and Its Implications", C-EENRG Working Papers, 2023-3, Cambridge: University of Cambridge. Retrieved at http://dx.doi.org/10.2139/ssrn.4459250.

[229] García, Z., Nyberg, J. and Saadat, S. O. (2006), "Agriculture, trade negotiations and gender", Rome:Food and Agriculture Organization of the United Nations(FAO). Retrieved at https://www.fao.org/3/a0493e/a0493e00.htm.

[230] Garsous, G. and Worack, S. (2021), "Trade as a channel for environmental technologies diffusion: The case of the wind turbine manufacturing industry", OECD Trade and Environment Working Papers, No. 2021/01, Paris:OECD Publishing. Retrieved at https://doi.org/10.1787/ce70f9c6-en.

[231] Gartzke, E. and Li, Q. (2003a), "All's Well that Ends Well:A Reply to Oneal, Barbieri & Peters", Journal of Peace Research 40(6):727-732.

[232] Gartzke, E. and Li, Q. (2003b), "Measure for Measure:Concept Operationalization and the Trade Interdependence: Conflict Debate", Journal of Peace Research 40(5):553-571.

[233] Gartzke, E. and Lupu, Y. (2012), "Trading on Preconceptions: Why World War I Was Not a Failure of Economic Interdependence", International Security 36(4):115-150.

[234] Gartzke, E. and Westerwinter, O. (2016), "The complex structure of commercial peace contrasting trade interdependence, asymmetry, and multipolarity", Journal of Peace Research 53(3), Special Issue on Networked International Politics (May 2016):325-343.

[235] Ghani, E. and Kharas, H. (2010), "The service revolution(English). Economic premise no. 14", World Bank Group.

[236] Ghose, D. and Montfaucon, A. F. (2023), "Firms in Global Value Chains

during Covid-19: Evidence from Indonesia", Policy Research Working Paper Series 10514, The World Bank.

[237] Gilbert, J. (2009), "Agricultural Trade Reform Under Doha and Poverty in India", Utah State University, Department of Economics and Finance.

[238] Gilpin, R. (1981), War and Change in International Politics, Cambridge: Cambridge University Press.

[239] Glaser, C. L. (1997), "The Security Dilemma Revisited", World Politics 50(1):171-201.

[240] Goes, C. and Bekkers, E. (2022), "The Impact of Geopolitical Conflicts on Trade, Growth, and Innovation", WTO Staff Working Paper ERSD-2022-09. Retrieved at https://www.wto.org/english/res_e/reser_e/ersd202209_e.htm.

[241] Goldberg, P. and Pavcnik, N. (2007), "Distributional effects of globalization in developing countries", Journal of Economic Literature 45(1):39-82.

[242] Goldberg, P. K. and Reed, T. (2022), "Demand-Side Constraints in Development: The Role of Market Size, Trade, and (In)Equality", Yale University Working Paper, New Haven, CT.

[243] Goldberg, P. K. and Larson, G. (2023), "The Unequal Effects of Globalization", Cambridge (MA).

[244] Goldberg, P. K. and Pavcnik, N. (2003), "The response of the informal sector to trade liberalization", Journal of Development Economics 72(2):463-496.

[245] Goulder, L. H. and Schein, A. R. (2013), "Carbon Taxes Versus Cap and Trade: A Critical Review", Climate Change Economics 4(3):1-28.

[246] Goyal, T. M., Kukreja, P. and Kedia, M. (2022), "MSMEs Go Digital: Leveraging Technology to Sustain During the COVID-19 Crisis", New Dehli: Indian Council for Research on International Economic Relations.

[247] Greenstone, M. and Hanna, R. (2014), "Environmental regulations, air and water pollution, and infant mortality in India", American Economic Review 104(10):3038-3072.

[248] Grether, J.-M., Mathys, N. A. and de Melo, J. (2009), "Scale, Technique

and Composition Effects in Manufacturing SO^2 Emissions", Journal of Environmental and Resource Economics 43(2):257-274.

[249] Grieco, J. M. (1988), "Anarchy and the Limits of Cooperation: A Realist Critique of the Newest Liberal Institutionalism", International Organization 42(3):485-507.

[250] Grossman, G. M. and Krueger, A. B. (1995), "Economic growth and the environment", The Quarterly Journal of Economics 110(2):353-377.

[251] Grover, A., Lall, S. and Maloney, W. (2022), Place, productivity, and prosperity: Revisiting spatially targeted policies for regional development, Washington, D. C.:World Bank Publications.

[252] Haddad, M., Lim, J. J., Pancaro, C. and Saborowski, C.(2013), "Trade openness reduces growth volatility when countries are well diversified", Canadian Journal of Economics 46(2):765-790.

[253] Häge, F. M. (2017), "Chance-Corrected Measures of Foreign Policy Similarity (FPSIM Version 2)", Harvard Dataverse, V2. Retrieved at https://doi.org/10.7910/DVN/ALVXLM.

[254] Hagen, A. and Schneider, J. (2021), "Trade sanctions and the stability of climate coalitions", Journal of Environmental Economics and Management 109:102504.

[255] Halpern, L., Koren, M., Szeidl., A., (2015), "Imported Inputs and Productivity", American Economic Review, 105(12):3660-3703.

[256] Handley, K. and Limão, N. (2017), "Policy Uncertainty, Trade, and Welfare: Theory and Evidence for China and the United States", American Economic Review, 107(9):2731-83.

[257] Handley, K. and Limão, N. (2022), "Trade policy uncertainty", Annual Review of Economics 14:363-395.

[258] Handley, K., Kamal, F. and Monarch, R. (2020), "Rising Import Tariffs, Falling Export Growth: When Modern Supply Chains Meet Old-Style Protectionism", NBER Working Paper Series, NBER Working Paper

No.26611, Cambridge (MA): National Bureau of Economic Research (NBER).

[259] Hanson, G. H. and Slaughter, M. J. (2023), "How Commerce Can Save the Climate: The Case for a Green Free Trade Agreement", Foreign Affairs, 28 February 2023. Retrieved at https://www.foreignaffairs. com/world/how-commerce-can-save-the-climate-green-free-trade-agreement.

[260] Hassan, T. A., Hollander, S., Van Lent, L. and Tahoun, A. (2019), "Firm-level political risk: Measurement and effects", The Quarterly Journal of Economics 134(4):2135-2202.

[261] Heath, B. J. (2020), "The New National Security Challenge to the Economic Order", The Yale Law Journal 129(4):924-1275.

[262] Hegre, H. (2000), "Development and the Liberal Peace:What Does It Take to Be a Trading State?", Journal of Peace Research 37(1):5-30.

[263] Hegre, H., Oneal, J. R. and Russett, B. (2010), "Trade does promote peace: New simultaneous estimates of the reciprocal effects of trade and conflict", Journal of Peace Research 47(6):763-774.

[264] Helpman, E., Itskhoki, O. and Redding, S. (2010), "Inequality and unemployment in a global economy", Econometrica 78(4):1239-1283.

[265] Helveston, J. P., He, G. and Davidson, M. R. (2022), "Quantifying the cost savings of global solar photovoltaic supply chains", Nature:1-5.

[266] Henders, S., Persson, U. M. and Kastner, T. (2015), "Trading Forests: Land-use Change and Carbon Emissions Embodied in Production and Exports of Forest-risk Commodities", Environmental Research Letters 10(12):125012.

[267] Henderson, J. V. (1996), "Effects of Air Quality Regulation", The American Economic Review 86(4):789-813.

[268] Hertel, T. W. and Keeney, R. (2009), "The Poverty Impacts of Global Commodity Trade Liberalization", Agricultural Distortions Working Paper Series, Washington (DC):World Bank Group.

[269] Hill, R. V. and Vigneri, M. (2014), "Mainstreaming gender sensitivity in

cash crop market supply chains", in Quisumbing, A.R., Meinzen-Dick, R., Raney, T. L., Croppenstedt, A., Behrman, J. A. and Peterman, A.(Eds), Gender in Agriculture: Closing the Knowledge Gap, New York: Springer.

[270] Hillebrand, E. E. (2009), "Deglobalization Scenarios: Who Wins? Who Loses?", Global Economy Journal 10(2).

[271] Hirschman, A. O. (1945), National Power and the Structure of Foreign Trade, Berkeley: University of California Press.

[272] Hoang, T. X. and Nguyen, H. M. (2020), "Impact of US market access on local labour markets in Vietnam", 28(2):315-343.

[273] Hoekman, B. (2015), "The Global Trade Slowdown: A New Normal?", CEPR Press, VoxEU eBook. Retrieved at https://cepr.org/publications/ books-and-reports/globaltrade-slowdown-new-normal.

[274] Hoekman, B., Mavroidis., P., Nelson. D (2022), "Geopolitical competition, globalisation and WTO reform", The World Economy 46(5): 1163-1188.

[275] Hoekman, B. and Shepherd, B. (2017), "Services Productivity, Trade Policy and Manufacturing Exports", The World Economy 40(3):499-516.

[276] Houweling, H. and Siccama, J. G. (1988), "Power Transitions as a Cause of War", The Journal of Conflict Resolution 32(1):87-102.

[277] Hovhannisyan, N. and Keller, W., (2015), "International business travel: an engine of innovation?", Journal of Economic Growth, 20(1):75-104.

[278] Howse, R. (2006), "Montesquieu on Commerce, Conquest, War and Peace", Brooklyn Journal of International Law 31:3, Article 3.

[279] Howse, R. (2022), "Symposium On Gregory Shaffer, 'Governing the Interface of U.S.-China Trade Relations':The Limits of the WTO", AJIL Unbound.

[280] Huang, J., Jun, Y., Xu, Z., Rozelle, S. and Li, N. (2007), "Agricultural trade liberalization and poverty in China", China Economic Review 18(3):244-265.

[281] Hübner, C. (2021), "Perception of the Planned EU Carbon Border

Adjustment Mechanism in Asia Pacific—An Expert Survey".

[282] Hummels, D. and Schaur, G. (2013), "Time as a Trade Barrier", The American Economic Review 103(7):2935-2959.

[283] Humphrey, J., Mansell, R., Paré, D. and Schmitz, H.(2003), "Reality of e-commerce with developing countries", London: Media Studies, LSE.

[284] Ikenberry, J. (2018), "The End of the Liberal International Order?" International Affairs 94(1):7-23.

[285] Impullitti, G., Licandro, O. and Rendahl, P. (2022), "Technology, market structure and the gains from trade", Journal of International Economics 135:103557.

[286] Institute for Economics & Peace (2023), "Global Peace Index 2023: Measuring Peace in a Complex World",Sydney: IEP.

[287] International Energy Agency (IEA) (2022), Global EV Outlook 2022, Paris: IEA. Retrieved at https://www.iea.org/reports/global-ev-outlook-2022

[288] International Energy Agency (IEA) (2023), Fossil Fuels Consumption Subsidies 2022, Paris: IEA. Retrieved at https://www.iea.org/reports/fossil-fuels-consumption-subsidies-2022

[289] International Labour Organization (ILO) (2012), "Global Wage Report 2012/13: Wages and equitable growth", Geneva: ILO.

[290] International Labour Organization (ILO) (2021), "Decent work in a globalized economy: Lessons from public and private initiatives", Geneva: ILO.

[291] International Labour Organization (ILO) (2022), "Tripartite Declaration of Principles concerning Multinational Enterprises and Social Policy", Geneva: ILO.

[292] International Labour Organization (ILO) and Organisation for Economic Co-operation and Development(OECD) (2015), "The Labour Share in G20 Economies", Report prepared for the G20 Employment Working Group Antalya, Turkey, 26-27 February 2015.

[293] International Labour Organization (ILO) and World Trade Organization (WTO) (2017) Investing in Skills for Inclusive Trade, Geneva: WTO.

[294] International Monetary Fund (IMF) (2016), World Economic Outlook: Subdued Demand: Symptoms and Remedies, Washington, D.C.: IMF. Retrieved at https://www.imf.org/en/Publications/WEO/Issues/2016/12/31/ Subdued-Demand-Symptoms-and-Remedies

[295] International Monetary Fund (IMF) (2022a), World Economic Outlook: War Sets Back the Global Recovery, Washington, D.C.: IMF. Retrieved at https:// www.imf.org/en/Publications/WEO/Issues/2022/04/19/world-economic- outlook-april-2022.

[296] International Monetary Fund (IMF) (2022b), Regional Economic Outlook for Asia and Pacific, Washington, D.C.: IMF.

[297] International Monetary Fund (IMF) (2023), World Economic Outlook: A Rocky Recovery, Washington, DC.: IMF. Retrieved at https://www.imf.org/ en/Publications/WEO/Issues/2023/04/11/world-economic-outlook-april- 2023#Chapters.

[298] International Monetary Fund (IMF), Organisation for Economic Co- operation and Development(OECD), United Nations Conference on Trade and Development (UNCTAD) and World Trade Organization (WTO) (2023), Handbook on measuring digital trade, Washington, D.C., Paris and Geneva: IMF, OECD, UNCTAD and WTO.

[299] International Science Council (2023), "Report for the Midterm Review of the Sendai Framework for Disaster Risk Reduction", Paris: ISC.

[300] ITU (2021), "Global Cybersecurity Index 2020", International Telecommunication Union.

[301] International Telecommunication Union (ITU) (2022), Measuring digital development: Facts and Figures 2022, Geneva: ITU.

[302] International Trade Centre (ITC) (2016), SME Competitiveness Outlook 2016: Meeting the Standard for Trade, Geneva: ITC.

[303] International Trade Centre (ITC) (2017) "New Pathways to E-commerce: A Global MSME Competitiveness Survey", Geneva: ITC.

[304] International Trade Centre (ITC) (2020), "SME Competitiveness Outlook 2020: COVID-19: The Great Lockdown and its Impact on Small Business", Geneva:ITC.

[305] International Trade Centre (ITC) (2022), "SME Competitiveness Outlook 2022: Connected Services, Competitive Businesses", Geneva: ITC.

[306] Irwin, D. A. (2019), "Does Trade Reform Promote Economic Growth? A Review of Recent Evidence", PIIE Working Paper No. 19-9, Washington, D.C.: Peterson Institute for International Economics (PIIE).

[307] Irwin, D. A. (2020), "The pandemic adds momentum to the deglobalisation trend", VoxEU, online version, 5 May 2020. Retrieved at https://cepr.org/voxeu/columns/pandemic-adds-momentum-deglobalisation-trend.

[308] Jacks, D. S. and Novy, D. (2020), "Trade Blocs and Trade Wars during the Interwar Period", Asian Economic Policy Review 15(1):119-136.

[309] Jafari, Y. and Tarr, D. G. (2017), "Estimates of Ad Valorem Equivalents of Barriers Against Foreign Suppliers of Services in Eleven Services Sectors and 103 Countries", The World Economy 40(3):544-573.

[310] Jakubik, A. and Piermartini, R. (2023), "How WTO commitments tame uncertainty", European Economic Review:104495.

[311] Jansen, J., Jäger, P. and Redeker, N. (2023), "For climate, profits, or resilience? Why, where and how the EU should respond to the Inflation Reduction Act", Policy Brief, Hertie School, Jacques Delors Centre. Retrieved at https://www.delorscentre.eu/en/publications/ira-europe-response.

[312] Javorcik, B. S. (2004), "Does Foreign Direct Investment Increase the Productivity of Domestic Firms? In Search of Spillovers Through Backward Linkages", American Economic Review 94(3):605-627.

[313] Jervis, R. (1978), "Cooperation Under the Security Dilemma", World

Politics 30(2):167-214.

[314] Johnson, R. C. and Noguera, G. (2017), "A portrait of trade in value-added over four decades", Review of Economics Statistics 99(5):896-911.

[315] Karabarbounis, L. and Neiman, B. (2013), "The Global Decline of the Labor Share", The Quarterly Journal of Economics 129(1):61-103.

[316] Karam, F. and Zaki, C. (2020), "A new dawn for MENA firms: service trade liberalization for more competitive exports", Applied Economics 52(1):19-35.

[317] Karim, I. E. E. A. and Kirschke, D. (2003), "The Implications of World Trade Liberalization on Agricultural Trade and Food Security: A Case Study of Sudan", 2003 Annual Meeting, August 16-22, 2003, Durban, South Africa:International Association of Agricultural Economists.

[318] Kasahara, H., and Rodrigue, J., (2008), "Does the use of imported intermediates increase productivity? Plant-level evidence", Journal of Development Economics, 87(1):106-118.

[319] Keller, W. (2002), "Geographic localization of international technology diffusion", American Economic Review 92(1):120-142.

[320] Keohane, R. O. (1984), After Hegemony: Cooperation and Discord in the World Political Economy, Princeton, N.J.: Princeton University Press.

[321] Kerr, S. and Kerr, W., (2018), "Global Collaborative Patents", Economic Journal, 128(612):F235-F272.

[322] Keshk, O. M. G., Pollins, B. M. and Reuveny, R. (2004), "Trade Still Follows the Flag: The Primacy of Politics in a Simultaneous Model of Interdependence and Armed Conflict", The Journal of Politics 66(4):1155-1179.

[323] Khilnani, S., Kumar, R., Mehta, P., Menon, P., Raghavan, S., Saran, S., Nilekani, N. and Varadarajan, S. (2012), "NonAlignment 2.0: A Foreign and Strategic Policy for India in the Twenty First Century", Centre for Policy Research (29 February 2012). Retrieved at https://cprindia.org/briefsreports/

nonalignment-2-0-a-foreign-and-strategic-policy-for-india-in-the-twenty-first-century/.

[324] Kim, H. M. and Rousseau, D. L. (2005), "The Classical Liberals Were Half Right (or Half Wrong): New Tests of the 'Liberal Peace', 1960-88", Journal of Peace Research 42(5):523-543.

[325] Kindleberger, C. (1986), The World in Depression, 1929-1939 (revised and enlarged edition), Berkeley and Los Angeles: University of California Press.

[326] Kinfemichael, B. and Morshed, A. K. M. M. (2019), "Unconditional convergence of labor productivity in the service sector", Journal of Macroeconomics 59:217-229.

[327] Kinne, B. J. (2012), "Multilateral Trade and Militarized Conflict: Centrality, Openness, and Asymmetry in the Global Trade Network", The Journal of Politics 74(1):308-322.

[328] Kinne, B. J. (2014), "Does third-party trade reduce conflict? Credible signaling versus opportunity costs", Conflict Management and Peace Science 31(1):28-48.

[329] Klasing, M. and Milionis, P. (2014), "Quantifying the evolution of world trade, 1870-1949", Journal of International Economics 92(1):185-197.

[330] Kovak, B. K., Oldenski, L. and Sly, N. (2017), "The Labor Market Effects of Offshoring by U.S. Multinational Firms:Evidence from Changes in Global Tax Policies", National Bureau of Economic Research Working Paper Series No. 23947.

[331] Kowalski, P. and Legendre, C. (2023), "Raw materials critical for the green transition: Production, international trade and export restrictions", OECD Trade Policy Papers, No. 269, Paris: OECD Publishing. Retrieved at https://doi.org/10.1787/c6bb598b-en.

[332] KPMG and Snapdeal (2015), "Impact of E-commerce on SMEs in India", Mumbai: KPMG India.

[333] Krasner, S. D. (1976), "State Power and the Structure of International

Trade", World Politics 28(3):317-347.

[334] Krasner, S. D. (1982), "Structural Causes and Regime Consequences: Regimes as Intervening Variables", International Organization 36(2):185-205.

[335] Krauthammer, C. (1990), "The Unipolar Moment", Foreign Affairs 70(1):23-33.

[336] Krugman, P. (1992), "Does the New Trade Theory Require a New Trade Policy?", The World Economy 15(4):423-442. Retrieved at https://doi.org/10.1111/j.1467-9701.1992.tb00528.x.

[337] Kuehl, J., Bassi, A. M., Gass, P. and Pallaske, G. (2021), "Cutting emissions through fossil fuel subsidy reform and taxation", International Institute for Sustainable Development, Global Studies Initiative, July 2021.

[338] Kutlina-Dimitrova, Z. and Lakatos, C. (2017), "The Global Costs of Protectionism", Policy Research Working Papers No. 8277, Washington, D.C.: World Bank.

[339] Kyvik-Nordås, H. and Kox, H. (2009), "Quantifying Regulatory Barriers to Services Trade", OECD Trade Policy Papers. Paris: OECD Publishing.

[340] Lafrogne-Joussier, R., Martin, J. and Mejean, I. (2022), "Supply shocks in supply chains: Evidence from the early lockdown in China" IMF Economic Review 71:170-215.

[341] Lamprecht, P. and Miroudot, S. (2018), "The value of market access and national treatment commitments in services trade agreements", OECD Publishing 213.

[342] Lange, I. and Bellas, A. (2005), "Technological change for sulfur dioxide scrubbers under market-based regulation", Land Economics 81(4):546-556.

[343] Larch, M. and Yotov, Y. (2023), "Estimating the Effects of Trade Agreements: Lessons From 60 Years of Methods and Data", School of Economics Working Paper Series, Drexel University.

[344] Lashkaripour, A. (2021), "The Cost of a Global Tariff War: A Sufficient

Statistics Approach", Journal of International Economics 13(103419).

[345] Lashkaripour, A. and Lugovskyy, V. (2023), "Profits, scale economies, and the gains from trade and industrial policy", American Economic Review.

[346] Layne, C. (2012), "This Time It's Real: The End of Unipolarity and the 'Pax Americana'", International Studies Quarterly 56(1):203-213.

[347] Le Moigne, M. (2023), "The Green Comparative Advantage:Fighting Climate Change through Trade", Zurich:Kühne Center for Sustainable Trade and Logistics. Retrieved from https://www.kuehnecenter.uzh.ch/impact_series/2023_05_22-the_green_comparative_advantage.html.

[348] Le Moigne, M., Lepot, S., Ossa, R., Ritel, M. and Simon, D. (2023), "A Quantitative Analysis of Sustainable Globalization", University of Zurich Working Paper.

[349] Leahy, D. and Neary, J. P. (2009), "Multilateral subsidy games", Economic Theory 41:41-66.

[350] Lee, H. L. (2019), "The view from Singapore and Southeast Asia", keynote address by Prime Minister Lee Hsien Loong at the International Institute for Strategic Studies(IISS) Shangri-La Dialogue Opening Dinner on 31 May 2019. Retrieved from https://www.pmo.gov.sg/Newsroom/PM-Lee-Hsien-Loong-at-the-IISS-Shangri-La-Dialogue-2019.

[351] Lee, J.-W. and Pyun, J. H. (2016), "Does Trade Integration Contribute to Peace?", Review of Development Economics 20(1):327-344.

[352] Lee, W., Mulabdic, A. and Ruta, M. (2023), "Third-country effects of regional trade agreements: A firm-level analysis", Journal of International Economics 140:103688.

[353] Lee, Y. Y. and Falahat, M. J. T. I. M. R. (2019), "The impact of digitalization and resources on gaining competitive advantage in international markets: Mediating role of marketing, innovation and learning capabilities", Technology Innovation Management Review 9(11):26-38.

[354] Lehne, S. (2023), "After Russia's War Against Ukraine: What Kind of World

Order?", Brussels: Carnegie Europe (28 February 2023). Retrieved at https://carnegieeurope.eu/2023/02/28/after-russia-s-war-against-ukraine-what-kind-of-world-order-pub-89130.

[355] Leibovici, F. and Santacreu, A. M. (2020), "International Trade of Essential Goods During a Pandemic", Federal Reserve Bank of St. Louis. Retrieved at https://www.freit.org/WorkingPapers/Papers/TradePolicyGeneral/FREIT1691.pdf.

[356] Lenzen, M., Moran, D., Kanemoto, K., Foran, B., Lobefaro, L. and Geschke, A. (2012), "International trade drives biodiversity threats in developing nations", Nature 486(7401):109-112.

[357] Lester, S. and Zhu, H. (2019), "A Proposal for 'Rebalancing' To Deal With 'National Security' Trade Restrictions", Fordham International Law Journal 42(5). Retrieved at https://ir.lawnet.fordham.edu/ilj/vol42/iss5/5.

[358] Levinson, A. (2009), "Technology, International Trade, and Pollution from US Manufacturing", American Economic Review 99(5):2177-2192.

[359] Levinson, A. and Taylor, M. S. (2008), "Unmasking the Pollution Haven Effect", International Economic Review 49(1):223-254.

[360] Levy-Yeyati, E., Stein, E. and Daude, C. (2003), "Regional Integration and the Location of FDI", IADB Research Department Working Paper No. 492.

[361] Lewis, L. and Monarch, R. (2016), "Causes of the global trade slowdown", Board of Governors of the Federal Reserve System (US), 10 November 2016. Retrieved at https://www.federalreserve.gov/econresdata/notes/ifdp-notes/2016/causes-of-the-global-trade-slowdown-20161110.html.

[362] Liberman, P. (1996), "Trading with the Enemy: Security and Relative Economic Gains", International Security 21(1):147-175.

[363] Lighthizer, R. E. (2020) "Report on the Appellate Body of the World Trade Organization", Washington, D. C., United States Trade Representative (USTR).

[364] Lim, H. R. (2022), "Trade in Intermediates and US Manufacturing

Emissions". University of Maryland working paper.

[365] Lupu, Y. and Traag, V. A. (2013), "Trading Communities, the Networked Structure of International Relations, and the Kantian Peace", The Journal of Conflict Resolution 57(6):1011-1042.

[366] Maertens, M. and Swinnen, J. (2012), "Gender and Modern Supply Chains in Developing Countries", Journal of Development Studies 48(10):1412-1430.

[367] Mahlstein, K., McDaniel, C., Schropp, S. and Tsigas, M.(2022), "Estimating the Economic Effects of Sanctions on Russia: An Allied Trade Embargo", The World Economy 45(11):3344-3383.

[368] Majune, S. K. and Stolzenburg, V. (2023), "Mapping Global Concentration in Trade Flows", WTO Staff Working Paper, forthcoming.

[369] Malgouyres, C. (2017), "The Impact of Chinese Import Competition on the Local Structure of Employment and Wages: Evidence from France", Journal of Regional Science 57(3):411-441.

[370] Mancini, M., Taglioni, D. and Borin, A. (2022), "Integration in global value chains might not increase exposure to risk after all", VoxEU (1 March 2022). Retrieved at https://cepr.org/voxeu/columns/integration-global-value-chains-might-not-increase-exposure-risk-after-all.

[371] Maoz, Z. (2006), "Network Polarization, Network Interdependence, and International Conflict, 1816-2002", Journal of Peace Research 43(4):391-411.

[372] Maoz, Z. (2009), "The Effects of Strategic and Economic Interdependence on International Conflict across Levels of Analysis", American Journal of Political Science 53(1):223-240.

[373] Maoz, Z., Johnson, P. L., Kaplan, J., Ogunkoya, F. and Shreve, A. P. (2019), "The Dyadic Militarized Interstate Disputes (MIDs) Dataset Version 3.0: Logic, Characteristics, and Comparisons to Alternative Datasets", Journal of Conflict Resolution 63(3):811-835.

[374] Martin, P., Mayer, T. and Thoenig, M. (2008), "Make trade not war?", The Review of Economic Studies 75(3):865-900.

[375] Martin, P., Mayer, T. and Thoenig, M. (2012), "The Geography of Conflicts and Regional Trade Agreements", American Economic Journal:Macroeconomics, 4(4):1-35.

[376] Mastanduno, M. (1991), "Do Relative Gains Matter? America's Response to Japanese Industrial Policy", International Security 16(1):73-113.

[377] Mavroidis, P. C. (2008), "From GATT 1947 to GATT 1994", in Trade in Goods: The GATT and the Other Agreements Regulating Trade in Goods, Oxford University Press.

[378] Mathieu, C. (2020), "Brexit: What Economic Impacts Does the Literature Anticipate?", Revue de l'OFCE 3(167):43-81.

[379] Mattoo, A. and Staiger, R. (2019), "Trade Wars: What do they Mean? Why are they Happening now? What are the costs?", World Bank Policy Research Working Paper No. 8829 (22 April 2019). Retrieved at https://ssrn.com/abstract=3376278.

[380] Mazarr, M. J. (2022), Understanding Competition: Great Power Rivalry in a Changing International Order, Santa Monica: RAND Corporation.

[381] Mbaye, A. A., Ndiaye, M. B. O., Gueye, A., Barry, I., Sarr, K. Y., Mbaye, M., Dia, A. K. and Sène, M. M. (2022), "Utiliser les Chaines de Valeurs Régionales Comme Stratégie de Diversification des Exportations dans un Contexte Post-COVID-19 : Cas des Pays de l'UEMOA", WTO Chair Programme Report, Abomey-Calavi and Dakar: University of Abomey-Calavi and University Cheikh Anta Diop.

[382] McDonald, P. J. (2004), "Peace through Trade or Free Trade?", The Journal of Conflict Resolution 48(4):547-572.

[383] McMillan, M., Rodrik, D. and Verduzco-Gallo, Í. (2014), "Globalization, structural change, and productivity growth, with an update on Africa", World Development 63:11-32.

[384] Mearsheimer, J. J. (1994), "The False Promise of International Institutions", International Security 19(3):5-49.

[385] Mearsheimer, J. J. (2001), The Tragedy of Great Power Politics, New York: W. W.: Norton & Company.

[386] Melitz, M. J. and Trefler, D. (2012), "Gains from Trade When Firms Matter", Journal of Economic Perspectives 26(2):91-118.

[387] Meltzer, J. P. (2022), "Rewiring US trade policy to address new global realities", The Hill (4 November 2022). Retrieved at https://thehill.com/opinion/international/3719612-rewiring-us-trade-policy-to-address-new-global-realities/.

[388] Meng, J., Huo, J., Zhang, Z., Liu, Y., Mi, Z., Guan, D. and Feng, K. (2023), "The narrowing gap in developed and developing country emission intensities reduces global trade's carbon leakage", Nature Communications 14(1):3775.

[389] Meng, B., Ye, M. and Wei, S.-J. (2020), "Measuring Smile Curves in Global Value Chains", Oxford Bulletin of Economics and Statistics 82(5):988-1016.

[390] Menon, S. (2022), "A New Cold War May Call for a Return to Nonalignment", Foreign Policy (1 July 2022). Retrieved at https://foreignpolicy.com/2022/07/01/nonalignment-international-system-alliance-bloc/.

[391] Métivier, J., Bacchetta, M., Bekkers, E. and Koopman, R.B. (2023), "International Trade Cooperation's Impact on the World Economy", WTO Staff Working Paper No. ERSD-2023-02, Geneva: WTO.

[392] Miguelez, E. (2018), "Inventor diasporas and the internationalization of technology", The World Bank Economic Review, 32(1):41-63.

[393] Milanovic, B. (2012), "Global Income Inequality by the Numbers: In History and Now -An Overview", World Bank Policy Research Working Papers:30.

[394] Milanovic, B. (2022), "The Three Eras of Global Inequality, 1820-2020

with the Focus on the Past Thirty Years", Working Paper Series No. 59, New York: Stone Center on Socio-Economic Inequality.

[395] Mo, J., Qiu, L. D., Zhang, H. and Dong, X. (2021), "What You Import Matters for Productivity Growth: Experience from Chinese Manufacturing Firms", Journal of Development Economics 152:102677.

[396] Mohan, C. R. (2023), "Why Nonalignment Is Dead and Won't Return", Foreign Policy (10 September 2022). Retrieved at https://foreignpolicy. com/2022/09/10/nonalignment-superpowers-developing-world-us-west-russia-china-india-geopolitics-ukraine-war-sanctions/.

[397] Moïsé, E. and Rubínová, S. (2023), "Trade policies to promote the circular economy: A case study of lithiumion batteries", OECD Trade and Environment Working Papers 2023/01, Paris: OECD Publishing.

[398] Monteiro, J.-A. (2016), "Provisions on Small and Medium-sized Enterprises in Regional Trade Agreements", Staff Working Paper No. ERSD-2016-12, Geneva: WTO.

[399] Monteiro, J.-A. (2021), "Buena Vista: Social Corporate Responsibility Provisions in Regional Trade Agreements", Staff Working Paper No. ERSD-2021-11, Geneva: WTO.

[400] Monteiro, J.-A. and Trachtman, J. P. (2020), "Environmental Laws", in Mattoo, A., Rocha, N. and Ruta, M. (eds.), Handbook of Deep Trade Agreements, Washington, D.C.: World Bank.

[401] Montesquieu, C. d. S. (1781), The Spirit of Laws (De l'esprit des lois), London: Printed for J. Collingwood.

[402] Moran, T. H., Görg, H. and Seric, A. (2016), "Quality FDI and Supply-Chains in Manufacturing: Overcoming Obstacles and Supporting Development", KCG Policy Papers, Kiel Centre for Globalization (KCG).

[403] Morelli, M. and Sonno, T. (2017), "On 'Economic Interdependence and War'", Journal of Economic Literature, 55(3):1084-97.

[404] Morgenthau, H. J. (1948), Politics Among Nations: The Struggle for Power

and Peace, New York: McGraw-Hill/Irwin.

[405] Morrow, J. D. (1999), "How Could Trade Affect Conflict?", Journal of Peace Research 36(4):481-489.

[406] Myovella, G., Karacuka, M. and Haucap, J. (2020), "Digitalization and economic growth: A comparative analysis of Sub-Saharan Africa and OECD economies", Telecommunications Policy 44(2):101856.

[407] Nano, E., Nayyar, G., Rubínová, S. and Stolzenburg, V. (2021) "The impact of services liberalization on education: Evidence from India", WTO Staff Working Papers ERSD-2021-10, Geneva: WTO.

[408] Nano, E. and Stolzenburg, V. (2021), "The Role of Global Services Value Chains for Services-Led Development", in Asian Development Bank, UIBE, IDE-JETRO, World Trade Organization and CDRF (eds.), Global Value Chain Development Report 2021: Beyond Production, Manila, Philippines: Asian Development Bank.

[409] NAPAP (2005), National Acid Precipitation Assessment Program Report to Congress: An Integrated Assessment, National Science and Technology Council, Committee on Environment and Natural Resources.

[410] Nayyar, G., Cruz, M. and Zhu, L. (2021a), "Does Premature Deindustrialization Matter? The Role of Manufacturing versus Services in Development", Journal of Globalization and Development 12(1):63-102.

[411] Nayyar, G., Hallward-Driemeier, M. and Davies, E.(2021b), At Your Service?: The Promise of Services-Led Development, Washington, D.C.: World Bank Publications.

[412] Ngai, R. L. and Petrongolo, B. (2017), "Gender Gaps and the Rise of the Service Economy", American Economic Journal: Macroeconomics 9(4)1:44.

[413] Nishioka, S. and Ripoll, M., (2012), "Productivity, trade and the R&D content of intermediate inputs", European Economic Review, 56(8):1573-1592.

[414] Nordhaus, W. D. (2015), "Climate Clubs: Overcoming Free-Riding in

International Climate Policy", American Economic Review 105(4):1339-70.

[415] Nordström, H. (2023), "Does the Risk of Carbon Leakage Justify the CBAM?". Robert Schuman Centre for Advanced Studies Research Paper No. RSC 08, 2023.

[416] Odedra-Straub, M. (2003), "E-Commerce and Development: Whose development?", The Electronic Journal of Information Systems in Developing Countries 11(1):1-5.

[417] Oneal, J. R. (2003), "Measuring Interdependence and Its Pacific Benefits: A Reply to Gartzke & Li", Journal of Peace Research 40(6):721-725.

[418] Oneal, J. R., Oneal, F. H., Maoz, Z. and Russett, B. (1996), "The Liberal Peace: Interdependence, Democracy, and International Conflict, 1950-85", Journal of Peace Research 33(1):11-28.

[419] Oneal, J. R. and Russett, B. (1997), "The Classical Liberals Were Right: Democracy, Interdependence, and Conflict, 1950-1985", International Studies Quarterly 41(2):267-293.

[420] Oneal, J. R. and Russett, B. (1999), "The Kantian Peace:The Pacific Benefits of Democracy, Interdependence, and International Organizations, 1885-1992", World Politics 52(1):1-37.

[421] Organisation for Economic Co-operation and Development (OECD) (2015), "Policy Framework for Investment", Paris: OECD.

[422] Organisation for Economic Co-operation and Development (OECD) (2018), "OECD Due Diligence Guidance for Responsible Business Conduct", Paris:OECD.

[423] Organisation for Economic Co-operation and Development (OECD) (2021b), "OECD/G20 Inclusive Framework on BEPS Progress report July 2020 – September 2021", Paris: OECD.

[424] Organisation for Economic Co-operation and Development (OECD) (2021c), "The Digital Transformation of SMEs", Paris: OECD.

[425] Organisation for Economic Co-operation and Development (OECD) (2022a),

Trade in Embodied CO2 (TECO2) Database, Paris: OECD.

[426] Organisation for Economic Co-operation and Development (OECD) (2022b), Global Plastics Outlook: Policy Scenarios to 2060, Paris: OECD.

[427] Organisation for Economic Co-operation and Development (OECD) (2023a), Informality and Globalisation: In Search of a New Social Contract, Paris: OECD.

[428] Organisation for Economic Co-operation and Development (OECD) (2023b), What is BEPS? 2023[cited 2023]. Available from https://www.oecd.org/tax/beps/about/#mission-impact.

[429] Organski, A. F. K. (1958), World Politics, New York: Alfred A. Knopf.

[430] Organski, A. F. K. and Kugler, J. (1980), The War Ledger, Chicago: University of Chicago Press.

[431] Osnago, A., Piermartini, R. and Rocha, N. (2015), "Trade Policy Uncertainty as Barrier to Trade", WTO Working Paper ERSD-2015-05, Geneva: WTO. Retrieved at https://www.wto.org/english/res_e/reser_e/ersd201505_e.pdf.

[432] Ossa, R. (2014), "Trade Wars and Trade Talks with Data", American Economic Review 104(12):4104-46.

[433] Ossa, R. (2015), "Why Trade Matters After All", Journal of International Economics 97(2):266-277.

[434] Ouyang, D. and Yuan, W. (2019), "China Syndrome Redux:New Results on Global Labor Reallocation", SSRN Electronic Journal.

[435] Pavcnik, N. (2017) The impact of trade on inequality in developing countries.

[436] Pazarbasioglu, C., Mora, A. G., Uttamchandani, M., Natarajan, H., Feyen, E. and Saal, M. (2020), "Digital financial services", Washington, D. C.: World Bank.

[437] Parmentola, A., Petrillo, A., Tutore, I. and De Felice, F.(2022), "Is blockchain able to enhance environmental sustainability? A systematic review and research agenda from the perspective of Sustainable

Development Goals(SDGs)", Business Strategy and the Environment 31(1):194-217.

[438] Pew Charitable Trusts and SYSTEMIQ (2022), Breaking the Plastic Wave: A comprehensive assessment of pathways towards stopping ocean plastic pollution. Retrieved at https://www.systemiq.earth/breakingtheplasticwave/.

[439] Piermartini, R. and Rubínová, S. (2021), "How much do global value chains boost innovation?", Canadian Journal of Economics/Revue canadienne d'économique 54(2):892-922.

[440] Polachek, S. W. (1980), "Conflict and Trade", The Journal of Conflict Resolution 24(1):55-78.

[441] Popp, D. (2003), "Pollution control innovations and the Clean Air Act of 1990", Journal of Policy Analysis Management 22(4):641-660.

[442] Popp, D. (2006), "R&D subsidies and climate policy: is there a 'free lunch'?", Climatic Change 77(3-4):311-341.

[443] Prina, S. (2015), "Effects of Border Price Changes on Agricultural Wages and Employment in Mexico", Journal of International Development 27(1):112-132.

[444] Pyakuryal, B., Roy, D. and Thapa, Y. B. (2010), "Trade liberalization and food security in Nepal", Food Policy 35(1):20-31.

[445] Raess, D. and Sari, D. (2020), "Labor Market Regulations", in Mattoo, A., Rocha, N. and Ruta, M. (eds.), Handbook of Deep Trade Agreements, Washington, D.C.: World Bank.

[446] Regolo, J. (2013), "Export diversification: How much does the choice of the trading partner matter?", Journal of International Economics 91(2):329-342.

[447] Richter, P. M. and Schiersch, A. (2017), "CO_2 Emission Intensity and Exporting: Evidence From Firm-level Data", European Economic Review 98:373-391.

[448] Roberts, A. and Lamp, N. (2021), "The Corporate Power Narrative: How Corporations Benefit from Economic Globalization", Promarket, 13 October

2021. Retrieved at https://www.promarket.org/2021/10/13/corporate-power-narrative-winners-economic-globalization-bargaining-power/.

[449] Rodrik, D. (1997), Has globalization gone too far?, Washington, D.C., Peterson Institute for International Economics.

[450] Rodrik, D. (2016), "Premature deindustrialization", Journal of Economic Growth 21(1):1-33.

[451] Rodrik, D. (2018), "Populism and the economics of globalization" Journal of International Business Policy 1(1):12-33.

[452] Rollo, V. (2023), "Technical regulations and exporters' dynamics: evidence from developing countries", International Economics and Economic Policy 20(1):189-212.

[453] Roney, J. (1982), "Grain Embargo as Diplomatic Lever:Fulcrum or Folly?", SAIS Review (1956-1989) 2:189–205.

[454] Rotunno, L., Roy, S., Sakakibara, A. and Vezina, P.-L. (2023), "Trade Policy and Jobs in Vietnam: The Unintended Consequences of Trump's Trade War", SocArXiv 9rdne, Charlottesville (VA): Center for Open Science.

[455] Ruggie, J. G. (1992), "Multilateralism: the anatomy of an institution", International Organization 46(3):561-598.

[456] Russett, B., Oneal, J. R. and Davis, D. R. (1998), "The Third Leg of the Kantian Tripod for Peace: International Organizations and Militarized Disputes, 1950-85", International Organization 52(3):441-467.

[457] Sahay, T. (2022), "Non-alignment: The BRICS", New Bargaining Chio, Groupe d'études géopolitiques:43-46.

[458] Sahoo, A. and Shrimali, G. (2013), "The effectiveness of domestic content criteria in India's solar mission", Energy Policy 62:1470-1480.

[459] Santos, T. D. (1970), "The Structure of Dependence", The American Economic Review 60(2):231-236.

[460] Sauvage, J. (2014), "The Stringency of Environmental Regulations and Trade in Environmental Goods", OECD Trade and Environment Working

Papers No. 2014/03, Paris: OECD.

[461] Schmidt, J. and Steingress, W. (2022), "No double standards: quantifying the impact of standard harmonization on trade", Journal of International Economics 137:103619.

[462] Schuman, R. (1950), "Schuman Declaration", Paris:European Union. Retrieved at https://european-union. europa.eu/principles-countries-history/ history-eu/1945-59/schuman-declaration-may-1950_en.

[463] Shannon, M., Morey, D. and Boehmke, F. J. (2010), "The Influence of International Organizations on Militarized Dispute Initiation and Duration", International Studies Quarterly 54(4):1123-1141.

[464] Shapiro, J. S. (2016), "Trade Costs, CO_2, and the Environment", American Economic Journal: Economic Policy 8(4):220-254.

[465] Shapiro, J. S. (2021), "The Environmental Bias of Trade Policy", The Quarterly Journal of Economics 136(2):831-886.

[466] Shapiro, J. S. and Walker, R. (2018), "Why Is Pollution From US Manufacturing Declining? The Roles of Environmental Regulation, Productivity, and Trade", American Economic Review 108(12):3814-3854.

[467] Shepherd, B. and Cattaneo, O. (2014), "Quantitative Analysis of Value Chain Strength in the APEC Region", Singapore: Asia-Pacific Economic Cooperation (APEC).

[468] Shepherd, B. and Prakash, A. (2021), "Global value chains and investment: changing dynamics in Asia", ERIA research project report 2021, no. 01, Jakarta Pusat: Economic Research Institute for ASEAN and East Asia(ERIA).

[469] Song, X.-P., Hansen, M. C., Potapov, P., Adusei, B., Pickering, J., Adami, M., Lima, A., Zalles, V., Stehman, S. V., Di Bella, C. M., Conde, M. C., Copati, E. J., Fernandes, L. B., Hernandez-Serna, A., Jantz, S. M., Pickens, A. H., Turubanova, S. and Tyukavina, A.(2021), "Massive soybean expansion in South America since 2000 and implications for conservation", Nature

Sustainability 4(9):784-792.

[470] Sovacool, B. K., Burke, M., Baker, L., Kotikalapudi, C. K. and Wlokas, H. (2017), "New frontiers and conceptual frameworks for energy justice", Energy Policy 105:677-691.

[471] Spencer, B. and Brander, J. (1983), "International R&D Rivalry and Industrial Strategy", Review of Economic Studies 50(4):707-722.

[472] Spencer, B. and Brander, J. (2016), "Strategic Trade Policy", The New Palgrave Dictionary of Economics, London: Palgrave Macmillan UK.

[473] Springford, J. (2023), "Are the Costs of Brexit Big or Small?", CER Insights, London: Centre for European Reform (CER).

[474] Stavins, R., Chan, G., Stowe, R. and Sweeney, R. (2012), "The US sulphur dioxide cap and trade programme and lessons for climate policy", VoxEU, online version, 12 August 2012. Retrieved at https://cepr.org/voxeu/columns/us-sulphur-dioxide-cap-and-trade-programme-and-lessons-climate-policy.

[475] Stein, A. A. (1982), "Coordination and Collaboration:Regimes in an Anarchic World", International Organization 36(2):299-324.

[476] Stein, A. A. (1984), "The Hegemon's Dilemma: Great Britain, the United States, and the International Economic Order", International Organization 38(2):355-386.

[477] Sumaila, U. R., Skerritt, D., Schuhbauer, A., Ebrahim, N., Li, Y., Kim, H. S., Mallory, T. G., Lam, V. W. L. and Pauly, D. (2019), "A Global Dataset on Subsidies to the Fisheries Sector", Data in Brief 27(104706).

[478] Tanaka, S., Teshima, K. and Verhoogen, E. (2022), "North-South Displacement Effects of Environmental Regulation: The Case of Battery Recycling", American Economic Review: Insights, 4(3):271-88.

[479] Tang, M.-K. and Wei, S.-J. (2009), "The Value of Making Commitments Externally: Evidence from WTO Accessions", NBER working paper no. 14582.Retrieved from https://www.nber.org/papers/w14582.

[480] Taylor, M. (2020), "Energy subsidies: Evolution in the global energy

transformation to 2050", Technical paper 1/2020, Abu Dhabi: International Renewable Energy Agency (IRENA).

[481] te Velde, D. W. and Bezemer, D. (2006), "Regional integration and foreign direct investment in developing countries", Transnational Corporations 15.

[482] Thube, S. D., Delzeit, R. and Henning, C. H. C. A. (2022), "Economic Gains From Global Cooperation in Fulfilling Climate Pledges", Energy Policy 160, 112673.

[483] Thun, E., Taglioni, D., Sturgeon, T. J. and Dallas, M. P.(2022), "Massive Modularity: Understanding Industry Organization in the Digital Age — The Case of Mobile Phone Handsets", Policy Research working paper no. WPS 10164, Washington, D.C.: World Bank Group.

[484] Traub, J. (2023), "Cold War 2.0 Is Ushering In Nonalignment 2.0", Foreign Policy (9 July 2022). Retrieved at https://foreignpolicy.com/2022/07/09/ nonalignment-us-china-cold-war-ukraine-india-global-south/.

[485] Ulate, M., Vasquez, J. P. and Zarate, R. D. (2023), "Labor Market Effects of Global Supply Chain Disruptions", CESifo Working Paper Series No. 10311.

[486] United Nations Conference on Trade and Development(UNCTAD) (2021), "A European Union Border Carbon Adjustment Mechanism: implications for developing countries", Geneva: UNCTAD.

[487] United Nations Conference on Trade and Development (UNCTAD) (2023), World Investment Report 2023, Geneva: UNCTAD.

[488] United Nations Environment Programme (UNEP) (2021) From Pollution to Solution: A global assessment of marine litter and plastic pollution, Nairobi: UNEP.

[489] United Nations Environment Programme (UNEP) (2023a) "Potential options for elements towards an international legally binding instrument, based on a comprehensive approach that addresses the full life cycle of plastics as called for by United Nations Environment Assembly resolution 5/14",

Nairobi: UNEP.

[490] United Nations Environment Programme (UNEP) (2023b) Turning off the Tap: How the world can end plastic pollution and create a circular economy, Nairobi:UNEP.

[491] United Nations Forum on Sustainability Standards (UNFSS) (2013), 1st Flagship Report of the United Nations Forum on Sustainability Standards (UNFSS). Retrieved from https://unfss. org/home/flagship-publication/.

[492] United Nations Inter-Agency Network on Women and Gender Equality (IANGWE) (2011), "Gender Equality & Trade Policy", New York: IANGWE.

[493] US Geological Survey (2023), Mineral commodity summaries 2023, Reston, VA: US Geological Survey.

[494] Ustyuzhanina, P. (2022), "Decomposition of air pollution emissions from Swedish manufacturing", Environmental Economics and Policy Studies 24(2):195-223.

[495] Van den Bossche, P. and Akpofure, S. (2020), "The Use and Abuse of the National Security Exception under Article XXI(b)(iii) of the GATT 1994", WTI Working Paper No. 03/2020.

[496] Venables, A. J. (2016), "Using Natural Resources for Development: Why Has It Proven So Difficult?", Journal of Economic Perspectives 30(1):161-84.

[497] Venigalla, M. (2013), "Mobile Source Emissions Testing", in Kutz, M., Handbook of Measurement in Science and Engineering, Hoboken: John Wiley & Sons, Inc.

[498] Vidican-Auktor, G. (2022), "The Opportunities and Challenges of Industry 4.0 for Industrial Development:A Case Study of Morocco's Automotive and Garment Sectors", DIE Discussion Paper No. 2/2022.

[499] Vidican-Auktor, G. and Hahn, T. (2017), "The Effectiveness of Morocco's Industrial Policy in Promoting a National Automotive Industry", DIE

Discussion Paper No.27/2017.

[500] Vinaja, R. (2003), "The economic and social impact of electronic commerce in developing countries", in Vinaja, R., The economic and social impacts of e-commerce, Hershey, PA: IGI Global.

[501] Walt, S. M. (2022), "Does Anyone Still Understand the 'Security Dilemma'?" Foreign Policy, 26 July 2022. Retrieved at https://foreignpolicy. com/2022/07/26/misperception-security-dilemma-ir-theory-russia-ukraine/.

[502] Waltz, K. (1979), Theory of international politics, Reading, MA: Addison-Wesley.

[503] Wang, Z., Wei, S.-J., Yu, X. and Zhu, K. (2018), "Re-examining the Effects of Trading with China on Local Labor Markets: A Supply Chain Perspective", NBER Working Paper No. 24886.

[504] Waugh, M. E. (2019), "The Consumption Response to Trade Shocks: Evidence from the US-China Trade War", National Bureau of Economic Research Paper No. 26353, Cambridge (MA): NBER.

[505] Wen, Z., Xie, Y., Chen, M. and Dinga, C. D. (2021), "China's plastic import ban increases prospects of environmental impact mitigation of plastic waste trade flow worldwide", Nature Communications 12(1):425.

[506] White, E. (2023), "How China cornered the market for clean tech", Financial Times, 9 August 2023. Retrieved from https://www.ft.com/ content/6d2ed4d3-c6d3-4dbd-8566-3b0df9e9c5c6.

[507] Wolf, M. (2011), "In the grip of a great convergence", Financial Times, 4 January 2011. Retrieved from https://www.ft.com/content/072c87e6-1841-11e0-88c9-00144feab49a.

[508] Woltjer, P., Gouma, R. and Timmer, M. P. (2021), "Long-run World Input-Output Database: Version 1.0 Sources and Methods", GGDC Research Memorandum 190.

[509] Wood Mackenzie and the Solar Energy Industries Association (SEIA) (2022), US Solar Market Insight. Retrieved at https://www.woodmac.com/industry/

power-and-renewables/us-solar-market-insight/.

[510] World Bank (2014), "Africa's Pulse", working paper, Washington, D.C.: World Bank Group. Retrieved at http://documents.worldbank.org/curated/en/179091468009576085/Africas-Pulse.

[511] World Bank (2016), World Development Report 2016:Digital Dividends, Washington, D.C.: World Bank.

[512] World Bank (2020), World Development Report 2020:Trading for Development in the Age of Global Value Chains, Washington, D.C.: World Bank. Retrieved at https://www.worldbank.org/en/publication/wdr2020.

[513] World Bank (2021), "Carbon Pricing Dashboard: Key Statistics on Regional, National and Subnational Carbon Pricing Initiative(s)", Washington, D.C.: World Bank.

[514] World Bank and World Trade Organization (WTO) (2020), Women and Trade: The Role of Trade in Promoting Gender Equality, Washington, D.C. and Geneva: World Bank and WTO.

[515] World Bank and World Trade Organization (WTO) (2022), "Trade Therapy: Deepening Cooperation to Strengthen Pandemic Defenses", Washington DC: World Bank and WTO.

[516] World Trade Organization (WTO) (1996a), "Dispute Settlement Body-Minutes of the meeting held in the Centre William Rappard on 16 October 1996", WTO official document number WT/DSB/M/24, Geneva:WTO. Retrieved at https://docs.wto.org/dol2fe/Pages/SS/directdoc.aspx?filename=Q:/WT/DSB/M24. pdf&Open=True.

[517] World Trade Organization (WTO) (1996b), Singapore Ministerial Declaration, Singapore: WTO. Retrieved at https://www.wto.org/english/thewto_e/minist_e/min96_e/wtodec_e.htm.

[518] World Trade Organization (WTO) (2008), "Declaration on Global Electronic Commerce - Adopted on 20 May 1998", WTO official document number WT/MIN(98)/DEC/2. Retrieved at https://docs.wto.org/dol2fe/Pages/SS/

directdoc.aspx?filename=Q:/WT/MIN98/DEC2. pdf&Open=True.

[519] World Trade Organization (WTO) (2007), World Trade Report 2007 – Sixty Years of the Multilateral Trading System: Achievements and Challenges, Geneva: WTO.

[520] World Trade Organization (WTO) (2010), World Trade Report 2010: Trade in Natural Resources, Geneva: WTO.

[521] World Trade Organization (WTO) (2011), World Trade Report 2011: The WTO and Preferential Trade Agreements: From Co-existence to Coherence, Geneva: WTO.

[522] World Trade Organization (WTO) (2014), World Trade Report 2014: Trade and Development – Recent Trends and the Role of the WTO, Geneva: WTO.

[523] World Trade Organization (WTO) (2016), World Trade Report 2016: Levelling the trading field for SMEs, Geneva: WTO.

[524] World Trade Organization (WTO) (2017), World Trade Report 2017: Trade, Technology and Jobs, Geneva:WTO.

[525] World Trade Organization (WTO) (2018a) "Mainstreaming Trade to Attain the SDGs", Geneva: WTO.

[526] World Trade Organization (WTO) (2018b), World Trade Report 2018: The future of world trade – How digital technologies are transforming global commerce, Geneva: WTO.

[527] World Trade Organization (WTO) (2019a), "Coherent use of notification formats – Recommendation – Adopted at the meeting of 13-15 November 2019", Geneva:WTO. Retrieved at https://docs.wto.org/dol2fe/Pages/SS/directdoc.aspx?filename=q:/G/TBT/35R1. pdf&Open=True.

[528] World Trade Organization (WTO) (2019b) World Trade Report 2019: The Future of Services Trade, Geneva:WTO.

[529] World Trade Organization (WTO) (2020a), World Trade Report 2020: Government policies to promote innovation in the digital age, Geneva: WTO.

[530] World Trade Organization (WTO) (2020b), "Trade costs in the time of global pandemic", Information Note, Geneva: WTO. Retrieved at https:// www.wto.org/english/tratop_e/covid19_e/trade_costs_report_e.pdf

[531] World Trade Organization (WTO) (2021a), World Trade Report 2021: Economic Resilience and Trade, Geneva:WTO.

[532] World Trade Organization (WTO) (2021b), "Declaration on the Conclusion of Negotiations on Services Domestic Regulation", WTO official document number WT/L/1129, Geneva: WTO. Retrieved at https://docs. wto.org/ dol2fe/Pages/SS/directdoc.aspx?filename=q:/WT/L/1129.pdf&Open=True.

[533] World Trade Organization (WTO) (2021c), "WTO Trade Cost Index: Evolution, Incidence and Determinants –Background Note 1 (March 24, 2021)", Geneva: WTO. Retrieved at http://tradecosts.wto.org/.

[534] World Trade Organization (WTO) (2021d), "Informal Working Group on MSMES: Declaration on Micro, Small and Medium-sized Enterprises (MSMES)", WTO official document number INF/MSME/4/Rev.2, Geneva: WTO. Retrieved at https://docs.wto.org/dol2festaff/Pages/SS/directdoc. aspx?filename=q:/INF/MSME/4R2.pdf&Open=True.

[535] World Trade Organization (WTO) (2021e), Easing Trade Bottlenecks in Landlocked Developing Countries, Geneva: WTO.

[536] World Trade Organization (WTO) (2022a), "MC12 Outcome Document-Adopted on 17 June 2022", WTO official document number WT/ MIN(22)/24, Geneva: WTO. Retrieved at https://docs.wto.org/dol2festaff/ Pages/SS/directdoc.aspx?filename=q:/WT/MIN22/24.pdf&Open=True.

[537] World Trade Organization (WTO) (2022b), "WTO Ministerial conferences-MC12 briefing note", Geneva:WTO. Retrieved at https://www.wto.org/ english/thewto_e/minist_e/mc12_e/briefing_notes_e/briefing_notes_e.htm.

[538] World Trade Organization (WTO) (2022c), "Work Programme on Electronic Commerce – Ministerial Decision – Adopted on 17 June 2022", WTO official document number WT/MIN(22)/32, Geneva: WTO. Retrieved at

https://docs.wto.org/dol2fe/Pages/SS/directdoc.aspx?filename=q:/WT/ MIN22/32. pdf&Open=True.

[539] World Trade Organization (WTO) (2022d), "Ministerial Declaration on the Emergency Response to Food Insecurity – Adopted on 17 June 2022", WTO official document number WT/MIN(22)/28, Geneva: WTO.Retrieved at https://docs.wto.org/dol2festaff/Pages/SS/directdoc.aspx?filename=q:/WT/ MIN22/28.pdf&Open=True.

[540] World Trade Organization (WTO) (2022e), "Ministerial Declaration World Food Programme Purchases –Exemption from Export Prohibitions or Restrictions– Adopted on 17 June 2022", WTO official document number WT/MIN(22)/29, Geneva: WTO. Retrieved at https://docs.wto. org/dol2festaff/Pages/SS/directdoc. aspx?filename=q:/WT/MIN22/29. pdf&Open=True.

[541] World Trade Organization (WTO) (2022f), "Recent evolution of developed-economy MSME participation in international trade: MSME Research note #1", Geneva:WTO. Retrieved at https://www.wto.org/english/tratop_e/ msmes_e/ersd_research_note1_msmes_in_developed_economies.pdf.

[542] World Trade Organization (WTO) (2022g), World Trade Report 2022: Climate Change and Trade, Geneva: WTO.

[543] World Trade Organization (WTO) (2022h), "Overview of developments in the international trading environment", WTO official document number WT/TPR/OV/25, Geneva: WTO. Geneva: WTO.Retrieved at https://docs. wto.org/dol2fe/Pages/SS/directdoc.aspx?filename=q:/WT/TPR/OV25. pdf&Open=True.

[544] World Trade Organization (WTO) (2022i), "Trade in medical goods in the context of tackling Covid-19:Developments in 2019-21", Information Note, Geneva:WTO. Retrieved at https://www.wto.org/english/tratop_e/covid19_ e/med_goods_2019_21_e.pdf

[545] World Trade Organization (WTO) (2022j), "Small and Medium

Manufacturing Enterprise Trade Participation in Developing Economies", MSME Research note #2, Geneva: WTO.

[546] World Trade Organization (WTO) (2022k), MSME Note 1, Geneva: WTO.

[547] World Trade Organization (WTO) (2023a), One year of war in Ukraine: Assessing the impact on global trade and development, Geneva: WTO.

[548] World Trade Organization (WTO) (2023b), "Trade Monitoring Report Update: A Year of Turbulence on Food and Fertilizers Markets", Geneva: WTO. Retrieved at https://www.wto.org/english/news_e/news23_e/ trdev_02mar23_e.pdf.

[549] World Trade Organization (WTO) (2023c), "Decarbonization standards and the iron and steel sector: how can the WTO support greater coherence?", Trade and Climate Change Information Brief No. 7, Geneva: WTO. Retrieved at https://www.wto.org/english/tratop_e/envir_e/trade-climate-change_info_brief_no7_e.pdf.

[550] World Trade Organization (WTO) (2023d), "Report on G20 Trade Measures", Geneva: WTO.

[551] World Trade Organization (WTO) and Organisation for Economic Co-operation and Development (OECD) (2021), "Services domestic regulation in the WTO:Cutting red tape, slashing trade costs, and facilitating services trade", Geneva and Paris: WTO and OECD.

[552] Xiang, J., Xu, X. and Keteku, G. (2007), "Power: The Missing Link in the Trade Conflict Relationship", The Journal of Conflict Resolution 51(4):646-663.

[553] Xu, C., Dai, Q., Gaines, L. et al. (2020) "Future material demand for automotive lithium-based batteries". Nature Communications Materials 1, 99. Retrieved at https://doi.org/10.1038/s43246-020-00095-x

[554] Yakovlev, P. and Spleen, B. (2022), "Make concentrated trade not war?", Review of Development Economics 26(2):661-686.

[555] Yi, K. M. (2003), "Can vertical specialization explain the growth of world

trade?", Journal of Political Economy, 111(1):52–102.

[556] Yi, M., Müller, S. and Stegmaier, J. (2017), "Industry Mix, Local Labor Markets, and the Incidence of Trade Shocks", mimeo, US Census Bureau.

[557] Yuan, R., Rodrigueds, J. F. D., Wang, J. and Behrens, P. (2023), "The short-term impact of US-China trade war on global GHG emissions from the perspective of supply chain reallocation", Environmental Impact Assessment Review 98:106980.

[558] Zakaria, F. (2009), The Post-American World: And The Rise Of The Rest, London: Penguin.

[559] Zatonatska, T. (2018), "Models for analysis of impact of the e-commerce on indicators of economic development of Ukraine, Poland and Austria", Marketing and Management of Innovations:44-53.

[560] Zervas, G., Proserpio, D. and Byers, J. W. (2017), "The rise of the sharing economy: Estimating the impact of Airbnb on Hotel Industry", Journal of Market Research 54(5):687-705.

技术说明

地区和其他经济集团				
北美				
百慕大	加拿大*	墨西哥*	圣皮埃尔岛和密克隆岛	美国*
南美、中美和加勒比				
安奎拉	巴西*	厄瓜多尔*	蒙特塞拉特岛	苏里南*
安提瓜和巴布达*	开曼群岛	萨尔瓦多*	尼加拉瓜*	特立尼达和多巴哥*
阿根廷*	智利*	格林纳达*	巴拿马*	特克斯和凯科斯群岛
阿鲁巴（荷兰属）	哥伦比亚*	危地马拉*	巴拉圭*	乌拉圭*
巴哈马**	哥斯达黎加*	圭亚那*	秘鲁*	委内瑞拉*
巴巴多斯*	古巴*	海地*	圣基茨和尼维斯*	
伯利兹*	库拉索岛	洪都拉斯*	圣卢西亚*	
玻利维亚*	多米尼克*	牙买加*	圣马丁岛	
博内尔岛，圣尤斯达蒂斯和萨巴	多米尼加共和国*	马提尼克岛	圣文森特和格林纳丁斯*	
欧洲				
阿尔巴尼亚*	丹麦*	冰岛*	荷兰*	西班牙*
安道尔**	爱沙尼亚*	爱尔兰*	北马其顿共和国*	瑞典*
奥地利*	芬兰*	意大利*	挪威*	瑞士*
比利时*	法国*	拉脱维亚*	波兰*	土耳其*
波斯尼亚和黑塞哥维那**	德国*	列支敦士登*	葡萄牙*	英国*
保加利亚*	直布罗陀	立陶宛*	罗马尼亚*	
克罗地亚*	希腊*	卢森堡*	塞尔维亚**	

塞浦路斯*	格陵兰	马耳他*	斯洛伐克*	
捷克*	匈牙利*	黑山共和国*	斯洛文尼亚*	

独立国家联合体，包括非正式成员国和前成员国

亚美尼亚*	格鲁吉亚*	摩尔多瓦*	土库曼斯坦	
阿塞拜疆**	哈萨克斯坦*	俄罗斯*	乌克兰*	
白俄罗斯**	吉尔吉斯斯坦*	塔吉克斯坦*	乌兹别克斯坦**	

非洲

阿尔及利亚**	刚果（布）*	加纳*	毛里求斯*	索马里**
安哥拉*	科特迪瓦*	几内亚*	摩洛哥*	南非*
贝宁*	刚果（金）*	几内亚比绍*	莫桑比克*	南苏丹**
博茨瓦纳*	吉布提*	肯尼亚*	纳米比亚*	苏丹**
布基纳法索*	埃及*	莱索托*	尼日尔*	坦桑尼亚*
布隆迪*	赤道几内亚**	利比里亚*	尼日利亚*	多哥*
佛得角*	厄立特里亚	利比亚**	卢旺达*	突尼斯*
喀麦隆*	斯威士兰*	马达加斯加*	圣多美和普林西比**	乌干达*
中非共和国*	埃塞俄比亚**	马拉维*	塞内加尔*	赞比亚*
乍得*	加蓬*	马里*	塞舌尔*	津巴布韦*
科摩罗*	冈比亚*	毛里塔尼亚*	塞拉利昂*	

中东

巴林*	以色列*	黎巴嫩**	沙特*	也门*
伊朗**	约旦*	阿曼*	叙利亚**	
伊拉克**	科威特*	卡塔尔*	阿联酋*	

亚洲

阿富汗*	关岛	马尔代夫*	巴基斯坦*	东帝汶*
美属萨摩亚群岛	中国香港*	马绍尔群岛	帕劳	帕克劳群岛

澳大利亚*	印度*	密克罗尼西亚联邦	巴布亚新几内亚*	汤加*
孟加拉国*	印度尼西亚*	蒙古国*	菲律宾*	图瓦卢
不丹**	日本*	缅甸*	皮特凯恩群岛	瓦努阿图*
文莱*	基里巴斯	瑙鲁	西萨摩亚*	越南*
柬埔寨*	韩国*	尼泊尔*	新加坡*	瓦利斯和富图纳群岛
中国*	朝鲜	新喀里多尼亚	所罗门群岛*	
库克群岛	老挝*	新西兰*	斯里兰卡*	
斐济*	中国澳门*	纽埃	中国台北*	
法属波利尼西亚	马来西亚*	北马里亚纳群岛邦	泰国*	

区域贸易协定

安第斯共同体

玻利维亚	哥伦比亚	厄瓜多尔	秘鲁

东南亚国家联盟

文莱	印度尼西亚	马来西亚	菲律宾	泰国
柬埔寨	老挝	缅甸	新加坡	越南

中美洲共同市场

哥斯达黎加	萨尔瓦多	危地马拉	洪都拉斯	尼加拉瓜

加勒比共同体

安提瓜和巴布达	伯利兹	圭亚那	蒙特塞拉特	圣文森特和格林纳丁斯
巴哈马	多米尼克	海地	圣基茨和尼维斯	苏里南
巴巴多斯	格林纳达	牙买加	圣卢西亚	特立尼达和多巴哥

中非经济与货币共同体

喀麦隆	乍得	刚果（布）	赤道几内亚	加蓬
中非共和国				

续 表

东南非共同市场				
布隆迪	厄立特里亚	马达加斯加	索马里	津巴布韦
科摩罗	斯威士兰	马拉维	苏丹	
刚果（金）	埃塞俄比亚	毛里求斯	突尼斯	
吉布提	肯尼亚	卢旺达	乌干达	
埃及	利比亚	塞舌尔	赞比亚	
西非国家经济共同体				
贝宁	科特迪瓦	几内亚	马里	塞内加尔
布基纳法索	冈比亚	几内亚比绍	尼日尔	塞拉利昂
佛得角	加纳	利比里亚	尼日利亚	多哥
欧洲自由贸易联盟				
冰岛	列支敦士登	挪威	瑞士	
欧盟				
奥地利	丹麦	匈牙利	马耳他	斯洛文尼亚
比利时	爱沙尼亚	爱尔兰	荷兰	西班牙
保加利亚	芬兰	意大利	波兰	瑞典
克罗地亚	法国	拉脱维亚	葡萄牙	
塞浦路斯	德国	立陶宛	罗马尼亚	
捷克	希腊	卢森堡	斯洛伐克	
海湾阿拉伯国家合作委员会				
巴林	阿曼	卡塔尔	沙特	阿联酋
科威特				
南方共同市场				
阿根廷	巴西	巴拉圭	乌拉圭	委内瑞拉
北美自由贸易协定				
加拿大	墨西哥	美国		

南部非洲发展共同体				
安哥拉	斯威士兰	马拉维	纳米比亚	坦桑尼亚
博茨瓦纳	莱索托	毛里求斯	塞舌尔	赞比亚
科摩罗	马达加斯加	莫桑比克	南非	津巴布韦
刚果（金）				
南亚自由贸易协定				
阿富汗	不丹	马尔代夫	巴基斯坦	斯里兰卡
孟加拉国	印度	尼泊尔		
西非经济货币联盟				
贝宁	科特迪瓦	马里	塞内加尔	多哥
布基纳法索	几内亚比绍	尼日尔		
其他集团				
非洲、加勒比和太平洋国家				
安哥拉	科特迪瓦	几内亚比绍	纳米比亚	所罗门群岛
安提瓜和巴布达	古巴	圭亚那	瑙鲁	索马里
巴哈马	刚果（金）	海地	尼日尔	南非
巴巴多斯	吉布提	牙买加	尼日利亚	苏丹
伯利兹	多米尼克	肯尼亚	纽埃	苏里南
贝宁	多米尼加	基里巴斯	帕劳	坦桑尼亚
博茨瓦纳	赤道几内亚	莱索托	巴布亚新几内亚	东帝汶
布基纳法索	厄立特里亚	利比里亚	卢旺达	多哥
布隆迪	斯威士兰	马达加斯加	圣基茨和尼维斯	汤加
佛得角	埃塞俄比亚	马拉维	圣卢西亚	特立尼达和多巴哥
喀麦隆	斐济	马里	圣文森特和格林纳丁斯	图瓦卢
中非	加蓬	马绍尔群岛	萨摩亚	乌干达
乍得	冈比亚	毛里塔尼亚	圣多美和普林西比	瓦努阿图

科摩罗	加纳	毛里求斯	塞内加尔	赞比亚
刚果（布）	格林纳达	密克罗尼西亚	塞舌尔	津巴布韦
库克群岛	几内亚	莫桑比克	塞拉利昂	
非洲				
北非				
阿尔及利亚	埃及	利比亚	摩洛哥	突尼斯
撒哈拉以南非洲				
西非				
贝宁	冈比亚	几内亚比绍	毛里塔尼亚	塞内加尔
布基纳法索	加纳	利比里亚	尼日尔	塞拉利昂
佛得角	几内亚	马里	尼日利亚	多哥
科特迪瓦				
中非				
布隆迪	中非共和国	刚果（布）	赤道几内亚	卢旺达
喀麦隆	乍得	刚果（金）	加蓬	圣多美和普林西比
东非				
科摩罗	肯尼亚	马约特岛	塞舌尔	苏丹
吉布提	马达加斯加	留尼汪	索马里	坦桑尼亚
厄立特里亚	毛里求斯	卢旺达	南苏丹	乌干达
埃塞俄比亚				
南非				
安哥拉	斯威士兰	马拉维	纳米比亚	赞比亚
博茨瓦纳	莱索托	莫桑比克	南非	津巴布韦
亚洲				
东亚				
中国	日本	韩国	蒙古国	
中国香港	朝鲜	中国澳门	中国台北	

东南亚				
文莱	老挝	缅甸	新加坡	东帝汶
柬埔寨	马来西亚	菲律宾	泰国	越南
印度尼西亚				
南亚				
阿富汗	不丹	马尔代夫	巴基斯坦	斯里兰卡
孟加拉国	印度	尼泊尔		
大洋洲				
澳大利亚	图瓦卢	基里巴斯	新西兰	所罗门群岛
瑙鲁	斐济	马绍尔群岛	巴布亚新几内亚	汤加
帕劳	印度尼西亚	密克罗尼西亚	萨摩亚	瓦努阿图
亚太经合组织				
澳大利亚	中国香港	墨西哥	俄罗斯	泰国
文莱	印度尼西亚	新西兰	新加坡	美国
加拿大	日本	巴布亚新几内亚	中国台北	越南
智利	韩国	秘鲁		
中国	马来西亚	菲律宾		
金砖国家				
巴西	中国	印度	俄罗斯	南非
沙特	埃及	阿联酋	伊朗	埃塞俄比亚
二十国集团				
阿根廷	中国	印度	韩国	南非
澳大利亚	欧盟	印度尼西亚	墨西哥	土耳其
巴西	法国	意大利	俄罗斯联邦	英国
加拿大	德国	日本	沙特	美国
最不发达国家				
阿富汗	科摩罗	老挝	尼日尔	东帝汶

续　表

安哥拉	刚果（金）	莱索托	卢旺达	多哥
孟加拉国	吉布提	利比里亚	圣多美和普林西比	图瓦卢
贝宁	厄立特里亚	马达加斯加	塞内加尔	乌干达
不丹	埃塞俄比亚	马拉维	塞拉利昂	瓦努阿图
布基纳法索	冈比亚	马里	所罗门群岛	也门
布隆迪	几内亚	毛里塔尼亚	索马里	赞比亚
柬埔寨	几内亚比绍	莫桑比克	南苏丹	
中非共和国	海地	缅甸	苏丹	
乍得	基里巴斯	尼泊尔	坦桑尼亚	
六个东亚贸易体				
中国香港	马来西亚	新加坡	中国台北	泰国
韩国				

＊：世界贸易组织成员

＊＊：观察员政府

世界贸易组织成员通常被称为"国家"，尽管有些成员不是传统意义上的国家，而是正式的"关税区"（customs territories）。本报告中对地理分组和其他分组的定义不代表秘书处对任何国家或领土的地位及其边界界定方面的观点，也不暗含对任何世界贸易组织成员在世界贸易组织协定下的权利和义务表达的意见。出版物中标明的地图颜色、边界、名称和分类，并不代表世界贸易组织对任何领土的法律或其他地位做出任何判断，也不代表对任何边界的认可或接受。

在本报告中，南美洲和中美洲及加勒比地区被称为中南美洲。

荷属阿鲁巴岛，委内瑞拉玻利瓦尔共和国，中国香港特别行政区，中国澳门特别行政区，大韩民国，以及台湾、澎湖、金门和马祖单独关税区分别采用以下表述：阿鲁巴（荷兰属）、委内瑞拉、中国香港、中国澳门、韩国和中国台北。

世界贸易组织没有关于发达成员和发展中成员的定义。本报告中提到的发展中成员和发达成员以及任何其他成员分类，仅出于统计目的，不意味着秘书处对任何国家或领土的地位、其边界的划分以及任何世界贸易组织成员在世界贸易组织协定方面的权利和义务表明立场。

缩写与符号

AfCFTA	African Continental Free Trade Area 非洲大陆自由贸易区
ASEAN	Association of Southeast Asian Nations 东南亚国家联盟
ASYCUDA	Automated System for Customs Data 海关数据自动化系统
AVE	ad valorem equivalents 从价当量
BCA	border carbon adjustment 碳边境调节
BASIS	Bangladesh Association of Software & Information Services 孟加拉国软件和信息服务协会
CBAM	Carbon Border Adjustment Mechanism 碳边境调节机制
CO_2	carbon dioxide 二氧化碳
CPTPP	Comprehensive and Progressive Trans-Pacific Partnership 全面与进步跨太平洋伙伴关系协定
DSB	WTO Dispute Settlement Body 争端解决机构
DSTRI	Digital Services Trade Restrictiveness Index 数字服务贸易限制性指数
DSU	Dispute Settlement Understanding 关于争端解决规则与程序的谅解
ECOWAS	Economic Community of West African States 西非国家经济共同体
EIF	Enhanced Integrated Framework 增强一体化框架

EKC	Environmental Kuznets Curve 环境库兹涅茨曲线
ETS	Emissions Trading System 碳排放交易系统
EV	electric vehicles 电动汽车
FDI	foreign direct investment 外国直接投资
FTA	free trade agreement 自由贸易协定
GATS	General Agreement on Trade in Services 服务贸易总协定
GATT	General Agreement on Tariffs and Trade 关税与贸易总协定
GDP	gross domestic product 国内生产总值
GHG	greenhouse gas 温室气体
GVC	global value chain 全球价值链
ICT	information and communications technology 信息和通信技术
IDB	Inter-American Development Bank 美洲开发银行
IFD	Investment Facilitation for Development 促进发展的投资便利化协定
ILO	International Labour Organization 国际劳工组织
IMF	International Monetary Fund 国际货币基金组织
IP	intellectual property 知识产权
IRA	Inflation Reduction Act 通胀削减法
IRENA	International Renewable Energy Agency 国际可再生能源机构
ISIC	International Standard Industrial Classification 国际标准行业分类

ISOC   Internet Society 互联网协会

IT   information technology 信息技术

ITC   International Trade Centre 国际贸易中心

ITU   International Telecommunications Union 国际电信联盟

IUU   illegal, unreported and unregulated
            非法、不报告和不管制的

JSI   Joint Statement Initiative 联合声明倡议

LCOE   levelized cost of energy 平准化度电成本

LDC   least-developed country 最不发达国家

MC11   11th WTO Ministerial Conference 世贸组织第十一届
            部长级会议

MC12   12th WTO Ministerial Conference 世贸组织第十二届
            部长级会议

MC13   13th WTO Ministerial Conference 世贸组织第十三届
            部长级会议

MENA   Middle East and North Africa 中东和北非

MERCOSUR   Southern Common Market 南方共同市场

MFN   most favoured nation 最惠国待遇

MID   militarized interstate dispute 跨境军事争端

MNE   multinational enterprise 跨国公司

MSME   micro, small and medium-sized enterprise 中小微企业

NAFTA   North American Free Trade Agreement
            北美自由贸易协定

NDC   nationally determined contribution 国家自主贡献

NTM   non-tariff measure 非关税措施

OECD	Organisation for Economic Co-operation and Development 经济合作与发展组织
PV	photovoltaic 光伏发电
R&D	research and development 研究与开发
RCA	revealed comparative advantage 显示性比较优势指数
RTA	regional trade agreement 区域贸易协定
S&D	special and differential treatment 特殊和差别待遇
SDG	United Nations Sustainable Development Goal 联合国可持续发展目标
SME	small and medium-sized enterprise 中小企业
SPS	sanitary and phytosanitary 卫生与植物卫生措施
STC	special trade concern 特别贸易关注
STDF	Standards and Trade Development Facility 标准和贸易发展基金
TBT	technical barriers to trade 技术性贸易壁垒
TESSD	Trade and Environmental Sustainability Structured Discussion 贸易与环境可持续结构化讨论
TFA	WTO Trade Facilitation Agreement 世贸组织贸易便利化协定
TISA	Trade in Services Agreement 服务贸易协定
TIWG	Trade and Investment Working Group 贸易和投资工作组
TRIPS	Trade-Related Aspects of Intellectual Property Rights 与贸易有关的知识产权协定

TTIP	Transatlantic Trade and Investment Partnership 跨大西洋贸易与投资伙伴关系协定
UN	United Nations 联合国
UNCITRAL	United Nations Commission on International Trade Law 联合国国际贸易法委员会
UNEP	United Nations Environment Programme 联合国环境规划署
UNECA	United Nations Economic Commission for Africa 联合国非洲经济委员会
UNCTAD	United Nations Conference on Trade and Development 联合国贸易和发展会议
UPU	Universal Postal Union 万国邮政联盟
USMCA	United States, Mexico, and Canada Agreement 美墨加协定
WBG	World Bank Group 世界银行
WCO	World Customs Organization 世界海关组织
WEF	World Economic Forum 世界经济论坛
WIPO	World Intellectual Property Organization 世界知识产权组织
WTO	World Trade Organization 世界贸易组织
WTO GTM	WTO Global Trade Model 世贸组织全球贸易模型

图、表及专栏目录

第三章　安全问题对贸易的影响

● 图

第四章   再全球化、减少贫困与不平等

● 图

● 专栏

第五章   再全球化促进环境可持续发展

● 图

● **专栏**

世界贸易组织成员

阿富汗	加纳	挪威
阿尔巴尼亚	希腊	阿曼
安哥拉	格林纳达	巴基斯坦
安提瓜和巴布达	危地马拉	巴拿马
阿根廷	几内亚	巴布亚新几内亚
亚美尼亚	几内亚比绍	巴拉圭
澳大利亚	圭亚那	秘鲁
奥地利	海地	菲律宾
巴林	洪都拉斯	波兰
孟加拉国	中国香港	葡萄牙
巴巴多斯	匈牙利	卡塔尔
比利时	冰岛	罗马尼亚
伯利兹	印度	俄罗斯
贝宁	印度尼西亚	卢旺达
玻利维亚	爱尔兰	圣基茨和尼维斯
博茨瓦纳	以色列	圣卢西亚
巴西	意大利	圣文森特和格林纳丁斯
文莱	牙买加	萨摩亚
保加利亚	日本	沙特王国
布基纳法索	约旦	塞内加尔
布隆迪	哈萨克斯坦	塞舌尔
佛得角	肯尼亚	塞拉利昂
柬埔寨	韩国	新加坡
喀麦隆	科威特	斯洛伐克

加拿大	吉尔吉斯斯坦	斯洛文尼亚
中非	老挝	所罗门群岛
乍得	拉脱维亚	南非
智利	莱索托	西班牙
中国	利比里亚	斯里兰卡
哥伦比亚	列支敦士登	苏里南
刚果（布）	立陶宛	瑞典
哥斯达黎加	卢森堡	瑞士
科特迪瓦	中国澳门	中国台北
克罗地亚	马达加斯加	塔吉克斯坦
古巴	马拉维	坦桑尼亚
塞浦路斯	马来西亚	泰国
捷克	马尔代夫	北马其顿共和国
刚果（金）	马里	多哥
丹麦	马耳他	汤加
吉布提	毛里塔尼亚	特立尼达和多巴哥
多米尼克	毛里求斯	突尼斯
多米尼加	墨西哥	土耳其
厄瓜多尔	摩尔多瓦	乌干达
埃及	蒙古国	乌克兰
萨尔瓦多	黑山	阿联酋
爱沙尼亚	摩洛哥	英国
斯威士兰	莫桑比克	美国
欧盟	缅甸	乌拉圭
斐济	纳米比亚	瓦努阿图
芬兰	尼泊尔	委内瑞拉

续　表

法国	荷兰	越南
加蓬	新西兰	也门
冈比亚	尼加拉瓜	赞比亚
格鲁吉亚	尼日尔	津巴布韦
德国	尼日利亚	东帝汶
科摩罗		

历年《世界贸易报告》一览

- 2023——再全球化：创造安全包容可持续的未来

《世界贸易报告2023》认真研究了国际贸易在应对我们这个时代所面临的最紧迫挑战方面的作用，即维护和平与安全、减少贫困和不平等以及实现可持续经济。报告认为，取代碎片化的更好办法是再全球化，即将贸易一体化扩大到更多的人、经济体和议题。

- 2022——气候变化与国际贸易

气候危机是一个全球共同面临的问题，需要采取集体和有效的多边应对措施。《世界贸易报告2022》回顾了贸易、贸易政策和国际贸易合作在应对气候变化中的作用。

- 2021——经济韧性与国际贸易

《世界贸易报告2021》回顾了贸易、贸易政策以及国际合作在构建经济韧性以应对自然灾害和人为灾害（包括新冠疫情）方面的作用。

- 2020——数字时代政府政策推动创新

近年来，越来越多的政府采取了旨在支持向数字经济转型的政策。《世界贸易报告2020》探讨了这些政策趋势以及国际贸易和世贸组织如何与之相适应。

- 2019——服务贸易的未来

服务业已成为全球贸易中最活跃的组成部分，但服务业对全球贸易的贡献程度并未被充分了解。《世界贸易报告2019》试图弥补这一点，审视了服务贸易的演变及为何服务业非常重要。

● 2018——数字技术如何改变全球商务

《世界贸易报告2018》研究了数字技术，尤其是物联网、人工智能、3D打印和区块链将如何影响贸易成本、交易内容的性质和贸易构成。报告对未来15年这些技术对全球贸易可能产生的影响进行了预测。

● 2017——贸易、技术和就业

《世界贸易报告2017》研究了技术和贸易将如何影响劳动关系和薪资。它从以下三方面进行了分析：劳工面临的挑战、公司为应对劳动力市场变化所作的调整和政府为确保贸易和技术的包容性该如何协助此种调整。

● 2016——为中小企业提供公平贸易平台

《世界贸易报告2016》考察了中小企业参与国际贸易的情况。它着眼于中小企业的国际贸易格局如何变化，以及多边贸易体制为鼓励中小企业参与全球市场所做的和可做的事情。

● 2015——《贸易便利化协定》的收益与挑战

世界贸易组织成员在2013年12月部长级会议上通过的世界贸易组织《贸易便利化协定》（TFA）是自1995年世贸组织成立以来缔结的第一个多边贸易协定。《世界贸易报告2015》是在对最终协定文本进行全面分析的基础上，首次对《贸易便利化协定》的潜在影响进行详细研究的报告。

● 2014——贸易和发展：最近的趋势和世界贸易组织的作用

《世界贸易报告2014》着眼于千禧年以来改变贸易与发展之间关系的四大趋势：发展中经济体的经济崛起、全球生产通过供应链的日益一体化、农产品和自然资源价格的上涨和世界经济日益相互依赖。

● 2013——影响未来世界贸易的因素

《世界贸易报告2013》着眼于过去影响全球贸易的因素，并回顾了人口变化、投资、技术进步、运输和能源/自然资源部门的发展以及与贸易有关的政策和制度如何影响国际贸易。

● 2012——贸易和公共政策：21世纪的非关税措施探析

针对货物和服务贸易的监管措施为21世纪的国际合作所带来的挑战，《世界贸易报告2012》探讨了政府为何采用非关税措施和服务措施以及这些措施对国际贸易可能产生多大程度的影响。

● 2011——世贸组织与优惠贸易协定：从共存到共融

优惠贸易协定（PTA）数量的不断增加是国际贸易发展的一个突出特点。《世界贸易报告2011》介绍了优惠贸易协定的历史发展和当前的协定格局。报告考察了建立优惠贸易协定的原因、优惠贸易协定的经济影响、协定本身的内容以及优惠贸易协定与多边贸易体制之间的相互作用。

● 2010——自然资源贸易

《世界贸易报告2010》侧重于关注燃料、林业、矿业和渔业等自然资源贸易情况。报告分析了自然资源贸易的特点、政府的政策选择以及国际合作，特别是世贸组织对于实现能源行业科学管理的重要作用。

● 2009——贸易政策承诺和应急措施

《世界贸易报告2009》审查了贸易协定中可采取的应急措施的范围及其作用。本报告的一个重要目标是分析世贸组织的相关规定能否为成员提供一种平衡，既为其应对经济困境提供必要的灵活性，同时又通过充分定义这些措施，以限制其用于保护主义目的。

• 2008——全球化世界的贸易

《世界贸易报告2008》提醒我们从国际贸易中得到了什么，并强调深层次融合带来的挑战。报告回答了一些问题，即什么构成了全球化、什么驱动了全球化进程、全球化带来了什么收益与挑战，以及贸易在这个相互依赖逐步增强的世界中起到了什么作用等。

• 2007——多边贸易体制60年：成就与挑战

2008年1月1日，多边贸易体制庆祝成立60周年。《世界贸易报告2007》深入探讨了《关税与贸易总协定》（GATT）及其后续的世贸组织的相关内容，即它们的起源、成就、面临的挑战以及未来的发展，以庆祝这一具有里程碑意义的周年纪念日。

• 2006——探索补贴、贸易与世贸组织的关系

《世界贸易报告2006》探讨了如何定义补贴、什么经济理论可以帮助我们理解补贴、为何政府使用补贴、补贴应用最多的部门以及世贸组织协定在管制国际贸易补贴中起到的作用。本报告还就某些特定贸易问题提供了简要的分析性评论。

• 2005——贸易、标准与世贸组织

《世界贸易报告2005》分析了制定统一标准的多种作用及其影响，重点关注国际贸易标准的经济性、标准制定和合格评定的制度设计，以及世贸组织协定在使标准的政策性应用与一个公开的非歧视的贸易体系相协调方面的作用。

• 2004——政策一致性

《世界贸易报告2004》关注分析相互依赖的政策的一致性概念：贸易与宏观经济政策之间的相互关系、基础设施在贸易和经济发展中的作用、国内市场结构、管理与制度，以及加强国际合作在促进政策一致性方面的作用。

• 2003——贸易和发展

《世界贸易报告2003》关注发展问题。它解释了这个问题的起源，并提供了一个解决贸易与发展之间关系问题的分析框架，从而有助于进行更为深刻的探讨。